"有用 有趣 有探究"的
活物理教学

文久江 ◎ 主编

哈尔滨出版社
HARBIN PUBLISHING HOUSE

图书在版编目（CIP）数据

"有用 有趣 有探究"的活物理教学 / 文久江主编. — 哈尔滨：哈尔滨出版社，2021.10
ISBN 978-7-5484-6187-6

Ⅰ.①有… Ⅱ.①文… Ⅲ.①中学物理课—教学研究—初中 Ⅳ.① G633.72

中国版本图书馆 CIP 数据核字 (2021) 第 141985 号

书　　名："有用　有趣　有探究"的活物理教学
　　　　　"YOUYONG YOUQU YOUTANJIU" DE HUOWULI JIAOXUE
作　　者：文久江　主编
责任编辑：王嘉欣
责任审校：李　战
封面设计：人文在线

出版发行：哈尔滨出版社（Harbin Publishing House）
社　　址：哈尔滨市香坊区泰山路 82-9 号　　邮编：150090
经　　销：全国新华书店
印　　刷：天津雅泽印刷有限公司
网　　址：www.hrbcbs.com　　www.mifengniao.com
E-mail：hrbcbs@yeah.net

编辑版权热线：（0451）87900271　87900272

开　　本：710mm×1000mm　1/16　印张：19.5　字数：305 千字
版　　次：2021 年 10 月第 1 版
印　　次：2021 年 10 月第 1 次印刷
书　　号：ISBN 978-7-5484-6187-6
定　　价：88.00 元

凡购本社图书发现印装错误，请与本社印制部联系调换。
服务热线：（0451）87900279

主　编：文久江
副主编：付克华　张　霞
编　者：王　涛　吴兆军　吴亚岚　李春艳　张　宇
　　　　张小青　郑凤喜　胡　强　熊春明　杨道福

序　言

为了落实《中共中央国务院关于深化教育改革，全面推进素质教育的决定》，2001年教育部印发了《基础教育课程改革纲要》，拉开新世纪课程改革的序幕。同年，中小学各学科相继制定出台课程标准，《全日制义务教育物理课程标准(实验稿)》颁布。经过十年课程改革的实践，修订后的《义务教育物理课程标准(2011年版)》于2012年颁布。

2014年3月，教育部印发《关于全面深化课程改革，落实立德树人根本任务的意见》，为进一步深化课程改革指明了方向，首次提出"核心素养"的概念；2016年9月，《中国学生发展核心素养》总体框架正式发布，中国基础教育从三维目标时代迈入核心素养时代。

2018年《普通高中物理课程标准》颁布，当前义务教育物理课程标准的修订工作已经启动，重新修订的义务教育物理课程标准中究竟会如何表述物理学科的核心素养？如何在重新修订的义务教育物理课程标准未颁布的情况下，在具体的教育教学实践中有效提升学生物理学科的核心素养？

由此，一些教育教学关键词逐渐摆在义务教育阶段的物理教师和研究者面前：

1. 三维课程目标。该词源于《义务教育物理课程标准(2011年版)》，指学生在物理课程的学习中，通过落实"知识与技能""过程与方法""情感态度与价值观"的三维目标，提高学生的科学素养。

2. 物理学科核心素养。该词源于《普通高中物理课程标准(2017年版)》，物理学科的核心素养主要包括"物理概念""科学思维""科学探究""科学态度与责任"四个方面，是物理学科育人价值的集中体现，是学生通过物理学科的学习而逐步形成的正确价值观念、必备品格和关键能力。

3. 学生发展核心素养。该词源于2016年北京师范大学发布的《中国学生发展核心素养》，指学生应具备的适应终身发展和社会发展需要的必备品格和关键能力，以培养"全面发展的人"为核心，分为文化基础、自主发展、社会参与三个方面，综合表现为人文底蕴、科学精神、学会学习、健康生活、责任担当、实践创新六大素养，细化为人文积淀、国家认同等十八个基本要点。

4."活物理"教学主张。这是湖北文久江名师工作室在长期的义务教育物理课程教育教学实践基础上提炼出的一种全新的本土化教学主张。通过较长时间的教学实践检验，"活物理"教学是现行义务教育物理课程标准转化落地的一条现实的有效路径、一种有益的尝试和探索，它突出强调学生的学习过程，关注学生科学素养的培养和形成，主张在课堂教学中将学生的日常生活融入物理学科的学习之中，把学习的活动空间和时间还给学生，全方位调动学生的各个器官参与学习活动，做到以"活"激"趣"，以"活"促"学"，从而实现"生活课堂""活动课堂"和"活力课堂"。

在具体的"活物理"教育教学实践活动中，"活物理"教学团队以2011年版《义务教育物理课程标准》为主依据，结合2017年版《普通高中物理课程标准》，以学生终身发展为主目标，以典型课例的研究为主载体，将三维教学目标的实现与核心素养的培育有机融合，产生了一批义务教育物理课程标准转化落地的"活物理"课堂教学典型案例；通过"活物理"教学主张的研究，逐渐改变教师的课堂教育教学方式，改变学生学习的方式，在落实"以生为本"的课程改革理念、提升课堂教学效益、培育学生核心素养、增强学生适应未来生活与学习能力等方面发挥着一定的作用；引领和促进着区域内义务教育阶段物理教师的专业发展，促进了区域内物理教师整体教育教学水平的提升，提高了教师把握学科教学本质的能力与课堂教育教学能力。

本书记录了活物理教学团队以典型"活物理"课例为载体，在研究实现"知识与技能""过程与方法""情感态度与价值观"三维目标的同时有效渗透"物理概念、科学思维、科学探究、科学态度及责任"等物理学科核心素养的路径与策略；以"知识与技能""过程与方法""情感态度与价值观"为教学内容，以培育学生的物理概念、科学思维、科学探究、科学态度及责任等核心素养为教学目标，以经典的"活物理"课例为载体，从整体上分析并构建义务教育物理课程标准转化落地的课堂教学基本模式。

本书第一章通过一组教学案例文章概述"活物理"教学主张的整体学科

教育思想;第二章通过案例的形式诠释"活物理"教学主张的课堂教学模式;如同语文教学逃不开作文教学一样,物理教学也逃不开实验教学,第三章通过案例形式介绍了"活物理"教学主张下的生活化实验教学;在现实条件下,学生不能不面对考试,而考试要取得好的成绩,教师必须上好复习课,第四章便收录了"活物理"教学主张的部分复习课案例;教师要上好课,必须要有好的课堂预设,第五章则收录了"活物理"教学团队的一部分教学设计,其中收录了首轮教育部"一师一优课,一课一名师"活动四节部级优秀课程的教学设计,这四节教育部部级优秀课程的课堂实录可通过相关网站搜索观看,故本书中没有提供这四节部级优秀课程的文字版教学实录(说明:本工作室拥有六节部级优秀课程,这六节部级优秀课程的上课教师分别为:文久江、李春艳、吴兆军、王涛、张小青、熊春明);第六章收录了"活物理"教学团队开展教学活动时成员在研修活动中听课观课的印象;第七章书写了工作室成员在"活物理"教学实践中的一些教育教学感言;中央电视台有一档非常受欢迎的栏目——"向幸福出发",人的终极目标就是追求幸福,学校教育的最高目标应该与之贴近,教育的终极目的是施教者和受教者的人生幸福,任何学科的教学最终应该指向人心,教师和学生都应该从学科教学中获取一些有益的人生启迪,促使人心向上向善,获取可持续发展的正能量,本书最后一章则收录了"活物理"教育人在学科教育教学活动中的一些人生感悟,这也表明"活物理"教学已经不仅仅是"活物理"教学,而是已经走向了"活物理"教育,走近了"立德树人"这一教育根本。

  作为一种具有乡土气息的学科教学主张,"活物理"教学团队在实践和研究过程中不仅得到了湖北省教育厅、荆州市教育局、沙市区教育局的大力支持,还得到了湖北省教科院、荆州市教科院、沙市区教科院、沙市区继续教育学院等单位学科专家的悉心指导,也得到《中国教育报》《中学物理》《湖北教育·教育教学》《课堂内外·中国好老师》《教书育人·教师新概念》《中小学实验与装备》《课程教学研究》《新课程研究》《荆州日报》《荆州电视台》等媒体的关注,更得到四所教育部直属师范大学的关注:"活物理"教学主张的实践获得第四届北京师范大学"明远教育奖"实践类奖项,文久江是当届唯一获奖的学科教师,组委会的颁奖词为:一条泥土跑道的起点,就是教学改革的起点。一群乡村少年在这里,丈量校园生活的长和宽,聚焦日月星辰的光与热,测量前进路上的平均速度。泥土、煤渣、三合土、塑胶，变化的是跑道的材质，不变的是教育的情怀和初心，坚持做"有用 有趣 有探究"的"活物理"教育。他跋涉的教育乡间小路，是农村孩子学习科学知识的星光大路！他是"活物理"教学的创始人——文久江。主持人获得教育部师德师风建设基地(西南大学)等联合颁发的第二届"中国好老师"称号，组委会给予的颁奖词为："活物理"教学，"激活"学生参与感！主持人参加了教育部在东北师范大学举办的国培计划(2017年)——"中小学一线优秀教师和教研员研修项目(初中物理骨干教师)"的研修活动；主持人受邀参加了2016年在华中师范大学举办的第十一届东亚教师教育国际研讨会，在此一并谢过。

  本书的出版希望为广大基础科学教育工作者提供一种有别于传统的填鸭式、应试式的物理教学方式，当然"活物理"教学主张(模式)并非一种十全十美的教学主张，在实践过程中也遇到过一些问题和困惑，希望在进一步的实践活动中继续得到大家的关心、关注、支持和帮助，让我和我的团队不断完善"活物理"教学主张，让我们一起为中国的基础科学教育贡献一份力量！

编者
2021年6月

目 录

第一章 活物理教学概述

做"有用 有趣 有探究"的活物理教学 ………………… 文久江（3）
让物理课堂上掌声响起来 ……………………………… 文久江（14）
让物理课堂好玩有趣
——以人教版"流体压强与流速的关系"教学为例……… 文久江（17）
让课堂流淌生命活力
——以"大气压的存在和应用"教学为例 ……………… 李春艳（25）
实践"活物理"教学策略 尝试培育学科核心素养
——以"光的折射"教学为例 …………………… 吴兆军 李俊杰（31）
培育"创新实践"素养 增强"面向未来"能力 ………… 文久江（36）

第二章 活物理新授课课堂精彩

优化教学逻辑演绎 培育科学思维能力
——以人教版八下"浮力"教学为例 …………… 文久江 杨道福（45）
激活物理课堂 培育关键能力
——以人教版八下"大气压强"教学为例 ……………… 文久江（56）
"重力"课堂实录 ………………………………………… 张小青（63）
"电流的测量"课堂实录 ………………………………… 张 霞（73）
"磁现象 磁场"课堂实录 ………………………………… 熊春明（80）
"磁生电"课堂实录 ……………………………………… 胡 强（93）

第三章　活物理实验课教学示例

在真实生活环境中培育学生的核心素养 …………… 文久江（101）

利用身边的物品进行实验教学举隅 ………………… 文久江（106）

实验课：托盘天平的使用 ……………………………… 吴亚岚（109）

一个矿泉水瓶的力学故事 …………………………… 文久江（116）

一个废玻璃瓶引发的实验课堂及思考

——初中物理"生活化实验"探索举隅 …………… 文久江（121）

"电阻的测量"课堂实录 ……………………………… 文久江（131）

第四章　活物理复习课教学集锦

关注家乡建设　在学科教学中培育"家国情怀"观念

——以"机械运动"期末复习课为例 …………… 文久江（141）

"电压　电阻"复习课堂实录 ………………………… 郑凤喜（149）

"电路安全问题"课堂实录 …………………………… 付克华（155）

核心素养背景下的中考物理章节复习课探索

——以"声现象"中考章节复习课为例 ………… 文久江（164）

牛顿苹果砸中你了吗？

——初中物理综合复习课探究 …………………… 文久江（179）

你喜欢垂钓吗？ ……………………………………… 张　宇（185）

第五章　活物理课堂教学设计

"声的利用"教学设计 ………………………………… 文久江（193）

"噪声的危害和控制"教学设计 ……………………… 李春艳（197）

"电流与电压和电阻的关系"教学设计 ……………… 吴兆军（202）

"磁现象　磁场"教学设计 …………………………… 王　涛（208）

"串联和并联"教学设计 …………………………… 张　宇（216）
"机械能及其转化"教学设计 ………………………… 吴亚岚（222）

第六章　活物理课堂观察

改进常规课　巧变优质课 ……………………………… 付克华（229）
活学、活用、活教，激活物理课堂
　　——以"大气压强"例谈"活物理"教学理念在课堂中的
　　　实践 ………………………………………………… 付克华（234）
借鉴部优课　践行活物理 ……………………………… 付克华（241）
活教、活学、活物理
　　——"活物理"实验研讨课活动启示 ……………… 付克华（245）
"活"化常态课　培养学生物理核心素养
　　——以"噪声及其控制"教学为例 ………………… 张　凯（250）
用数字原住民喜欢的方式来教物理 ………… 吴兆军　刘文婷（254）

第七章　活物理教学感言

学生动起来　物理活起来
　　——示范研讨课教学反思 …………………………… 付克华（261）
"透镜"课堂教后小思 …………………………………… 张　霞（265）
改进物理实验　激活物理课堂 ………………………… 张　霞（267）
与时俱进促终身发展　方式变革显学习成效 ………… 吴亚岚（270）
初中物理教学中的核心素养初探 …………… 汤祖军　张小青（274）
让每一堂课都见证自我专业成长 ……………………… 文久江（278）

第八章　活物理教育人生感悟

也许你是对的 …………………………………………… 文久江（287）

由水的沸腾实验想到的 …………………………………… 文久江（289）
寻找两倍焦距处 ………………………………………… 文久江（291）
寻找最清晰的视点 ……………………………………… 文久江（292）
把握"整体"与"局部"的关系 ………………………… 文久江（294）
"学霸"、"学渣"和"学牛" …………………………… 文久江（296）

第一章

活物理教学概述

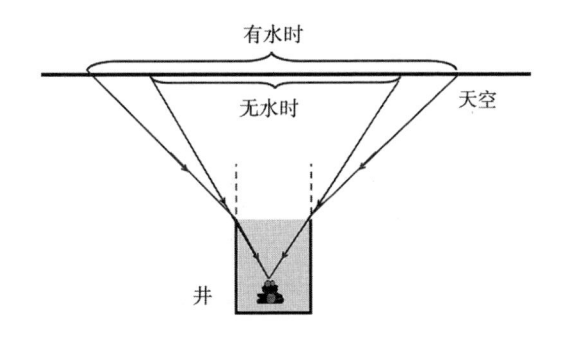

做"有用 有趣 有探究"的活物理教学

湖北省荆州市沙市区岑河中学 文久江

一、初中物理教学的现实困扰

进入物理学科学习的第一年，许多学生都饱含着学习的热情，扬起了着理想的风帆，希望乘着上"有用而有趣的物理"的小舟，开始学生时代充满乐趣又不乏艰辛的科学之旅。可是在旧的教育理念和应试压力下，不久，许多学生就慢慢地丧失了学习的兴趣和热情，学习成绩也每况愈下。这是目前大多数物理教师反映的一个重要问题，这也是当前基础物理教育的失败之处。

是什么将求知欲望强烈的学生学习物理学科的兴趣扼杀在启蒙阶段呢？为什么本来有用、有趣的物理学，学不了多久就变成无趣、无用的只剩下考试功能的学科呢？究其原因：

一是"目中无人"的学科教学，忽视了成长中的"人"的需求。

家长和教师"望子(生)成龙"心切，为了使孩子早日"成才"，考得高分，教师恨不能将自己掌握的知识全部传授给学生，自觉、不自觉地就把学生看成"小大人"，一味地增加知识内容，加深学习难度，"填鸭式"地讲授，"机械式"地进行题海战术。

二是不重视实验教学，难以发挥学科优势、培养学科思维。

不排斥确有一些，特别是农村学校实验硬件缺乏，难以开展实验教学；一些条件好的学校在实际教学中，为了抓紧时间、赶进度，大多数教师宁愿在黑板上讲实验，使得物理学成为一门"纸上谈兵"的学科。

三是脱离生活实际的教学，让学生感觉"知识无用"。

不接地气的教学，让学生觉得物理知识离他遥远，感觉知识无用，从而产生新"读书无用"的观点。

二、"活物理"教学主张的源头活水

(一)"活的教育"理论

"活物理"教学是陶行知先生"活的教育"在学科教育教学中的实践和探索，陶行知先生认为：教育儿童，第一步要承认儿童是活的，要按照儿童的心理进行。要用活的人去教活的人；要拿活的东西去教活的学生；要拿活的书籍去教小孩子。

(二)多元智能理论

物理的教与学中一般重视数学逻辑智能而忽视了语言智能、身体运用智能、人际关系智能、自我认识智能等其他智能的运用和培养，只有多智能配合，学生的物理学科学习才能显现强大的生命力。

(三)建构主义理论

学习者的学习情感和背景知识具有特定性。每个学习者对事物意义的建构是不同的，也不是随心所欲的，在建构知识的过程中，必须与他人切磋，并不断加以调整和修正。物理学科的学习必须通过学习者之间的对话和沟通，师生提出不同的看法来刺激学生个体反省思考，在交互质疑的辩论过程中，以各种方法解决问题，澄清疑虑，逐渐完成学科知识的建构，形成正式的科学知识。

(四)合作学习理论

合作学习以学习小组为基本组织形式，它不排斥班级教学，其根本特色在于小组活动的科学组织和展开。在小组活动中，通常采用异质小组，力求小组成员在性别、成绩、能力、背景等方面具有一定的差异，使之具有一定的互补性，以促进学生之间相互交流、共同发展，促进师生教学相长。

(五)研究学习理论

学生的学习过程不是被动地记忆、理解教师传授的知识，而是敏锐地发现问题，主动提出问题，积极寻求解决问题的办法、探求结论的自主学习过程。学生研究最后呈现的结果可能是幼稚可笑的，有的只是重复已有的结论，有的甚至连结果都没有，但这并不重要，开展"研究"活动不是为他人，而主要是为了提高学生自己和发展学生个体。

(六)掌握学习理论

每个人都在寻求对自己价值的肯定承认,掌握学习就是要使学生确认自己的学习能力,把自己看成是胜任学习的。学生经常性表现为不及格和学习不胜任,会使学生怀疑自己的应对能力。如果课堂中不能给予学生更多成功的经验(体验),他们不但在校内,而且在校外也会完全拒绝学习。

(七)义务教育物理课程标准

作为科学教育的组成部分,义务教育物理课程不仅应注重科学知识的传授和技能的训练,还应注重对学生学习兴趣、探究能力和创新意识以及科学态度、科学精神方面的培养。

三、"活物理"教学主张的两大教育目标

(一)把学生放在"学科教育中心"位置

义务教育物理课程是以提高全体学生科学素养为目标的自然科学基础课程,浓缩起来就是提高人的素质,必须把人放在首位。此阶段的"人"是成长中的人,因此课堂必须围绕"成长中的学生"进行物理学科知识的建构,教师必须围绕学生开展教学活动。

(二)"双成长",即"师生共同成长"目标

教师要促进学生的成长,除了通过"言传"进行学科教学之外,最好的方式就是通过自身专业成长的事实"身教"学生,师生相互促进,实现教学相长。

四、"活物理"教学主张的三大教学策略

(一)"活学"是学生学习过程的主线和明线

"认知发展理论"认为,学生的认知和发展习惯与成人具有"质"的差异,为了使学科教育符合儿童的心理发展规律,"活物理"教学主张在物理学习过程中调动学生的一切感官参与到学习中来。

1. 让学生的嘴巴"活"起来,让学生在"说中学"

人类思想表达的两种主要形式是"口头的语言表达"和"书面的文字表达"。而课堂首先是口头语言的艺术,它不仅是教师的语言,更应该包括学生的语言。

因此课堂上要让学生的嘴巴"活",要让学生敢动嘴说话,逐步培养学

生会说话，最后培养学生能说话，即能用科学的语言流利地表达对客观世界的认识，"口头语言表达清楚，思维一定是清晰的"。

义务教育物理课程标准将初中物理的课程内容分为"科学探究"和"科学内容"。在"科学探究"的七个要素中，"提出问题""分析与论证""交流与合作"等都需要通过"口头的语言"来表达自己的观点。如在"提出问题"中要求"能书面或口头表述发现的问题"，在"分析与论证"中要求学生"尝试对探究结果进行描述和解释"，在"交流与合作"中要求学生"有准确表达自己观点的意识"等。

在"科学内容"中也数次提出让学生动口表达的要求。比如，在"1.1.2"中要求："说出生活环境中常见的温度值。"在"2.3"的"活动建议"（2）中提出："阅读说明书，学习使用投影仪或照相机。"在"3.4.3"中提出："说出生产、生活中采用简单串联或并联电路的实例。"在"3.6.1"中提出："结合实例，说出能源与人类生存和社会发展的关系。"等等。

课程标准中要求学生"描述""举例说明""说出""说明""解释""阅读""用语言描述""发表自己的见解""讨论"等，这些行为都是要让学生动口。

动口的方式有很多种：小声阅读、大声朗读、回答别人的提问、学习过程产生的质疑询问、同桌（前后）同学间的小讨论、全班同学参与的大讨论、帮助同学解答问题、班级中小老师式的讲解、背诵（知识点）、辩论等，甚至插嘴也行。学生通过动口来暴露问题、发现问题，最终达到解决问题的目的。

2. 让学生的手"活"起来，身"动"起来，让学生在"做中学"

物理是一门以实验为基础的学科，教师充分利用现有的实验条件开展学生分组实验，也尽可能创造条件设计一些学生力所能及的实验，增加学生的动手机会，比如开展"生活化实验"探究，尽可能取材学生身边的物品开展实验；开展"室外实验课"的探索，将学生带到室外进行"长度测量""速度测量""自制彩虹"等试验；开展"体验式"教学活动，让学生亲身感受物理知识与己有关。除了让学生动手实验，还让学生上台板书，让学生改编试题和试卷，设计大量的游戏让学生活动起来。让学生敢动手、能动手，最后达到会动手的目的，让学生通过科学的行动创造一个属于自己的未来！

课程标准中要求学生"会""会测量""会选用""会使用""会根据……估测""会用……测量""经历""探究"等，这些行为要求就是要让学生多动手。

如"2.4.5"中要求:"通过实验,探究并了解导体在磁场中运动时产生感应电流的条件。""3.4.4"中要求:"会使用电流表和电压表。"等等,均是动手的要求。

3. 让学生的眼"活"起来,让学生在"看中学"

人类接受外界信息的两条主要途径是"耳闻目睹",中国有句俗话叫作"看样学样"。既要让学生观察实验现象,还要发现课堂之美、课堂之趣、教师之美、教师之趣、同学之美、同学之趣;更要做生活的有心人,用科学的眼光去寻找课堂之外的生活中的科学和科学之美,发现自然中的物理之美、生活之趣。

课程标准中要求学生"了解""知道""认识""会""观察""关心""关注""探究"等,这些行为要求就是要让学生多动眼,要完成上述学习行为,大部分需要用眼睛去看,而且是有目的、有意识地去"看"。

如课程标准在科学探究中要求:"能通过观察、实验和公共信息资源收集证据;会阅读简单仪器的说明书,能按要求进行操作"等,如"1.1.2 例1"中要求:"观察生活中常见的温度计,了解它们的使用方法和测量范围。"也就是说既要在实验中观察物理现象,也要在生活中观察物理现象,获取物理知识。

4. 让学生的耳"活"起来,让学生在"听中学"

"活物理"教学主张教师少讲,但要讲得精;要让学生讲,让学生多讲,学生讲得也许不是那么精彩与准确,如何听?如何从众多话语中寻找自己要听的、对自己起到启发作用的话就成了一门学问。

5. 让学生的思维"活"起来,让学生在"思中学"

多元智能理论告诉我们,除了非正常的人,在解决问题时,任何一个人的智能运作都不是孤立的,而是以组合方式综合运用的。通过学生显性感官的"动嘴""动手""动眼""动耳"等获取感性认识并反馈感性认识的过程,促使学生"动脑",最后又通过这些形式反馈学生在"动脑"过程中形成的概念、掌握的规律、内化的知识正确与否,并通过教师和学生帮助,和他人磋商,不断加以调整和修正,从而获得真正的知识并使其思维能力得到发展。只有这样才能把学生培养成思维活跃、顺畅且理性的人。

在 2012 年的人教版初中课本(下同)中,许多栏目的设计都是基于这一目的,比如在每一节的后面有一个"动手动脑学物理"栏目,动手很好理解,怎么判断学生是否在动脑呢？还不是要观察学生"动手动嘴"的正确与否；课本中还设置有"探究""想想做做""想想议议""STS"等栏目，大都是希望学生动眼（看看）、动嘴（议议）、动耳（听听）、动手（做做）、动脑（想想），这也是"活学"的一种要求吧。

正如陶行知先生所说的：解放头脑，让学生能想；解放眼睛，让学生能看；解放双手，让学生能干；解放嘴巴，让学生能谈；解放空间，让学生能接触自然；解放时间，让学生能学自己想学的东西。

2017年3月，世界闻名的纽约大学三个校区专家齐聚上海时，在讨论"通识教育有哪些机遇与挑战？"时，上海纽约大学美方校长杰弗里·莱曼指出：通识教育的意义是让学生激活自己的语言、视觉、听觉等感官，接触广泛而有意义的学科经验。最终把这些长期记忆转换为创造力和解决问题的能力。

"活学"是初中物理学科学习最主要的手段和最基本的方法，只有"活学"才能做到"趣学"。通过"趣学"有趣的物理学，学生的生命在学习中流淌，学生的学习才有可能走得更远。

(二)"活用"是物理学习的最终目标，也是最佳学习方式

今天的中小学教育存在的一个重大问题是：未能在学习过程中刺激学习者将所学付诸行动。被《西方教育史》称为二十世纪赢得欧洲和世界承认的最伟大的科学与进步的教育家玛丽亚·蒙特梭利提出的设计教学活动的三原则是：我听见，我会忘记；我看见，我会记得；我做了，我会明了，更会改变。我想这个原则应该适合所有未成年儿童的教育，这里的"做"就是"活用"。

"活物理教学"主张将学生的日常生活融入物理教学之中，必须让学生的学习充满生活气息，这也是课程标准倡导的"从生活走向物理，从物理走向社会"理念。

首先，要让学生在生活实际中应用所学的物理知识。

正如人教版教科书开篇的"科学之旅"所说，物理是一门"有用"的学科，在日常生活、工农业生产、高科技等方面都应用了物理知识，因此学习物理学，一定要联系生活实际，在生活生产之中应用所学为我所用，这样的学习才有价值，也才有意义。

其次，能够运用物理知识解释和解决生活中可能遇到的一些问题。

一个成功的学习过程，不仅仅是要掌握学科知识，而是要在掌握知识的同时，获取探索未知知识的能力和方法，养成科学思维的习惯，从而有所发现，有所创造，让人类的认识一代一代不断地提高和进步。在我们的学习、生活和工作过程中，也一定会有层出不穷的问题，遇到问题，推诿、逃避不是办法，必须想办法来解决这些问题，如何利用所学物理学科的知识解决生活、工作中遇到的未知问题，也是我所认为的物理科学学科的核心素养——创新精神、创新意识、创新能力的培养问题。教师要注意培养学生有意识地改进和创新工作(学习)方式，利用所学知识提出创意并能够将创意和方案转化为有形物品或者对已有物品进行改进与优化的意识和方法。上述两点正好契合中国学生发展核心素养的六大素养中最高层次的素养——"实践创新"素养的要求。

再者，"活用"知识也不排斥利用所学物理知识进行解题方面的训练。

解题训练并非一无是处，这也是"做中学"的一部分，它是"学生自主学习解决物理问题的一种方式"，是培养学生书面表达能力的有效途径，是巩固和提高所学物理知识的重要方式之一，能够有效地培养思维习惯和思维能力。

但在现阶段，解答习题成为学生解决问题的唯一方式，我们把学习本末倒置了，只剩下解题和考试了。

(三)"活教"是学生学习的辅线和暗线

要想学生能够"活学活用"物理知识，关键取决于教师的"活教"。

一是教师要创造性地"活"用教学资源。

学生学习物理知识最主要的学习资源是课本，但是课本不是唯一的教学资源，教学资源的一个重要来源是学生的生活。建构主义理论告诉我们：学习活动不是由教师向学生传递知识的过程，而是学生根据外在信息，通过自己的背景知识，建构自己的知识的过程。学生生活的地区不同、活动的社区不同、就读的学校不同、出生的家庭不同，这些决定学生学习的资源是有所不同的，其建构知识的背景也是不一样的。

教学资源还包括教师，教师的生活体验和经验远高于学生，思考的深度和思维的流畅性也远优于学生。教学本来就是一种传承，即把教师的个人经验和体验传授给学生。一方面教师可以在课堂上精心选择一些与本节课内容联系紧密的生活经验事例让学生分析探究，使学生学以致用，也可将大量来自生活的实例编制到习题和试卷中，让学生从生活走进物理。

教学资源还有网络、电视、报纸、课外书籍等，比如新闻中的最新科技成果、最新娱乐节目中的科技因素，中央电视台科教频道中的"我爱发明""科学向未来"，浙江卫视的"最强大脑"等科技节目。

二是要采用多样化的教学方式。

义务教育物理课程标准要求：在教学中，要根据教学目标、教学内容及教学对象灵活采用教学方式，提倡教学方式的多样化。我理解的"教学方式多样化"就是"活教"。

初中学生说到底还是儿童，教师要站在儿童的角度看待学生的物理学习，要根据教学目标、教学内容及学生的实际灵活地采取教学方式。比如儿童的天性就是玩耍，可以开发一些适合课堂的游戏；物理学科的最大优势——实验教学的落实；还可以采取一些出其不意的方式进行教学。

三是"活"用信息技术。

任何先进的教学设备中都包含着物理学进步的成果，这也是一个诠释"物理学有趣有用"的最佳时机，对一些不能课堂实验但又直观的内容，可以运用微课、视频、投影、画线、作图等形式呈现，教师恰当地"活"用信息技术能有效地显示学习内容和调动学生的学习情绪，激发学生的学习兴趣。

四是要让学生走出课堂学习物理。

如何落实"从生活走进物理，从物理走向生活"，比较好的方式就是适当地开设"物理活动课"，让学生回到家庭生活、行进在校园、走上田间地头、走进农家小院、走向企业学习物理知识。

五是要尽力创设活的课堂，让学生绽放生命"活"力。

真正的教学并不只是提供知识，而是激励学生心向往之。身为教师，最重要的不是你做了什么，而是因为你所做的，让学习者做了些什么。学生学习的主阵地还是课堂，教师不妨在课堂上"把学生的学习还给学生"，引导学生"自主学习""合作探究""展示质疑"，让学生有时间、有空间"动手动口动眼动耳动脑学物理"。通过独立思考、动手动脑、"自由表达""对话对抗"等方式，学生在心理上处于兴奋和抑制的最佳学习状态，最大限度地激发学生的主体意识和主体精神，使学生成为课堂学习的主人。

五、"活物理"教学主张的两种常规课堂模式

(一)"四三三"课堂模式

1. "四"为"四步",即课堂环节中学生活动的四个基本步骤:

第一步,自主学习,表现形式为学生个体独学,教师巡回指导;

第二步,合作交流,表现形式为对学和群学、小组内小展示,教师参与讨论等;

第三步,展示质疑,表现形式为班级内大展示,学生质疑和补充,教师点评、点拨;

第四步,检查反馈,表现形式为完成反馈练习,整理导学案。

2. 第一个"三"为"三查",即课堂上的三次学情调查和检查:

第一查,在第一步学生自主学习时,要求检查学生的预习情况,要求百分之百达标;

第二查,在班级大展示时,要求检查学生的合作交流情况,要求百分之九十以上的学生达标;

第三查,在课堂反馈阶段,要求检查学生完成反馈练习、整理导学案的情况,要求百分之九十以上达标。

3. 第二个"三"为"三校",即课堂上的三次校正:

第一校,在第一查后,督查学生及时校正;

第二校,在第二查后,督查学生及时校正;

第三校,在第三查后,督查学生及时校正。

(二)"一二三"课堂教学模式

"一"是指一个自主:上课开始阶段,教师引入后,学生通过自主学习,确定本课的学习目标。

"二"是指两个合作探究、两段成果展示:

第一段合作探究与展示,即预习阶段的合作探究是指小组学生根据分配的问题进行合作探究,目的是形成完整、准确的知识点,然后通过学生的讲解、演排等形式展示出来;

第二段合作探究与展示,即练习巩固阶段的合作探究是指小组同学根据教师分配的问题先独立练习,再通过合作交流,形成条理清楚、答题规范的解答,然后通过展示活动告诉大家解题过程和方法,要求说清楚为什

么这样解答。

在此阶段中，教师要参与进去，以生生合作探究为主，以师生合作探究为辅。

"三"是指三个主要的学习阶段：自主学习阶段、合作探究阶段、展示实力阶段。

当然，"活物理"主张课堂教学要模式，但不要模式化，具体的课堂教学应该根据教学实际选择最优的教学方案，每堂课都采用同一、单一的教学模式显然不符合"活教"的思想。

六、"活物理"教学主张课堂评价的四个维度

(一) 是否让学生觉得物理知识"有用"？

都知道物理学是有用的，关键是如何通过你的教学让学生切实感受到物理知识对他有用。不接地气的教学，会让学生感觉物理知识离他非常遥远，教师在教学中要将学生的日常生活融入物理教学之中，让课堂充满鲜活的生活气息。

(二) 是否让学生觉得物理知识"有趣"？

许多物理现象从表面上看，与我们日常生活的认知是相矛盾的，有时甚至在经验上看是荒唐的，好多我们认为不可思议的现象其实都是出于物理学的"神奇之手"，它对人们的思维产生巨大的冲击而引发兴趣，关键是在课堂上教师如何才能让学生觉得物理"有趣"？这个最大的"妙招"就是"观察和实验"。

(三) 课堂上是否开展"科学探究"活动？

课程标准要求初中阶段的物理课程"应注意让学生经历实验探究过程，学习科学知识和科学探究方法，提高分析问题和解决问题的能力"。教师如何培养学生的基本"科学思维"能力和习惯呢？关键在于，教师把课堂学习的空间和时间真正还给学生，让学生进行"真探究"，而不是给予答案的"假探究"。真"科学探究"需要学生"动手动脑学物理"，更需要学生动眼（看看）、动口（议议）、动耳（听听）、动手（做做）、动脑（想想），这些"动"的过程其实就是一种探究活动。

(四) 课堂上是否有"三学互促"行为发生？

知识建构的成果最终是靠学生个体的努力实现的，在这一过程中，首

先必须是学生个体独学，在个体无法弄通弄懂的情况下，再寻求外界帮助，这个最好的外界就是自己的同伴，因为年龄相仿、经历相近、认知趋同，同伴之间的及时沟通更有助于问题的解决。当同伴合作无法解决时，才需要教师指导、点拨，从而实现"个体独学、同伴助学、教师导学"的相互促进，共同成长。

"活物理"教学实践是针对现实的初中物理教学困扰一线物理教师而开展的一种有益的教学实践，是相对于过去死气沉沉、教师满堂灌、只注重解题训练的物理课堂提出来的，突出强调学生的学习过程，关注学生科学素养的培养和形成，主张在课堂教学中将学生的日常生活融入物理学科的学习之中，把学生学习的活动空间和时间还给学生，全方位调动学生的各种器官参与学习活动，做到以"活"激"趣"，以"活"促"学"，实现"生活课堂""活动课堂"和"活力课堂"。它既是一种教学思想，也是一种教学方法。

在教学实践过程中，"活物理"教学构建了全方位开放的"自主学习、合作探究、展示质疑、体验成功"的"四三三"课堂模式，具有主动性、生动性、生成性的特性，在丰富的物理学科活动中培育学生的关键能力、激发学生的生命活力，让"成长中的人"感受到生命的活力和青春的精彩。

参考文献

【1】钟祖荣，伍芳辉. 多元智能理论解读[M]. 北京:开明出版社，2003.

【2】余文森. 核心素养导向的课堂教学[M]. 上海:上海教育出版社，2017.

【3】[美]盖尔·H. 格里高利. 创新教育模式——让课堂活起来[M]. 哈尔滨:黑龙江教育出版社，2017.

【4】[美]布卢姆. 布卢姆教育目标分类学[M]. 北京:外语教学与研究出版社，2009.

【5】刘平平. 合作教学与学习的策略[M]. 长春:东北师范大学出版社，2010.

【6】周洪宇. 陶行知教育名论精要[M]. 福州:福建教育出版社，2016.

【7】[美]玛丽·凯·里琪. 可见的学习与思维教学[M]. 北京:中国青年出版社，2017.

【8】文久江. 有用　有趣　有探究[N]. 中国教育报，2017-9-6(10).

让物理课堂上掌声响起来

湖北省荆州市沙市区岑河中学　文久江

我所期盼的初中物理课堂应该是一个掌声、笑声、欢呼声、争辩声交织于耳的地方，只有这样的课堂才能彰显出处于求知欲最旺盛年华的青春活力。在实践"活物理"的教学课堂上，我不断地努力着，从第一次课堂就开始了尝试。

一、第一次掌声送给老师

【教师】同学们好，新学期开始了，新学期会有许多新期待和新变化！

【学生笑着插嘴】新学期是新的学习起点。

【教师】对于八年级学生，新学期的一个新变化就是我们的课程里多了一门新学科——物理，多了一位新老师——物理老师，大家欢迎吗？

【学生笑着齐说】欢迎，欢迎！

【教师】同学们能够用自己的行动表示你们真诚的欢迎呢？

学生鼓起掌来！

【教师】谢谢同学们把新学期第一堂课的第一次掌声送给物理学科，送给物理老师。掌声说明同学们都在践行"社会主义核心价值观"，同学们对新老师是友善的，我们的师生关系是和谐的，大家的行为也是文明的。

二、第二次掌声送给同学

【教师】下面我打一个字谜，请同学们猜猜，猜出来的同学请举手告诉大家。

【教师】一点一横，羊叉抵门！

【学生笑着回答】这是一个"文"字。

【教师】对，一点一横，羊叉抵门，就是一个"文"字，这位同学回答得很正确，大家觉得应该有点什么表示？

学生鼓掌。

【教师】老师姓文，大家以后就叫我文老师，也可以叫我物理老师。作为教师，我可不会用羊叉把科学的大门抵上，我的职责是把物理科学的大门向同学们打开，"师傅领进门"，当然修行就靠同学们个人了。

三、第三次掌声送给自己

【教师】同学们把第一次掌声送给了我——你们的老师；第二次掌声送给了他——你们的同学；下面请把第三次掌声送给你们自己。

学生高兴地鼓掌！

【教师】大家停一停，请听我把要求说完之后再鼓掌。我们这次活动的要求是，请大家先预测一下自己鼓掌一分钟拍掌的次数，并写在老师发给你们的小纸片上。

（分发小纸片，学生纷纷写下预测的数字，然后学生组长收集交给老师，有选择性地报出几个同学写下的数字，并将这些小纸片贴在黑板上。贴在黑板上的小纸片上数字分别为10、60、80、100、120、200不等。）

【教师】下面请大家再听一遍要求。当老师喊开始时，大家开始鼓掌，同时要默记自己鼓掌的次数，老师喊停，大家停止鼓掌，我们看看哪位同学一分钟鼓掌的次数最多。大家听清楚要求没有？

【学生】听清楚了！

【教师】（拿出手机）预备，开始！（同时按下秒表开始键，学生兴奋地使劲鼓掌）

【教师】（大约半分钟，按下停止键，同时喊）停！

学生兴奋地交头接耳议论！

【教师】下面同学们报一报自己鼓掌的次数。

学生报数：120次、100次、150次、140次不等，报数和预测数一样的同学在沾沾自喜。

【教师】大家实际的鼓掌次数基本都大于预测的鼓掌次数。

【教师】下面请大家再看看我这里，看看我的手机。

【学生惊呼】只有30秒！

【教师】在半分钟的时间里，我们就鼓掌这么多次，如果是一分钟，次数是不是更多，据说一分钟鼓掌次数的吉尼斯纪录是 1 020 次。这说明我们常常是低估了自己的能力，把自己的目标定得很低，其实只要我们努力去做一件事情，实际的效果远远比我们想象的要好得多。不少同学听别人说学物理很困难，其实真正学起来，并没有那么困难，只要你努力学奋力做，一定会取得远远超过你的预期、意想不到的好成绩。

　　上面是笔者在给学生的八年级学生上物理课"科学之旅"时开场的一个片段，学生的三次鼓掌，既拉近了师生的距离，又鼓舞了学生学习的干劲，更希望通过第一次课堂上的掌声引爆以后课堂上经常性的掌声、笑声。其中第三次掌声，也为第一章第一节的"时间的测量"以及实验教学进行了有效的垫场，让学生明白实验并不是什么高大上的事情，只要做学习的有心人，就可以利用身边随手可得的物品开展物理实验探究活动。

让物理课堂好玩有趣

——以人教版"流体压强与流速的关系"教学为例

湖北省荆州市沙市区岑河中学　文久江

卡尔·皮尔逊是英国著名的哲学科学家,是十九世纪和二十世纪之交罕见的百科全书式的学者。他在《科学的规范》中指出:"对探索自然科学而言,知识本身可能显得并不十分重要,因为一些实际知识很容易忘记,而我们所关心的则是更一般的理解,这种理解对一个受过教育的人将会有长远的价值。"我所理解的"一般的理解"是指自然科学所塑造的科学方法、科学精神和科学思维能力。就此而言,对于自然科学学科的教学,重要的就不是学科知识的传授,而是传授学科知识的过程和方法,只有在学科知识的学习过程之中才能习得科学方法、领悟科学精神、培养科学的思维能力。

对刚刚接触物理学科的初中生而言,大多直接或间接地从前辈学长那里得到过"物理难学"的告诫。"物理难学"是中学生的普通反映,面对这种情况,教师往往采取加大作业量反复练习的方法来破解这一魔咒,这种做法导致学生学习的投入与产出"性价比"十分低下。如何破除"物理难学"的心理阴影、培养学生物理学科的学习兴趣是摆在初中物理教师面前的一个重大课题,也就是说要让物理学科教起来有趣、学起来有趣。为此我们开展了一些实践,努力让物理课堂有趣而好玩。

一、让物理课堂好"玩",激发学习兴趣

物理学科本身是有趣、生动的,在物理学习过程中,无论是物理过程还是物理现象,抑或是教学活动,都会通过各种媒介与学生的感觉器官发生作用,让学生感觉物理学科的有趣。为此,在教学中教师应尽可能地采用直观性、趣味化的教学,充分利用好学生的眼、耳、口、鼻等感觉器官,

让学生"动眼""动耳""动口""动鼻"感受到一些新奇的物理现象，引起其直觉兴奋；教师更要利用好学生的操作兴奋引导学生有目的、有计划、有步骤地"动手"开展实验活动，学生学习物理过程中的感知主要为观察和实验。物理概念、观念大都是在实验情景中逐渐建立起来的，教师要让学生在动手实验的过程中寻找到物理学习的兴奋点。

"流体压强与流速的关系"是继压强、液体压强、大气压强之后的一个内容，学生已经学习了压强和压力的有关知识，但流体、流体的压强、流体压强与流速的关系及其应用却是一个新内容，而这一效应在生产、生活中应用非常普遍，与社会联系非常密切。本节课的教学目标要求很简单：通过实验，能总结出流体的压强与流速的关系；能利用流体的压强与流速的关系解释升力产生的原因，进而解释飞机能在空中飞行的原理；能利用流体的压强与流速的关系解释生活中的有关现象。如何让课堂变得好玩有趣呢？在实际的教学中，我们进行了这样的尝试。

【教师】同学们好，大家看老师手上握着一个乒乓球，如果我放手，乒乓球会怎么样运动呢？

【学生】会下落！（教师放手，乒乓球下落。）

【教师】乒乓球为什么会下落？

【学生】因为乒乓球受到重力的作用。

【教师】老师再试一次，大家再猜一猜。

【学生】肯定还是下落，难道还会停留在空中？

（教师放手，看到的现象是：乒乓球停留在空中，几秒钟后还在空中上升！）

面对学生的惊愕，教师打开乒乓球下方的一个盒子，从盒子里拿出一个电吹风，边说边进行魔术解密。

【教师】第二次将乒乓球放手之前，老师闭合了电吹风的一个开关，电吹风往上吹风，将乒乓球放在风口，老师放手后，乒乓球就停留在空中；当加大风力时，乒乓球就升得更高。同学们想不想玩一下呢！

【学生】想！

【教师】好，请同学们模仿老师的做法试一试。

（学生活动，以小组为单位完成，每个同学都试一下。）

【教师】刚才每个组都用电吹风让乒乓球停留在空中了。今天我们就来玩一节课的乒乓球。

（接下来让学生在兴奋、紧张、刺激中完成四个比赛活动。）

比赛项目一：乒乓球短跑比赛。

比赛规则：每个组选派一名选手，用电吹风吹着乒乓球从教室的一端运动到电吹风的导线拉直为止，看哪一组最先用电吹风把乒乓球运送到终点。

比赛项目二：用吸管往上吹乒乓球比赛。

比赛规则：每个组选派一名选手，用吸管往上吹乒乓球，看哪一组用吸管把乒乓球吹得又高又稳，在吸管上方停留10秒方有效。

特别提出要求：前面已经选派的小组成员不得再次选派，后面的比赛也是这个要求。目的是让每个同学都有展示的机会。

比赛项目三：用漏斗往下吹乒乓球比赛。

【教师】把漏斗口朝下，将乒乓球放在漏斗颈口，放手，乒乓球会怎么样呢？

【学生】肯定往下掉，因为受到重力的作用。

比赛规则：每个组选派一名选手，把漏斗口朝下，将一个乒乓球紧贴着漏斗颈口，往下吹气的同时松开手，看哪一组先将乒乓球吹落到地面。

出现的现象：乒乓球并没有被吹落，而是紧紧贴在漏斗颈口。

比赛项目四：用漏斗口往上吹乒乓球比赛。

比赛规则：每个组选派一名选手，将一个乒乓球放在漏斗颈口，往上吹气，看哪一组将乒乓球吹得更高。

出现的现象：乒乓球并没有被吹得飞起来，而是紧紧贴在漏斗颈口。

在这个环节通过一个魔术和四个比赛活动，引导学生"玩乒乓球"，让学生觉得物理课堂好玩有趣，从而激发学生的学习热情。

初中学生，终究还是少年儿童，其童心未泯、玩性正浓，教师应利用好其爱"玩"的天性，引导其"玩"，让其会"玩"，"玩"得有意思，"玩"出名堂来。"有趣"不一定"好玩"，要好"玩"必须先让学生"玩"，再让学生在"玩"中感觉到"好玩"。这里所谓的"玩"，其实是在教师的引导下有目的、有计划、有步骤、有内容地让学生主动参与"物理实验和观察"，它是一种以学生为主体的学科实验实践活动，是物理学科核心素养落地的最重要的途径。

二、用思维点亮课堂，促进深度学习

物理学科作为自然科学的基础学科，其中包含有大量抽象的概念和公式，需要在记忆的基础之上加以理解和应用，前后知识的联系也非常紧密，需要较强的科学思维能力，从而导致物理难学。能不能学好物理，在很大程度上取决于学生对物理概念的理解是否透彻，而物理概念大多是在对物理现象和物理过程进行观察、实验感知的基础上，对感性材料进行理性思维加工形成的，因而物理思维是中学物理学习过程的核心，在物理学习过程中必须逐步帮助学生理顺思路，建立合理的思维程序，把握好间接性和概括性这两大思维特征，让他们从发现问题开始，在问题解决中深入，在方案检验中发展，力求做到举一反三、触类旁通。

通过前面的"玩"乒乓球，引发了学生学习的兴趣，如何帮助学生在物理学习过程中通过有趣的物理现象引发学生学科思维的形成，寻找并建立物理规律呢？我们接着进行了下面的尝试。

【教师】刚才利用乒乓球进行了一系列比赛，同学们也看到了一些神奇的物理现象，为什么会出现这些现象？或者说这些物理现象中包含着什么物理知识呢？下面我们一起再来做一个实验：先让两张 A4 纸自由下垂，像课本(人教版八年级下册)44 页那样，用电吹风向中间吹气，会看到什么现象？大家先猜一猜，再实际做一做。

(学生猜想：有的说纸向两边飞起，有的说向中间靠拢。接着学生分组实验，结果是纸向中间靠拢。)

【教师】请同学们分析讨论为什么会出现这种情况呢？请利用学过的知识进行分析解释。

(学生分组讨论分析。)

【教师】有没有小组愿意分享你们的分析解释？

(学生分享、教师补充，投影出示幻灯片，通过分析压力、压强的知识进行理论分析，得出气体流速和压强的关系。)

理论分析如下：

当两张 A4 纸自然下垂时，在纸的四周只有空气，大气对纸有大气压力。没有吹气之前，两张纸是静止的，说明每张纸的两侧受到的大气压力或者说大气压强是相等的。当向中间吹气时，两张纸的下端不是分开而是向中间靠拢，说明有力改变了纸的运动；纸向内运动，说明两张纸外侧受到的大气压力大于内侧的大气压力。内侧的大气压力为什么变小了呢？在整个实验过程中，唯一变化的就是用电吹风向中间吹了气，使得两张纸中间的气流速度变大，也就是说当气体流速变大的时候，这个地方的大气压会变小，而外侧的大气压力没有变化，这样在纸的两侧就产生了一个压力差或者说压强差，正是这个压力(压强)差把A4纸往中间推。这就是我们今天得到的一个重要结论：气体流动时，流速大的地方压强小。

【教师】下面请同学们用这个结论解释一下刚才乒乓球比赛时出现的一些现象！

（投影出示刚才乒乓球比赛的一些画面，学生利用刚才的实验结论进行解释，只要提到"在气体流动时，流速快的地方压强小"即可。）

【教师】同学们刚才的解释都很正确，下面我们再进行一个乒乓球比赛。

比赛项目五：吹乒乓球比赛。

比赛规则：将两个乒乓球分别放在U形玻璃管上，保持适当的距离，用吸管向中间吹气，看乒乓球会怎么运动？看哪个组最先得出实验现象？并做出合理解释。

（学生实验，看到的现象是两个乒乓球向中间靠拢，并做出适当解释。）

【教师】如果把乒乓球放在水面上再做同样的实验，会出现什么样的情况呢？请同学们做一做！

（学生实验，看到的现象仍是两个乒乓球向中间靠拢，并做出适当解释。）

【师生归纳】液体和气体一样，流速快的地方压强小。我们把流动的液体和气体统称为流体；在流体中，流速越大的位置，压强越小。

（教师板书流体的概念及其重要结论。）

科学思维是从物理学的视角对客观事物的本质属性、内在规律及相互关系的认识方式，是基于经验事实建构物理模型的抽象概括过程，是分析、综合、推理、论证等方法在科学领域的具体运用。在这一学习过程中，通过学生玩实验、观察物理现象、分析得出物理结论、分析解释实验现象、再玩实验、再观察物理现象、再分析得出结论，并进行综合、概括、归纳等得出"流体压强和流速的关系"，让学生的感觉器官与大脑不断发生相互作用，在学生的手、口、眼、耳、脑并用之中，不断促进科学思维能力的生成、发展和完善。

三、学以致用，在知识应用中内化为素养

物理知识来源于生活、生产实践，生活中到处都有物理知识，而学习的最终目的是将所学知识用来解决现实生活或者未来生活中可能遇到的各种问题，帮助人类更好地生活生产，这才是科学的本质，这也是科学工作者和学习者应有的科学态度和社会责任，也只有在"学以致用"的物理学科活动中，学生的物理学科知识才能真正内化、升华为物理学科素养。为此，在帮助学生建立起"流体压强的特点"的物理观念之后，我们接着开展了下面的教学。

【教师】现在用两艘船来替代乒乓球。

【学生活动】小组手工制作两艘小纸船(提示：船要小不能大)，并排放在水面上，用注射器向两艘纸船的中间水面喷水。

观察到的现象是：两小纸船撞在一起。

【教师】为什么会出现这种情况呢？

（学生讨论并解释，教师适当补充。）

【教师】假如长大以后，你有幸成为一名船员甚至当上船长，当你在大海或长江中航行时，要超越前方船只时，你应该注意哪些问题？

（在学生讨论回答之后，教师投影出示亚丁湾护航、某一海难图片视频予以强调。）

【教师】刚才看到的是水中游弋的轮船，再来看看天上飞的飞机。（教师投影出示飞机上天的视频或者图片，让学生观察其机翼剖面图。）

【学生活动】按课本(人教版八年级下册)45页要求手工制作飞机机翼模型，用一根细绳穿过机翼模型前端并排系在铁架台上的横杆上，用电吹风向其吹气。

观察到的物理现象是：机翼模型往上升起来了。

（小组讨论机翼飞起来的原因，请一个小组进行解释，教师适当补充，并板书"飞机的升力"。）

【教师】下面把机翼模型倒过来，试着吹一吹，看会出现什么情况？

（学生实验、讨论、解释，教师适当补充。）

【教师】天上飞的、水中游的都研究了，下面来看看地上跑的。（投影出示火车经过火车站的视频。）

【教师】在火车站的站台边缘一定距离的地方标有一条安全线，人必须站在安全线以外的区域候车。请你分析，为什么当列车驶过时，如果人站在安全线以内，即使与车辆保持一定距离也会非常危险呢？

（让学生讨论、分析、解释。）

【教师】现在我们国家的高铁技术已经十分成熟，目前我们家乡还没有高铁站，如果有一天我们这里建了高铁站，通了高铁，你认为高铁车站的安全线应该远一些好还是近一些好？

（学生讨论、分析得出结论！）

【教师】地上跑的除了火车，还有汽车，我们来看看汽车的形状（投影出示汽车示意图），汽车为什么要设计成流线型呢？

（学生讨论、分析得出结论！）

【教师】假如汽车设计成流线型后，对地面的压力为零，岂不是要飞上天了？

【学生】没有压力，也就没有摩擦力了，汽车就开不动了。

【教师】那汽车是怎么克服这些问题的呢？

（视频出示赛车车身上的气流偏导器，并让学生进行分析、讨论、解释。）

【布置作业】

作业一：视频介绍魔术"天女散花"，并列出器材清单（一根塑料软管、一些小纸片、一个小盆），要求学生回家独立或同学两两配合完成天女散花魔术，并做出适当解释。

作业二：能否利用流体压强和流速的关系设计出新的魔术？

在这个教学环节中，既要求学生利用刚才所学解释、解决现实的问题，即轮船、飞机、汽车等，也有面向未来元素的"实践创新"在其中，如还没有见过的高铁站安全线、新魔术的开发和设计等，学生只有在应用学科知识的过程中，才能真正理解知识、消化知识、内化知识，并将其升华为学科素养。

上述三个课堂片段，连接起来即为湖北名师文久江工作室"活物理"课堂教学实践中一节完整的"流体压强与流速的关系"课堂实录，首先通过魔术和比赛活动引入新课，让学生觉得物理课堂有趣、有用、"好玩"；接着让学生在"玩"中"观察和实验"、提出物理问题、形成猜想和假设，设计实验并制订解决方案，动手实验获得证据，分析归纳得出"流体压强特点"的结论；最后利用这个结论对生活中的一些现象进行解释，并对未来可能遇到的问题提出解决的预设方案。整个课堂让学生在十多个"玩"实验的学科活动中不断探究物理知识，在科学探究中不断发展面向未来的关键能力。

  我想，如果我们的物理课堂能够真正"有趣好玩"起来，能够在"有趣好玩"中进行深度学习，帮助学生逐渐理清、理顺并建构起科学的思维，再将物理知识与学生的现实生活和未来世界紧密联系起来，哪里还愁学生不好好学习物理呢？哪里还愁什么物理难学呢？

参考文献

【1】约翰•杜威. 思维的本质 [M]. 孟宪承，俞庆棠，译. 北京：台海出版社，2018：183-251.

【2】卡尔•皮尔逊. 科学的规范 [M]. 李醒民，译. 北京：商务出版社，2012：5-99.

【3】文久江. 有用 有趣 有探究 [N]. 中国教育报，2017-9-6(10).

【4】文久江. 创设"活"的教学环境 促进"人"的终身发展 [J]. 课程教学研究，2017(8)，70-75.

【5】付克华. 活学、活用、活教 激活物理课堂——以《大气压强》例谈"活物理"教学理念在课堂中的实践 [J]. 中学物理(初中版)，2018(2)，53-55.

让课堂流淌生命活力

——以"大气压的存在和应用"教学为例

湖北省荆州市沙市区第四中学　李春艳

"活物理"课堂主张以生为本，把人放在首要位置，以发展学生核心素养之科学精神、学会学习、实践创新为目标，如何在初中物理教学中实现"活物理"教学理念呢？下面以"大气压的存在和应用"的教学为例进行说明。

一、激发兴趣，开启"活学"之旅

"兴趣是最好的老师"，有了学习的兴趣，学生就有了学习的愿望和动力，在乐于学习中会积极主动地调动自身一切感官，踏上"活学"之旅。

在"大气压的存在和应用"新课引入中，教师先用让学生形成认知冲突的覆杯实验来有效激发学生的学习兴趣。

◇ 课堂再现

师：老师先来做一个演示实验，待会儿同学们也要做的，这个实验名称叫做覆杯实验：(边做边说，后同)用乒乓球盖紧空瓶的瓶口，将瓶口朝下，如果老师松手，大家猜一猜，乒乓球会怎样呢？

生：会落下来。(教师松手，乒乓球落下)

师：接下来，在瓶中装满水，再用乒乓球盖紧瓶口，将瓶口朝下，松手，乒乓球会怎样？水会怎样？

生：它们会落下来。

师：真的吗？见证奇迹的时刻到了。老师松开手，乒乓球没有落下来，水也没有流出来。

生：哇！

师：如果现在我用力晃动瓶子，乒乓球会落下来吗？

生:会落下来。

师:我用力摇动瓶子,乒乓球还是没有落下来。

生:怎么回事啊?

师:有一只无形的手,托住了乒乓球。大家想不想知道,托住乒乓球的神秘之手是什么呢?今天我们来通过学习找到它!下面我们一起进入今天的学习吧!

而在进入课题之后的"证明大气压的存在"环节中,通过多种取材简单、易操作又不失趣味性的实验,学生饶有兴趣地调动一切感官"活学"起来。

课堂再现

师:现在请同学们以小组为单位进行覆杯实验,寻找答案。待会儿每个小组将你们的实验结果展示出来。

【每个小组独立进行实验探究】

师:现在请实验成功的小组分享一下实验成功的秘诀。

生(边说边做):杯中的水要装满,乒乓球要盖紧杯口。

师追问:这样做的目的是什么?帮我们分析一下。

生:排出杯内的空气,不让空气进入。

师:回答得很好,掌声鼓励!

师:大气压的效果要显现出来的关键,就是要让瓶内的气压小于外界大气压,这样,大气压的效果就可以显现出来了。所以进行覆杯实验时,瓶中要装满水,排出瓶内的空气,并且要用乒乓球盖紧瓶口,不让空气进入。

师:现在请实验没成功的小组重做实验。(部分实验小组重做)

师:同学们,现在我们可以肯定托起乒乓球的神秘之手是什么了吗?

生:大气压。

师:现在请每个小组改变瓶口的方向。我们发现乒乓球仍然没有落下来,这个现象表明什么?

生:大气向各个方向都有压强。

师:覆杯实验可以证明大气压的存在,那么我们还可以设计哪些实验来证明大气压的存在呢?

师:请同学们根据桌上提供的实验器材,设计实验证明大气压的存在。

(学生小组实验)

师:我们请小组来展示一下你们设计的实验,边说边做。

生(边做边说,下同):把吸盘贴在墙壁上,用力压吸盘,挤出吸盘里的空气,大气压将吸盘压在了墙壁上。

生:向里推动活塞,排出筒内的空气,再向外拉活塞,大气压将水压入筒内。

师:除了同学们刚才展示的这些实验外,我们还可以设计哪些实验呢?为了拓宽同学们的设计思路,我们来看一组视频。

师:看完视频,我们知道了减小物体内部气压的方法,也就是让大气压的效果显现出来的方法:同学们能分别分析一下吗?

生:水灭烛火的实验:蜡烛燃烧,耗掉了杯内的氧气,减小了杯内气压,从而使大气压将水压进杯内,熄灭了烛火。

生:试管爬行实验:大试管中装水,将小试管的封闭端推入大试管中时,大试管里的空气被挤出来,当水源源不断地从大小试管的缝隙流出时,大小试管之间是水,大气不能进入大试管中,从而大气压将小试管压入了大试管中,小试管在大试管中爬行。

生:易拉罐形变实验:灌入热水,迅速晃动,排出冷空气,充入热空气,易拉罐内的气压减小,用橡皮泥堵住易拉罐,不让大气进入,因而大气将易拉罐压扁了。

师:现在我为大家提供实验器材,同学们可以亲手做做视频中的实验。

在学生的整个学习过程中,教师让学生动嘴表达意见、动手完成实验、动脑探究分析问题,也采用播放视频等方式开阔学生的视野,增加学生的见识,在"活学"中培养学生的观察能力、思考能力、动手能力,从而实现核心素养之学会学习。

二、多样化教学,设计"活教"之旅

忠于教材、课程标准,但不囿于它们,根据教学内容、学情,寻找合适的教学资源,采用有效的教学方法;课堂上开阔学生的视野,激发学生持续性学习的动力,引导学生向创新学习迈步。

在建立大气压存在的环节中,由于大气看不见,也摸不着,要建立大气有压强的概念,并从感性认识上升到理性认识,对学生来说存在一定的难度。通过动态化、可视化的气球实验来有效降低学生的认知困难,学生得以轻松建立大气有压强的概念,有效突破教学难点,体现了"活教"。

课堂再现

师:下面给大家带来一个演示实验(教师演示,学生观察):现在,没有水从吸管流出;松开夹气球的夹子,水会源源不断地流出,同时气球越来越小。夹紧出气口,水又不流了;松开出气口,水又开始流了,气球又变小了。请问,根据实验现象,同学们探究一下,是什么把水从吸管里压出来的呢?

生:气球里的空气。

师:对,是气球里的空气把水压出来的。那说明气球里的空气有什么呢?

生:有压强。

师:对,气球里的空气能把水压出来,说明空气有压强。那同学们知道大气就是地球周围的空气吗?那么大气也有什么呢?

生:大气有压强。

在新课结束环节,则通过虹吸现象视频和手动抽水机的小实验来近距离聚焦生活物理,从而激励学生在课后勇于探索、勤于探索,让课堂绽放生命"活力",体现了"活教"。

课堂再现

师:刚才给同学们播放了一段视频,讲的是虹吸现象,而虹吸现象也跟大气压有关。在生活中自动过滤的鱼缸,应用的就是虹吸现象。有兴趣的同学在课后可以通过网络进一步去了解自动过滤鱼缸的工作过程,还可以从网络上了解大气压应用的其他例子,也可以动手做大气压应用的实验。小小的实验,蕴含着大大的科学道理。下面我给大家展示一个实验——手动抽水机。(教师演示)

师:同学们请看,用一根两端开口的玻璃管就可以将烧杯里的水抽上来,水之所以能被抽上来,也是应用了大气压的原理。同学们课后可以自己体验一下。要想成功进行这个实验,操作手法还是蛮关键的。

师:课堂的学习是有限的,课外的学习是无限的,请同学们在课外的生活中继续探索知识吧!

在证明大气压的存在环节中,学生从观看实验,到仿做实验,最后到创新实验(学生能够根据提供的器材,设计出之前未能设计出的实验)。学生通过观看实验过程中的交流、讨论、分析，奠定了创新的知识基础；学生通过仿做实验，增强了直观感受和体验，形成了创新的思维基础。在"双基"的前提下，学生水到渠成地进行了创新实验。有效引导学生进行创新实验，发展学生的创新能力，使之开展创新性学习，体现了教师的"活教"。

三、学以致用，激发"活用"之旅

"活物理教学"主张将学生的日常生"活"融入物理教学之中，必须让学生的学习充满生活的气息，这也是课程标准倡导的"从生活走向物理，从物理走向社会"的理念。

在学习大气压的应用时，通过开展"吸饮料比赛"，并以小组为单位进行讨论，找出男生都输了比赛的原因，应用刚刚学到的知识解释日常生活现象，体现了"活用"。

课堂再现

师：下面找三名女生、三名男生，分成三组进行男、女生吸饮料PK大赛，哪些同学自愿参与？

生：我愿意。

师：下面我来给大家分发吸管，红色吸管分给女生，黑色吸管分给男生。当我喊开始时，大家一起吸饮料。

师：预备，开始！（六名学生使劲地通过吸管吸取饮料，结果女生迅速吸完饮料，男生则无法吸上饮料）

生：为什么男生都输了呢？

师：下面以小组为单位进行讨论：饮料是怎么进入嘴里的呢？男生怎么都输了比赛呢？

生：老师，我想检查一下黑色的吸管。

师：好的。

生：老师，我知道男生输的原因了，男生的吸管有洞。

师：你能具体说明一下，饮料是怎么进入嘴里的吗？为什么吸管有洞了，饮料就进入不了呢？

生：当我们吸时，吸的实际上是吸管里的空气，从而导致吸管里的气压小于吸管外的气压，这样，吸管外的大气就将饮料压进了管内，从而进入嘴里。若吸管的上端开了口,那吸管内外相通,气压相等,那么,大气压也就无法将饮料压入嘴里了。

师:很棒,掌声鼓励!

师:下面请三位男同学用手指按住小孔,看能否吸上饮料。(学生照做,这次均成功地吸上了饮料)

师:同学们继续以小组为单位,相互交流一下,生活中还有哪些应用大气压的例子呢?交流前,同学们可以自主阅读一下这一节的科学世界,了解一下活塞式抽水机的工作原理。

生:吸盘挂钩、注射器吸药液、笔囊吸墨水、活塞式抽水机,都是应用大气压的例子。

师:很好,我给大家带来了活塞式抽水机的模型,我们一起来看看它的工作过程吧。下按手柄,活塞怎么运动?

生:向上运动。

师:这时活塞下方的空气变得稀薄,在大气压的作用下,水被压入筒内。上提手柄,活塞怎么运动?

生:向下运动。

师:活塞向下运动,导致下方阀门关闭,水受阻无法向下流动,于是冲开上方阀门,水进入筒的上部。再下按手柄,活塞向上运动时,活塞上面的水将上方阀门关闭,水从侧管流出,与此同时,大气压又将水压入筒内。这样,活塞不停地上下运动,水就从管口不断地流出。

通过教师的多样化教学引领,课堂上学生不断地"动手实验、动嘴说话、动脑思考"。通过教师的"活教"实现了学生的"活学""活用"物理知识,师生相互促进,师生的生命活力在课堂上不断流淌。

参考文献

【1】文久江.实施"活物理"教学,实行"真科学"教育 [J].中学物理,2017(11):39.

【2】文久江.创设"活"的物理教学环境 促进"人"的终身发展 [J].课程教学研究,2017(8):71.

实践"活物理"教学策略
尝试培育学科核心素养
——以"光的折射"教学为例

湖北省荆州市实验中学　吴兆军　李俊杰

物理学科核心素养主要包括"物理观念""科学思维""实验探究""科学态度与责任"四个方面，是三维教学目标的升级和优化，直指教育的真实目的，即"育人"，让学生在物理学科的学习过程中逐步形成适应个人终身发展和社会发展需要的必备品格和关键能力。在物理教学中，如何培养学生的必备品格和关键能力呢？下面以"光的折射"一课的教学为例进行说明。

一、观察实验现象，建构"核心概念"

光的折射是初中物理的重要概念之一。八年级学生对光的折射现象的生活经历少，因而缺少对光的折射现象的认识。为了设置悬念、激发学生的兴趣，同时为引出光的折射埋下伏笔，在新课的导入环节，教师先将生活现象"坐井观天"通过实验模拟出来，并将井中装满水时的现象与无水时的现象对比，引出光的折射现象。

教师演示：用手机摄像头代替青蛙的眼睛，将手机放入"井"底，"青蛙"能"看"到一定范围的"天空"，这是为什么？

学生：因为光在同种均匀介质中沿直线传播。这个范围的"天空"发出的光，能进入"青蛙的眼睛"。

教师演示：往"井"中装满水。"青蛙"能"看"到"天空"范围变大。此时，"天空"发出的光还是沿直线传播进入"青蛙的眼睛"吗？

通过学科情景的设置，引发学生的思考。

教师利用多媒体播放图片，展示光在不同介质间传播的光路，学生容易发现光的传播方向发生偏折。光从一种介质斜射入另一种介质时，传播方向发生偏折，这种现象叫作光的折射。

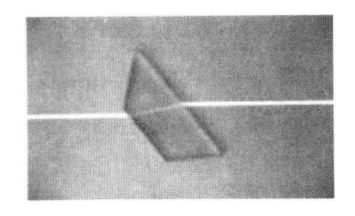

从自然现象出发，通过实验，让学生观察、分析，引导学生建构"光的折射"的概念，形成基本的物理观念，帮助学生从物理学的视角认识和描述自然现象。

二、知识迁移，激活"物理思维"

通过以上教学过程，学生认识到了"光的折射"这种现象的存在。为了进一步研究光的折射规律，教师将用演示器材演示光从空气斜射入水中，要求学生观察并认识入射光线、入射点以及折射光线。对比前面刚学过的光的反射现象，引导学生认识折射角。

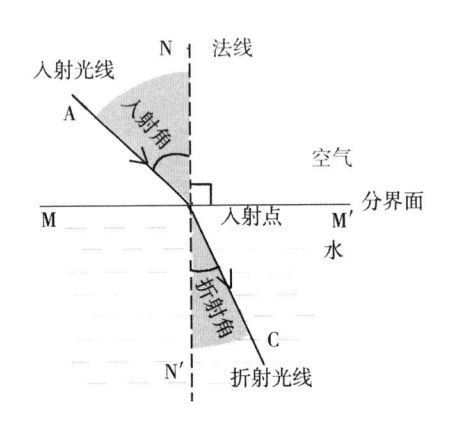

教师：在反射现象中，反射光线、法线和入射光线的位置关系，以及反射角和入射角的大小是有规律的，那么在折射现象中，"三线"和"两角"是否也遵循某种规律呢？

学生讨论并猜想：在折射现象中，可能也是"三线共面、两线分立"，但折射角不等于入射角。

这样设计教学过程，采用了知识迁移的方式。对比光的反射定律，帮助学生在大脑中形成研究光的折射现象的模型，意在引导学生对比旧知识，引起学生的认识冲突，获得探究新知识的兴趣，激活学生的物理思维。

三、自主实验，强化"科学探究"

在本课之前，学生经历了光的反射定律、平面镜成像规律的探究过程，光学知识已经有了一定的基础，对科学探究的几大环节有一定的了解，因此在本次实验中，让学生自主实验，进行合作探究。

(1)探究光线的位置关系

学生利用实验器材可观察到：光从一种介质斜射入另一种介质时，折射光线与入射光线分居法线两侧。

学生也对比光的反射现象中"三线共面"的探究过程，通过折转光屏，验证折射光线、法线及入射光线是否在同一平面内。学生实验成功地观察到折射现象中的"三线"也是共面的。

各小组汇报实验现象，师生共同总结实验结论。

(2)探究折射角和入射角的大小关系

教师介绍学生实验器材，强调使用方法及注意事项。

学生分组实验，部分小组探究光从空气中射入水中或从水中射入空气中的规律，另一部分探究光从空气中射入玻璃中或从玻璃中射入空气中的规律。实验过程中利用表格记录好介质、传播方向、入射角和折射角。

各小组展示实验方案，交流实验结论。

师生共同总结折射角和入射角的大小关系。

(3)折射现象中，光路是可逆的

教师：在刚才的实验中，如果用一束光逆着折射光线的方向照过去，那么折射光线的方向将会怎样呢？

学生猜想回答:逆着原来入射光线的方向射出。

教师:请用实验器材验证你的猜想。

学生得出结论:在折射现象中光路是可逆的。

学生游戏体验:折射操。身体立正,伸直左手代表入射光线;伸直右手代表折射光线。肩膀代表介质分界面,上面是空气,下面是水。头部和躯干代表法线。教师发令,学生做出相应的动作。

在这一教学过程中,学生通过观察光的折射实验现象提出疑问,做出猜想;在教师的帮助下制订了切实可行的探究或验证方案;使用基本的实验器材,获得实验数据,通过记录、整理和分析,形成了初步结论。整个实验过程提升了学生的科学探究能力和自信,也让学生体验了科学探究的乐趣,更促进了学生科学思维的形成和发展。

四、应用生活,培育"科学态度与责任"

根据"从生活走向物理,从物理走向社会"这一理念,在学生了解光的折射规律之后,教师让学生利用学到的光的折射规律对引入环节提出的"'坐井观天'为什么井中装满水后视野会变大?"的问题进行讨论。

教师引导学生解释有水时,"青蛙"能看到更大范围的"天空",光线是通过怎样的路径传播的? 并展示坐井观天图片。

几名学生上台比赛:画出光的传播路径,并做出解释。因为"天空"发出的光从空气中斜射入水中,发生了折射,而且折射角小于入射角,所以折射光线向法线方向偏折。

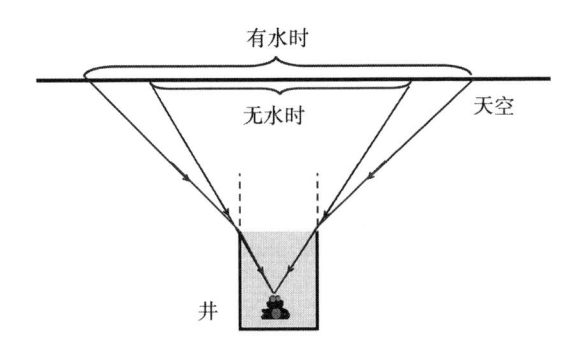

接着设计了一个游戏体验环节:模拟叉鱼。

教师提前准备好装有水的鱼缸、"鱼"和"鱼叉"。

学生瞄准后，却叉到"鱼"的上方。让学生解释为什么看到的"鱼"会变浅。

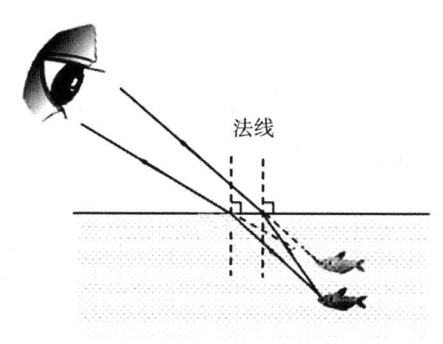

生活中的折射现象

最后学生小结，畅谈在本节课探究过程中的收获。

教师通过课堂应用，激发学生对自然界的好奇心以及求知欲，因为这是学习和研究物理知识的动力；通过小结，学生回忆反思探究过程，认识到学习物理要具有合作精神，坚持实事求是。

在本节课的教学过程中，教师运用"有趣、有用、有探究、三学互促"的策略，以生活现象为导入、以光的反射知识为基础，以学生的自主活动为主线，充分开展合作、探究式学习，让学生在"做中学""学中悟"，实现"生活物理""活动物理"和"活力物理"课堂，在整个学习过程中，帮助学生建构物理观念，逐步培育科学思维的习惯，提升科学探究及创新的能力，形成对科学和技术应有的正确态度以及责任感。

参考文献

[1] 文久江. 有用 有趣 有探究 [N]. 中国教育报，2017-9-6(10).

培育"创新实践"素养
增强"面向未来"能力

湖北省荆州市沙市区岑河中学　文久江

一个成功的学习过程，不仅仅是要掌握学科知识，而是要在掌握知识的同时，获取探索知识的能力和方法，养成科学思维的习惯，从而有所发现、有所创造，让人类的认识一代一代不断地提高和进步。在我们的学习、生活和工作过程中，问题也一定会层出不穷，遇到问题，推诿、逃避不是办法，必须想办法来解决这些问题，任何个体或者团队针对真实问题解决的过程和方法，其实都是基于自身的一种创新。

创新是人类最珍贵的精神财富，是一个民族进步的灵魂，更是一个国家兴旺发达的不竭动力。习近平同志强调：发展是第一要务，人才是第一资源，创新是第一动力。提高自主创新能力，建设创新型国家，已成为国家发展战略的核心。

发展、创新、人才是三位一体的，国家发展需要创新型人才，创新型人才靠教育培养。在中国教育迈入"核心素养"的新时代，"实践创新"素养成为中国学生发展的六大核心素养之一，它是学生在日常活动、问题解决、适应挑战等方面所形成的实践能力、创新意识和行为表现，是学生应具备的、能够适应终身发展和社会发展需要的必备品格和关键能力，也是学生科学素养的重要组成部分。

在具体的物理学科教学中，如何培养学生利用所学物理学科的知识和方法来解决未来生活、工作中可能遇到的问题，也是我所认为的物理学科最核心的素养——创新精神、创新意识、创新能力的培养问题，从心理学角度讲，能力是人的智力因素，而智力因素中最核心的因素是创造力，创造力是孩子真正面向明天的能力，这也是科学思维的最高表现形成，更是一名科学教育工作者的"科学态度与社会责任"。

在具体的初中物理教育教学过程中如何有效地培育学生的"实践创新"素养呢？下面是笔者在教学过程中所做的一些实践。

一、学贵有疑，培育"问题解决"意识，激发创新思维

"声的利用"是人教版义务教育物理教科书八年级上册第二章第3节的内容，课程标准对本节内容的要求不高，仅要求"了解"，因此教材在介绍"声与信息"时，用了两个自然段介绍"声呐"相关的应用，第一段介绍蝙蝠利用超声波捕捉食物或避开障碍物，第二段介绍"回声定位"的应用。

为了让学生在本节课上有更多的收获，在进行教学时，我没有直接给出"超声波的利用"实例让学生死记硬背，而是先播放电影《泰坦尼克号》的片段并讲述泰坦尼克号的故事，告诉学生：这艘著名的泰坦尼克号是当时世界上体积最大、内部设施最豪华的客运轮船，有"永不沉没"的美誉。然而，这艘被称为世界工业史上奇迹的轮船于1912年4月10日从英国的南安普顿港出发驶往美国纽约，15日夜间与一座冰山相撞，断裂成两截后沉入大西洋底部，超过1 500人丧生，这场海难被认为是20世纪人间的十大灾难之一。轮船撞击冰山沉没了，面对这样悲惨的事件，同学们有什么想法？

学生七嘴八舌地讨论后，我进一步引申：在我们的人生当中肯定也会遇到类似轮船撞击冰山的问题，有的人漠视问题的存在；有的人出现问题就逃避、推卸责任；有的人出现问题，勇敢地直面并想办法解决，大家说我们对待问题的正确态度应该是什么？

学生纷纷表示正确的态度应该是直面问题并想办法解决问题。

出现问题不可怕，关键是我们要吸取其中的经验和教训，在今后的生活和工作中尽可能避免类似的事件再次发生。我指出：人类对声呐系统的研究就起源于这次海难事件。假如我们事先知道冰山在哪儿，是不是就可以避免这样的灾难了呢？

学生的回答是"肯定可以。""那用什么办法知道冰山到船的距离呢？"我再次抛出问题让学生讨论，进一步引导："今天学习的内容是'声的利用'，能否用声学的方法测出航道上的冰山呢？"

通过层层设疑，引导学生体验人类发明声呐系统的历程，激发学生的好奇心和兴趣。

"学问、学问,学了就要问,学了还要问。"我上课时常常跟学生说这句话,古人云:学贵有疑。教育家陶行知先生说:"创造发明千千万,起点是一问。"诺贝尔物理奖得主李政道先生也说:"善于提问,是科学发现和创造发明的重要前提。"其实光有疑问还是不行的,更应该有解决疑问的意识,基于真实问题的解决需要在观念层面上更新,思维上要独特、灵活,这样的思维就是创新思维。它源于常规的思维过程,又高于常规的思维,是对某种事物、问题、观点产生的新发现、新见解、新的解决方法。"没有做不到只有想不到",其特征是超越或突破人固有的认识,使人的认识"更上一层楼"。

又如,在进行八年级下学期"大气压强"一节的教学时,在进行"托里拆利实验"之后,介绍大气压强的测量时,我提出"假如周末去爬附近的山,到了山顶,我们想测量山顶的气压,该怎么做?"不少学生说把托里拆利装置搬上山顶即可。我给予学生肯定,但又抛出问题:"你觉得这种做法可行吗?方便吗?"

在上述教学过程中,教师通过现实的事件不断引导学生发现和提出问题,并激发学生提出问题和解决问题的兴趣和热情。显然,"问题意识"和"问题解决意识"是启迪创新思维的有效手段。因此,教师在教学中要善于提出问题,并通过自身示范,逐渐引导学生独立思考、独立提问,并想方设法去解决问题。通过"特定问题"的解决过程帮助学生掌握重点、突破难点,学生由表及里、由现象到本质、由已知推及未知地看待问题,在课堂上始终保持活跃的思维状态,并使思维活动引起质的变化,从而碰撞出创新的"火花"。

二、授之以渔,探讨"技术运用"方案,培养创新能力

如何把自己的创新思维转化为创新成果呢?这就需要"具有工程思维,能将创意和方案转化为有形物品或对已有的物品进行改进与优化等",也就需要"技术运用"。

在"声的利用"一课中,通过"泰坦尼克号"引出问题之后,我让学生阅读课本上的"蝙蝠"这一段落文字,询问学生从蝙蝠的"捕食或避开障碍物的过程"中受到了什么启发?我没有急于给出答案,而是引导学生讨论,意在让学生领悟声呐系统研制的方法,果然有学生说出了"仿生"的方法。

我简要地介绍了一下"仿生学"之后，投影出示声呐探测海底深度、鱼群位置的图片。接着进行了下面的引导：把声呐系统安装在轮船上，可以探测海底的深度、鱼群的位置，夜晚可以探测前方冰山的距离。能否把声呐系统安装在别的地方呢？

因为自主学习过程中学生阅读过本节教材，因此学生提到安装在汽车和运用在盲人身上制成"倒车雷达""超声波导盲仪"等。我继续引导：将声呐系统安装在不同的物体上就发挥了不同的作用，这种方法大家给它起个名字吧！有学生给这种方法取名：整体迁移法！

"那么超声波能不能安装在飞机上呢？"我又提出问题。

有的学生说"可以"，有的说"不能"，让学生充分讨论最终得出安装声呐系统的条件是："物体的运动速度应远远低于超声波传播的速度。"

同样在这节教学中，在"超声波传递能量"实例利用的分析中，我先播放一段"声与能量"微课，在播放"超声波清洗眼镜"时进行了暂停，投影出示瓜果、衣服、饭碗等图片，意在提示学生：能否将眼镜换成瓜果、衣服、饭碗等？若换成这些物品又会出现什么样的新科技产品呢？

学生讨论之后，得出：可以制造出超声波瓜果清洗机、超声波洗衣机、超声波洗碗机等。此时我进行引导：通过刚才的分析你能否悟出另一种科技发明创新的方法呢？

接着进一步发问："超声波能够清洗这么多东西，那么能否'清洗人'呢？"这个问题纯属课堂生成，在最初的教学预设中并没有这个问题，问题提出后，学生都觉得好笑，课堂上一片笑声，也只听到"不能"的声音，于是师生又一起讨论前面的清洗，都是将待清洗的物品放入超声波之中。"能不能将超声波放入要清洗的物品之外呢？"学生讨论无果，我投影出示超声波牙刷，"超声波牙刷就是清洗人的牙齿吧！它是把超声波放在被清洗的物品之外。"学生恍然大悟，也生动地感受到了新产品的演变过程。

又如，在学习八年级下册的"大气压强"一节时，针对学生的回答，我让学生寻找托里拆利实验装置实地测量山顶高度的困难，并反复投影出示托里拆利实验装置和水银气压计的图片，让学生"对比这两幅图片，有发现吗？"

有学生小声嘀咕：一个大一个小。我请"刚才嘀咕的同学"说说，学生怯怯地说："我没有说什么。"我引导说：刚才这位同学已经说出了一种科学发明的方法。做托里拆利实验时，需要一个大的水槽，一根一米长的玻璃管，一根一米长的直尺，还有一盆水银，大家想，每次测量都带着这些东西方便吗？

学生回答："不方便。"我说："再看水银气压计，这么小一点，携带多方便。"有学生大声喊道："缩小"。

我及时肯定："这种发明创新的方法叫作缩小法，这种方法我们并不陌生。满大街都是跑动的汽车，我们小时候都玩过玩具汽车，它就是将大汽车小型化；在我国的深圳特区有两个著名景点：一个是世界之窗，一个是锦绣中华，它们主要就是把全世界和全中国有名的景点缩小后摆放在那里。"

学生光有创新的意识还不行，还必须经过一定的方法训练，学生的创新思维能力，创新想象能力，创造性地计划、组织与实施某种活动的能力才能不断增强，这才是创新的本质力量之所在。因此教师在课堂上还应该通过及时有针对性的创新训练引导学生依据特定情境和具体条件，选择制订合理的解决方案，逐步培养学生创造"前所未有"的事物的能力，无论是"无中生有"的"创造"，还是"有中生新"的"创新"，都需要一定的方法和技巧，古人云"授之以鱼不如授之以渔"，创新实践之路是没有止境的，但是创新的方法却是可以继承和发扬的，通过师生共同探讨的创新技术，我想学生是会受益终身的。

三、持之以恒，树立长期的"劳动意识"，健全创新人格

学生的创新意识不是一两节课就能培育出来的，创新的思维和能力也不是一朝一夕就能够形成的，关键在于培育过程，重点在平时的积累，只有在长期的劳动实践之中，才能出现和发现真问题，探寻真问题解决的方式、方法和路径。因此教师要引导青少年尊重劳动，尤其要让青少年感悟到自己的学习活动、教师的教学都是一种劳动活动，因此要有积极的劳动态度和良好的劳动习惯，更要主动地参加家务劳动、生产劳动、公益活动和社会实践，只有在长期的劳动实践中才能逐渐进行劳动方式等的改进和创新，因为劳动实践才是创新实践的源泉。

在实际的教学中，从八年级上学期到八年级下学期，再到九年级，从新授课到习题课，再到总复习，我们均坚持不懈地开展创新方面的教育。

如前提到的八年级上学期的"声的利用"、八年级下学期的"大气压强"，

又如在九年级课本 79 页的科学世界中介绍的"酒精浓度检测仪"，均适时有意识地进行创新方面的引导。

如在习题课上，大量选用包含创新思维因素的试题。例如：下图是自动测定油箱内油量的装置图，其中 R′ 是一个定值电阻，R 是滑动变阻器，它的金属滑片 P 是杠杆的一端，A 是油量表（实际是电流表）。该装置有这样的缺陷：当油量增大时，油量表的示数减小。请至少设计一种改进方案，使油量增大时，油量表的示数也增大。【要求：可利用原装置，不增加任何部件进行改装；也可以用其他电表代替油量表（电流表）进行改装，画出改进后的装置简图。】

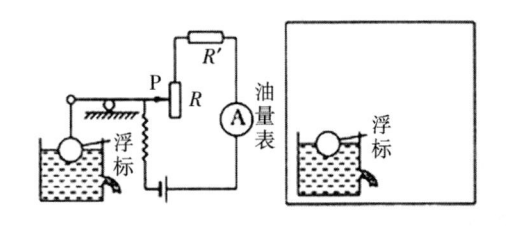

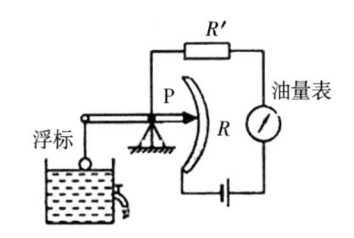

本题主要考查学生对电路和电路图的改造知识，关键是明白该装置的工作原理，当油量增大时，滑动变阻器接入电路的电阻变小，即可达到油量表的示数也增大的目的，故改进后的装置应该是：当油量增大时，油量表的示数也增大，说明此时电路中的电流变大，滑动变阻器接入电路中的电阻变小，所以只要改变滑动变阻器的连接方式即可达到目的，简化的电路图如上图中的右图所示。当然本题还可以用电压表代替油量表并连在滑动变阻器的两端来达到目的。在教学中，我还特别指出"油量表"其实是由"电流表"改进而来的，引导学生进行创新。

又如在总复习时，我选取这样一些试题。

题 1：英国科学家研发出一种"激光橡皮"。在激光照射下，纸张上的黑色炭粉直接<u>升华</u>（填物态变化名称）为高温炭蒸气，字迹消失；经过特殊冷却装置高温炭蒸气又直接<u>凝华</u>（填物态变化名称）成炭粉。这样废纸和炭粉就重新得到了利用，可有效地节约资源并保护环境。

题 2：科技人员发明了一种果蔬脱水的新方法——升华脱水法。其原理是先将水果蔬菜冷冻后，放进低压的环境中，使冰直接从固态变为<u>气态</u>，在这个过程中，冰需要<u>吸热</u>。

这些试题，有的启迪创新意识，有的介绍创新方法，我们只是持续不断地在课堂教学中、在作业训练中、在考试测试时等将创新的种子悄然植入学生的的心，相信只有坚持不懈、春风化雨润物无声地将创新的思想和精神深深植入学生的心地，才会不断激发学生的创新责任感、使命感，并形成执着的爱和顽强的意志、毅力，以及经受挫折、失败的良好心态，促进学生创新人格的形成。当学生形成创新人格时，创新就成了必然。

当然，初中阶段的物理"创新"素养的培养不需要那么深奥，更不需要钻牛角尖，也不要求学生现阶段就做出多大的创新成绩，现阶段能够做出一些创新的成绩固然好，更重要的是将创新意识、创新思维、创新方法、创新精神悄然植入学生心田，相信总有量变到质变的时候，因为总有那么一些创新的种子在明天的适当时候、在合适的"阳光"和"水分"下会"生根发芽开花结果"的。

参考文献

【1】余文森. 核心素养导向的课堂教学［M］. 上海：上海教育出版社，2017：261.

【2】苏明义. 新版课程标准解析与教学指导：初中物理［M］. 北京：北京师范大学出版社，2012.

【3】任学宝. 核心素养培育要落实到学科教学的四个层次［J］. 人民教育，2017(Z1)：55-59.

第二章

活物理新授课课堂精彩

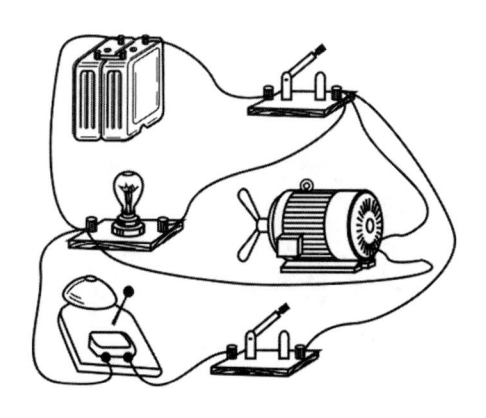

优化教学逻辑演绎　培育科学思维能力
——以人教版八下"浮力"教学为例

湖北省荆州市沙市区岑河中学　文久江　杨道福

科学精神之理性思维是《中国学生发展核心素养》的重要组成部分，它要求学生：崇尚真知，能理解和掌握基本的科学原理和方法；尊重事实和证据，有实证意识和严谨的求知态度；逻辑清晰，能运用科学的思维方式认识事物、解决问题、指导行为等。

其实，任何一件事情的发生和发展都有一定的规律或规则可循，这个规律或规则就是逻辑。只有符合逻辑的思维，通过概念、判断、推理、论证等形式来反映对客观现实的理性认识过程，才能使人们对具体对象的本质规定有一个正确的把握，进而理性地认识客观世界。这也是物理学科提出的核心素养之一——"科学思维"。科学思维也叫科学逻辑，它形成并运用于对科学活动的认识活动、对感性认识材料的加工处理方式与途径。

学生"科学思维"素养的形成和发展离不开课堂，离不开教师的引导。认知发展理论告诉我们：人的智力是一种适应，是同化和顺应的平衡，正是在不断的同化和顺应过程中，人的智力由低到高在不断地得到丰富、提高和发展。这种同化和顺应就是一种逻辑思维活动，教师的课堂教学过程就是在学生已有的知识基础之上进行的某种同化和顺应，从而帮助学生理解新现象(刺激)或新知识，有效地建构新知识的意义。符合逻辑的课堂丝丝入扣、层层递进，如行云流水一般，让课堂参与者(教师、学生乃至旁听者)轻松而明白，如沐春风。

在具体的教学活动中，教师如何优化教学形式和方法来促进学生科学思维的形成呢？下面以人教版八年级物理下册第十章第一节"浮力"的教学为例进行探讨。

一、"教材"的编写顺序及逻辑

建构主义认为:"学习总是发生在情境之中,而情境则与镶嵌在其中的知识形成了不可分割的联系。"建构主义还认为:"学生的学习活动不是由教师向学生传递知识,而是学生根据外在信息,通过自己的背景知识,建构自己知识的过程,这个过程是以学生原有的经验系统为基础对新的信息进行编码建构自己的理解,而原有的知识又因为新知识进入而发生改变和调整,学习过程不是简单的量的积累,而是由于新旧经验的冲突引发的概念的转变和结构的重组。"

本节教材立足于学生的生活印象和生活实际(如冰山、游船、鸭子等的认知),从学生已有的知识背景(小学科学课和生活经验中已经熟悉的"浮起的物体受到浮力")入手引入新课题。在前几个章节学习了液体的压强、压力、二力平衡和二力合成等知识,本节的知识内容就是在这样的生活和知识背景基础上进行的,教材从四个方面入手安排内容:

(1)让学生通过生活印象和生活实际获取感性认识,再通过物体受力分析等理论分析获取理性思维,从而得到浮力的概念;

(2)通过演示实验让学生"测量铝块浸没水中所受的浮力"大小,并理性分析弹簧测力计示数变化是由于受到了浮力的作用;

(3)通过液体压强、压力的知识,分析浸没在液体中的长方体上下、左右、前后六个表面受到的压强、压力的关系,让学生了解浮力产生的原因;

(4)通过生活现象让学生进行猜想,再通过实验让学生"探究浮力大小与什么因素有关"。

教材的编写顺序为:以"日常生活的认知"切入课题——→通过日常生活现象分析得出"浮力的概念"——→通过实验测量"浸没在液体中物体受到的浮力大小"——→紧接着探究"浮力产生的原因"——→最后探究"影响浮力大小的因素"。

教材安排的逻辑是:以学生的生活、课堂实验、以往的知识为基础,遵循让学生先获得感性认识,再通过理论分析让学生获得理性思维的思路进行。教材将"探究浮力的大小跟哪些因素有关"放在最后,为下一节"阿基米德原理"的学习埋下伏笔。

二、"教"的思维逻辑和程序设计

教的逻辑是教师组织教学的思路，其外在表现就是教师的课堂教学实施，对同样知识背景的学生教授同一学习内容，对先教什么后教什么、先怎么教后怎么教，每个教师都会有不同的见解，这是教师个人教的逻辑不同造成的。教的逻辑与学的逻辑、教学内容的逻辑契合度越高，学生就学得越轻松，课堂就越高效。

"教材无非就是一个例子"。在实际的教学中，教师可以根据自己的理解以及自己任教班级学生的实际学习情况重新组织教材，教的逻辑不必完全受教材逻辑的限制。

就本节教学而言，教师以学生的日常生活现象为来源进行情景设置引入课题：将一乒乓球放入细长的玻璃容器内，让学生在不损坏玻璃容器的条件下把乒乓球取出来。学生最可能的做法是把容器倒置，乒乓球在重力作用下下落出来，此时正好复习重力的知识。教师引导学生能否用其他方法把乒乓球取出来。设置的目的是让学生建立感性的认识，初步感知浮力的存在。

第一个新课环节的设计是在导入"情景设置"的基础上进一步探究，由学生探究"在液体中上浮（或漂浮）的物体受到的浮力"。在液体中上浮或漂浮的物体受到液体对它向上的浮力，这个现象学生很容易理解，通过这个环节可以有效地让学生进一步感知浮力的存在，进而得出浮力的概念。此时教师引导学生对物体进行受力分析并画出力的示意图，分析得出"浮力的三要素"。这个环节的逻辑起点除了导入的情景设置之外，还有二力平衡的知识以及力的基本知识。

第二个新课环节是让学生探究"在液体中下沉的物体是否受到浮力？"，也就是课本上的"演示"实验：测量铝块浸没在水中所受到的浮力。教师根据课堂引入的实验现象提出问题：乒乓球在水中上浮会受到浮力，木块漂浮在水面也受到浮力，那么在水中下沉的石块、铝块受不受浮力作用呢？请学生利用桌面上的器材进行验证。将问题抛给学生，并为学生提供三种不同液体（水、盐水和酒精），让同样大小的铝块浸没在不同的液体中。

这是本节课的第一个冲突点，也是教学的重点。在水中下沉或沉于底部的物体是否受到浮力作用呢？这个问题学生平时没有想过，也可能不理解，教师应该放手让学生完成测量实验，引导学生进行物体的受力分析，并引导学生画出力的示意图研究。这个环节教的起点也是情景设置。在情景设置中，教师在容器底部放入乒乓球这个显性的物体，也放入石块、铝块等"暗"物品。在引入的实验中，学生明显地看到乒乓球上浮，而没有或很少注意到沉底的石块、铝块，这也是在前一环节上的递进，知识的逻辑起点包含力的作用效果和力的平衡等知识。

这样的设计，一方面让学生了解"测量法测浮力"的方法；另一方面可以通过后面的小组汇报展示引导学生发现并提出浮力不等的问题。

第三个新课环节是"探究影响浮力大小的要素"。这个环节由第二个环节自然而然过渡而来，教的起点逻辑是第二个环节的实验新发现，通过"测量法测浮力"记录汇总六组数据，教师要引导学生发现同样的铝块浸没在不同液体中的浮力不同，进而提出"浮力为什么不等?"或"影响浮力大小的因素有哪些?"的问题。接着教师要引导学生进行合理的猜想并进行取舍，教师要提示学生不能乱猜，而是根据生活经验、知识背景等进行"猜想"，有效把握猜想的度，并放手让学生去做实验进行验证。

第四个新课环节是"探究浮力产生的原因"，这个环节设计的逻辑起点是前面的教学内容，这也是本节课的难点所在。主要通过实验和视频播放进行探究。教师引导学生分析(尤其要画力的示意图分析)，学生分析不出时，教师要多次启发。

教的程序设计为：从"日常生活和生活化实验"出发──→通过"上浮(漂浮)的物体受到浮力"让学生较轻松地探究"浮力的概念及三要素"──→再来实验探究"下沉的物体是否受到浮力?"这样一个平时难以想象的问题来进行"浮力大小的测量"──→再以"测量法测浮力"实验汇总数据的新发现"浮力大小不等"为契机，实验探究"影响浮力大小的因素"──→最后通过实验及观看视频来分析探究"浮力产生的原因"。

显然，教材编排和教的程序在最后两个环节是有区别的。

三、"学"的流程及实际过程

知识的学习过程是学生个体的主动建构过程，很难通过教师的讲解直接传输给学生，而是取决于学生个体通过各种方式与他人交流和合作而形成的理解。因此整节课以学生的小组合作学习为主，配合每个实验之后的学生展示、质疑、答辩等进行。

(一)课堂活动1:课堂导入

学生实验甲:将细长的容器倒置,乒乓球由于受到重力的作用从容器中落下来。

学生实验乙:向细长的容器中倒水,看到的明显现象是:乒乓球在水的作用下上升。学生由此实验感知到浮力的存在。

> **思维逻辑**

从生活问题的解决入手设计并进行实验,激发学生学习和探索知识的欲望。一方面复习旧知;另一方面建立初步的、对新知识的感性认识。

(二)课堂活动2:探究在液体中上浮或漂浮的物体受到的浮力

学生实验:将木块浸没在盛水的大烧杯中,看到的现象是木块并没有沉入水中,而是向上浮,最后漂浮在水面上。

学生讨论:就"木块受到重力的作用,为什么不沉入水中?"的问题进行讨论,从而得出浮力的概念:浸在液体中的物体受到向上托的力叫作浮力。同时分析浮力的施力物体和受力物体。

> **思维逻辑**

以学生容易理解的"上浮"或"漂浮"为主设置实验并提出问题,学生通过分析得出浮力的概念。

学生实验:用钢丝钳夹住木块,将其浸没在水中,放开木块,观察木块的运动路径。学生观察到:木块在水中竖直上浮;将容器倾斜,继续上述实验,学生观察到的现象是:木块依然竖直上浮。初步得出:浮力的方向是竖直向上的。

合作探究与展示质疑:学生画出漂浮在水面的木块受力的示意图并分析,木块在水中受到重力和浮力作用,而木块在水面上静止不动,说明其受到平衡力作用,所以浮力和重力是一对平衡力,其大小相等,方向相反,进一步确定浮力的方向是竖直向上且其作用点通过重心。再分析:假如木块重2N,则其受到的浮力大小为多少?学生讨论后得出浮力的大小也为2N,初步了解了用平衡法确定浮力大小的方法。

> 思维逻辑

浮力说到底还是一种"力",谈到力,则应弄清力的三要素。本段学习的起点是力的基本知识与二力平衡的知识。

(三)课堂活动3:探究在液体中下沉的物体是否受到浮力作用

学生实验:测量相同的铝块浸没在液体中受到的浮力大小,测量完成之后各组把本组的实验数据填写在屏幕上的表格中。

项目＼组别	第一组	第二组	第三组	第四组	第五组	第六组
物体重力 G/N						
测力计示数 F/N						
浮力 $F_浮$/N						

展示汇报及分析质疑:学生展示并不断修正浮力值得来的经过,并通过作力的示意图分析铝块的受力情况:浸没在液体中的铝块静止不动时,应该受到平衡力的作用,向下只有重力,向上的力有弹簧测力计下的细绳对铝块向上的拉力,这个拉力明显比重力小一些,和铝块接触的只有液体了,也就是液体对铝块有一个向上的浮力。学生边作力的示意图边进行讲解,最后推导写出测量法求浮力的公式 $F_浮 = G - F$。

> 思维逻辑

由课堂引入实验的隐蔽现象为起点,采取递进式的方式进一步探究在液体中下沉的物体是否受到浮力作用,并测量出浮力的大小。知识的起点也是力的平衡知识。

(四)课堂活动4:探究影响浮力大小的因素

学生阅读:阅读教材并结合刚才完成的实验,猜想"影响浮力大小的因素可能有哪些?"。

学生猜想:要求结合生活情境、生活经验、实验现象等进行合理猜想,可能的猜想有:

(1)可能与液体密度有关,来源于测量法测浮力的实验;

(2)可能与物体进入液体中的深度有关,也来源于测量法测浮力的实验;

(3)可能与物体浸没在液体中的深度有关,也来源于实验;

(4)还可能与物体的形状有关,来源于生活,比如钢块在水中下沉,而轮船漂在水面等。

◇ 思维逻辑

测量法测浮力的实验和生活中的浮力现象为该阶段的学习起点,主要通过汇总数据的新发现——"浮力大小的不同"转入本节的学习。

验证实验(一):各小组对应互换实验液体进行实验,观察弹簧测力计的示数,并将数据记录在表格中。

液 体	水	盐 水	酒 精
物体重力 G/N			
测力计示数 F/N			
浮力 $F_浮$/N			

展示与讨论:各组根据实验数据充分讨论,最后汇总结论。同一物体在不同液体中的浮力不一样,因此浮力大小跟液体的密度有关。

验证实验(二):根据教师的提示,各小组将铝块慢慢浸入液体中,观察弹簧测力计的示数,并将数据记录在表格中。

浸入的体积	1/3V	1/2V	全部浸入
物体重力 G/N			
测力计示数 F/N			
浮力 $F_浮$/N			

展示与讨论:各组根据实验数据充分讨论,最后汇总结论。浸入体积不同浮力大小不一样,因此浮力大小跟物体浸入液体的体积有关。

验证实验(三):根据教师的提示,继续实验,将铝块完全浸没在液体中,观察弹簧测力计的示数,并记录在表格中。

浸没的深度	较 浅	较 深	更 深
物体重力 G/N			
测力计示数 F/N			
浮力 $F_浮$/N			

展示与讨论:各组根据实验数据充分讨论,最后汇总结论。无论物体浸入深浅浮力大小皆没有变化,说明浮力大小跟物体浸没的深度无关。

> 思维逻辑

三个实验都是对猜想的验证,现象起点源于前一个实验"测量法测浮力"。

集中讨论得出总结论:浸入液体中的物体受到的浮力大小与液体的密度、物体浸入液体的体积有关,与物体的浸没深度无关。

将分段学习的结论进行汇总。

(五)课堂活动5:探究影响浮力产生的原因

学生观察演示实验:将一个塑料瓶剪掉底,拧下瓶盖,瓶口朝下,将乒乓球放进去,从剪掉底的一边向瓶内注水,学生观察到乒乓球在装水的塑料瓶中并没有上浮,然后用瓶盖堵住瓶口,会看到乒乓球浮起来,学生讨论为什么会出现这样的情况。得出结论:要产生浮力,必须在物体下方有液体或气体。

学生观看"浮力产生原因"的视频,边看边讨论分析,前后、左右受到液体的压力相互抵消,最后归纳出浮力产生的本质原因:上下表面受到液体的压力差,用公式表示为 $F_{浮} = F_{下} - F_{上}$。

> 思维逻辑

在前三部分的学习中已经知道了浮力的存在及其三要素,在此基础上探究浮力存在的原因,知识的起点是液体压强和压力的知识。

(六)课堂活动6:检查反馈

> 思维逻辑

对前面所学知识的巩固、检测和反馈。

学生独立完成试题1、2、3,第4题由小组合作完成。

1. 如右图所示,容器放在斜面上,一个鸡蛋自由而静止地浮在盐水中。图中画出了几个力的方向,你认为鸡蛋所受浮力的示意图应是_____(选填"F_1""F_2""F_3"或"F_4")。

【设计目的是让学生进一步掌握浮力的方向和作用点。】

2. 跳水运动员离开跳台后,从接触水面到全部浸入水中,他受到的浮力将_____；在他全部浸入水中下沉的过程中，受到的浮力将_____。(两空均选填"不变""变大"或"变小")

【设计目的是让学生巩固浮力大小的影响因素：与浸入液体的体积有关，与浸没的深度无关。】

3. 万众期待的我国首艘国产航母于 2017 年 4 月 26 日上午在大连正式下水！据公开资料显示，我国首艘国产航母的长度 315m，相当于 3 个足球场的长度，其宽度为 75m，外形与"辽宁舰"基本相似，可搭载的战斗机数量会更多，估计排水量达 6 万吨，即建成后总质量为 6 万吨，则其受到的浮力为_____N。

【此时学生观看教师打开有关该航母内容的网页，让学生进一步了解该航母的情况。一方面让学生掌握平衡法计算浮力的方法；另一方面让学生感受到祖国的日益强大，增强民族自豪感。】

4. 有人猜想："浸没在液体中的固体所受的浮力可能跟固体的形状有关。"请你为检验这个猜想设计一个实验。说出设计思路，并利用身边的器材做一做。

【设计目的：让学生进一步熟悉控制变量法、测量法测浮力的方法、探究性学习等方法；另一方面增强学生合作学习的意识。】

(七)课堂活动 7：课堂小结

通过学生同桌间的互问、互查、互说，回顾本节课学习的知识。

(1)通过这节课，我们掌握了哪些知识？

(2)还有哪些不懂的地方？

【设计目的：进一步巩固知识并形成知识网络。】

四、课堂教学后的思考

人的思维能力代表着人的智慧，科学思维则让一个人的思想更严密、更准确。一个人科学知识掌握的深度和广度、技能和能力的形成，如果没有正确的科学思维活动是难以形成的，而科学思维的习惯和方式需要教师来引导和培育，这个培育过程的主阵地就是课堂。课堂教学则是教与学双边的事情，是教师和学生共同合作完成的工作，起点是教师的教，落脚点是学生的学，落实点也是学生的学。

"活物理"教学主张的三大核心词是"活学""活用""活教"，前两者是学生学习的明线和主线,"活教"则是学生学习的暗线和辅线。学生的"活学""活用"物理知识取决于教师的"活教",教师教的思维和逻辑方式不一样,学生学的方式和学的结果就不一样,学生的思维习惯和方式、方法必然不一样。

在学生的学习过程中,教师的作用就是努力创造一个适宜的学习环境,为学生发现问题、分析问题、解决问题和创造性思维能力提供条件,促使学生在学的过程中开动脑筋,积极主动地建构自己的知识,实现新旧知识的有机整合和对接。教师的职责在于提供、提醒、提示,提供学生自主学习、合作探究,展示质疑的机会、空间和时间;提供学生"做中学"的器材;提醒学生注意学习过程中出现的新问题;提醒学生注意实验过程中发生的新变化;提示学生学习的方法和方式是否恰当;提示学生的实验是否科学、合理、可行,有没有需要修正的地方等。

犹如一名电影导演,把剧本和大致思路与演员交流之后,要允许演员有自己的发挥、发展和想象空间,做教师的也是这样,设计好教的思维逻辑和程序后,只要学生大致按照你设计的剧情在演、在做,在课堂上就应该放手让学生唱主角。只有当学生的演出偏离剧本时,才需要教师去"拨乱反正"。

作为教师,首先必须转变教学观念,把学生的学习主动权交还给学生,给学生提供"活学""活用"知识的空间和时间等条件,让学生自己有足够的时间、空间和物质条件,能够在"做中学",在"说中学",在"问中学",在"看中学",在"听中学"(主要是听同伴说,当然也有听教师点拨等)。学生的任何感官真正投入学习之中,其思维活动必然启动,最终都会形成在"思中学"。

在教的过程中,教师必须优化"教"的思维逻辑来引导学生的"学",只有教的思维逻辑性清晰,学生学的思路才清晰,学生的学习活动及思维发展才能流畅,学生的学习活动才会轻松而高效,学生在课堂上的表现就会是活动充分、乐于接受、展示积极、反馈表达精彩而富有理性的。

只有符合学生认知规律和习惯的课堂,学生才乐于参与进来,从而积极主动地学习,在学习过程中才能激发和促进学生科学思维的活力,提升课堂的效率。课堂上,看似教师做的事情减少了,实质上教师课上课下做的工作会更多,教师不仅要熟悉教学内容,更要熟悉学生和发现、把握学生的认知规律,设计出更科学、更适合学生思维逻辑的教学环境和教学环节,为学生的学科学习行为方式和科学思维活动提供更多的保障,只有这样,才能促使学生科学思维有效形成。

参考文献

【1】何丹. 陶行知的教育思想 [M]. 长春:吉林文史出版社,2014:164.

【2】吴志宏等. 多元智能:理论、方法与实践 [M]. 上海:上海教育出版社,2003:392.

【3】约翰·杜威. 思维的本质 [M]. 孟宪承,俞庆棠,译. 北京:台海出版社,2018:183-251.

【4】文久江. 创设"活"的物理教学环境 促进"人"的终身发展 [J]. 课程教学研究,2017(8):70-75.

【5】文久江. 有用 有趣 有探究 [N]. 中国教育报,2017-9-6(10).

【6】文久江. 品读物理教材 用好学科例子 [J]. 课程教学研究,2018(7):54-59.

激活物理课堂　培育关键能力
——以人教版八下"大气压强"教学为例

湖北省荆州市沙市区岑河中学　文久江

中国学生发展核心素养是学生应具备的、能够适应终身发展和社会发展需要的必备品格和关键能力，这样的关键能力不会凭空而来，需要教师在课堂教学实践中不断培育。

"活物理"教学主张是一种全新的物理教学理念，它突出强调学生的学习过程，关注学生科学素养的培养和形成，主张在课堂教学中将学生的日常生活融入物理学科的学习之中，把学生学习的活动空间和时间还给学生，全方位调动学生的各种器官参与学习活动，实现"活动课堂""生活课堂"和"活力课堂"，做到以"活"激"趣"，以"活"促"学"。"活物理"教学的三大主张是"活学""活用"和"活教"。

"活物理"教学的实践证明，丰富的学科活动在培育学生的关键能力、激发学生的生命活力等方面的作用明显。下面以人教版八年级下册"大气压强"的课堂教学为例进行说明。

一、课堂教学实际

(一)温故互查

1. 教学意图

建构主义认为，学生的学习过程不是被动地接受外在信息，而是根据先前的认知结构主动地、有选择性地知觉外在信息，建构当前事物的意义。在前一节学习了液体压强的有关知识，大气压强与液体压强有许多类似的地方，因此以液体压强知识为先前认知来构建本节知识。

2. 教学示例

老师投影出示问题，同桌之间互问互查。

问题1：液体压强产生的原因是什么？

问题2：液体压强有哪些特点？

两分钟后，教师抽查。

(二) 自主学习

1. 教学意图

学生的学习应该是一个积极主动的构建过程，没有学生个体积极主动的学习，教师纵使将课讲得天花乱坠也是"对牛弹琴"，因此教师必须把学习的主动权交还给学生，给出空间和时间让学生根据学习目标自主构建知识体系，这也是培养学生"学会学习"的起点。在该阶段要求学生通过独立自主阅读教材、利用已有的知识体系和生活经验，对于教材内容先进行自主探究性的学习，感知教材，自行理解知识，独立自主地构建属于自己的知识体系。

2. 教学示例

教师投影出示学习目标：

目标1：通过实验和生活实例感知大气压强的存在。

目标2：知道大气压强产生的原因，能说出几个证明大气压强存在的事例。

目标3：能用大气压强的知识解释一些简单的生活现象。

目标4：知道大气压强的大小可由"托里拆利实验"测定。

五分钟后，进行自主学习成果小展示，教师投影出示答案并对学生给予肯定、评判或纠正。

(三) 合作探究

1. 教学意图

建构主义理论告诉我们，知识的建构不是任意和随心所欲的，建构的过程中必须不断地与他人磋商并达成一致，并不断地加以调整和修正。此阶段学生学习的形式与个体独立的"自主学习"不同，应利用小组合作学习不断与同伴磋商以达成知识的共识。

2. 教学示例

学生活动1：各小组根据教师分配的问题任务进行探究。

学生活动2:各小组先讨论方案,寻找正确的答案。

学生活动3:各小组选定一位展示的同学,准备展示的同学在小组内先试讲一遍,讲清有关问题的物理道理,其他同学进行质疑等。

学生活动4:本小组合作将探究问题弄清楚后,可以探究其他组的问题,到时可以质疑。

上述活动由学生小组长组织本组成员围绕本组展示的问题进行实验探究、讨论等,教师参与部分组的探究。时间为十分钟左右。

(四)展示质疑

1. 教学意图

本阶段意在利用学生的"表现欲",培养学生的"自信心",让学生不但展现"自主""合作"学习的成果,而且通过个人风采的展示让学生体验到"成就感"。展示的目的是提升,同时也是一个暴露问题、发现问题并及时解决问题的过程,继续通过与同伴的思维碰撞、反复磋商达成一致意见,此时教师进行适时追问和点拨,从而达成"传道授业解惑"的目标。

2. 教学示例

(1)探究大气压的存在

小组代表如"小老师"一般讲解:我们组展示的问题是利用桌上的器材来证实大气压强的存在。**(学生边演示实验边讲解)**这是一个空杯子,向杯子中灌满水,用纸片盖住瓶口,将瓶子转动至瓶口朝下,水没有流出来,纸片也没有下落。纸片没有下落,说明纸片受到了平衡力的作用,水对纸片有一个向下的压力,纸片肯定也受到一个向上的压力,纸片下方只有空气,这个向上力的施力物体只能是空气,这个实验说明了大气压强是存在的。

等其他小组质疑后,教师点拨:把小纸片盖在瓶口,将瓶口朝下,放开手,纸片脱落。有两种可能:一是纸片上下都没有空气,纸片由于重力的作用自然下落;二是纸片上下都有空气,同样纸片由于自身重力的作用下落。灌满水后,纸片上方肯定没有空气,如果纸片下方也没有空气,由于水和纸片的重力作用,纸片会下落。现在纸片不下落,说明纸片下方肯定有物体对它施加一个力的作用,这个物体就是空气。

每个小组重新实验:要求学生将瓶子转动一下,看纸片会掉下来吗?

教师指出:这个实验叫做覆杯实验,覆杯实验证明了大气压的存在,而人类历史上证明大气压存在的最著名实验叫作"马德堡半球实验"。**(投影播**

放"马德堡半球实验"的视频，边播放边提示)实验是在德国马德堡市完成的，实验主持人是当时该市的市长奥托·格里克。

学生两两完成皮碗模拟的马德堡半球实验，教师提示操作要领，将皮碗压紧，排尽空气，实验中有的小组将两个皮碗拉开了，有的未拉开。

组织学生讨论得出:马德堡半球实验说明了大气压是存在的，而且数值很大，从而转入下一内容的学习。

(2)利用大气压进行创新教育

教师投影出示托里拆利实验装置和水银气压计图片，让学生对比这两个图片有什么发现？

有学生小声嘀咕:一个大一个小。教师请"刚才嘀咕的同学"说说，学生怯怯地说:"我没有说什么。"

教师引导:刚才这位同学已经说出了一种科学发明的方法。做托里拆利实验时，需要一个大的水槽、一根一米长的玻璃管、一根一米长的直尺，还有一盆水银，大家想，每次测量都带着这些东西方便吗？

学生回答:不方便。

教师再启发:再看水银气压计，这么小一点，携带多方便。这就是告诉了我们一种发明创造的方法:缩小法。这种方法我们并不陌生。满大街都是跑的汽车，我们小时候都玩过玩具汽车，它就是将大汽车小型化；在我国的深圳有两个著名的景点:一个是世界之窗，一个是锦绣中华。它们就是把全世界和全中国有名的景点缩小后摆放在那里。

教师继续引导:你认为气压计能否改装为其他的装置？

教师启发:大气压随着高度的增大而减小，说明气压值和高度是有关系的。能否将气压值改为高度值呢？**(停了一下)**比如我们家家都安装有水表，每月抄表时，按 50 吨水收你家水费，但你去看水表，水表上根本就没有"吨"这个单位，而是"m^3"，有时候换一个角度逆向思维就会有一些新的发现。**(投影出现高度计)**当然，不是要大家现在就一定要有所发明创造，但是一定要有这种的意识。

(五)体验成功

1. 教学意图

将"检查反馈"定义为"体验成功"，目的是"让所学为我所用"，本环节一方面能促使学生将刚刚学习的知识加以应用，在应用中加深对新知识的理解,让学生在知识的应用过程中享受成功的喜悦感;另一方面,暴露学生对新知识应用能力上的不足,让学生在检测中逐步认识自我,培养其剖析自我的能力。

2. 教学示例

投影出示练习题,以检查学生的学习情况。

第3题:在一个标准大气压下做托里拆利实验时,如在玻璃管的顶部开一个小洞,那么管内的水银柱将(　　)。

A. 向上喷出　　　　　　　　B. 稍微下降一些

C. 降低到和管外水银面相平　　D. 保持原来的高度不变

学生发言:我认为应该选D。保持原来的高度不变,因为大气压可以支持76厘米高的水银柱,大气压没有变,所以水银柱的高度不变。

另一名学生发表不同意见:我认为应该是B,稍微下降一些。

又一名学生不认可:我认为应该是C,降低到和管外水银面相平。

教师笑着问有没有选A的。下面用实验来验证一下答案。

学生实验:取一根半米长两端开口的玻璃管,将其竖直放入水中浸没,将玻璃管往上提,观察玻璃管内有水没有?再将玻璃管竖直放入水中待其浸没,在上端用手指堵住管口,慢慢往上提,会看到玻璃管内充满了水。突然将手指松开,玻璃管内的水便全部下落。

通过实验学生得出答案为C。

教师引导学生讨论原因:第一次玻璃管水面上方也有空气,和玻璃管外的气压相等;第二次玻璃管上方什么也没有,外界大气压加在玻璃管外的水面上,这和托里拆利实验的原理是一样的;第三次,当手指松开,玻璃管上方也有大气压强了,重力作用使水下落。

二、课堂教学说明

"大气压强"是人教版八年级物理下册第十章第三节的内容,是固体和液体压强知识的延续,本节课教学成功的关键在于四个实验探究活动:"覆杯实验""模拟马德堡半球实验"证明大气压的存在;"注射器吸取液体""吸盘搬运玻璃"让学生了解大气压在生活中的应用。三段适时播放的视频:"马德堡半球实验""托里拆利实验""大气压提升水柱"三个学生无法在课堂上完成的实验则让学生通过视频观看的方式了解大气压的存在、测量等。

在教学方式上，采取学生自主学习、合作探究、展示质疑等形式把"学生的学习还给学生"，目的是培养学生学会学习的能力；采取"实验观察""视频观看"等物理学最基本的学习方法，有助于科学思维和科学精神的培育；在教学中特意引入"气压计的演变"与"高度计"的关系，将"创新创造"的种子埋在学生的心间，有利于学生"实践创新"素养的发轫；最后用五道小试题检查反馈学生的学习情况，而在讲解习题时，特别引入"学生实验"和视频，并注意"从生活走进物理，从物理走向社会"课程理念的落实。

三、课堂教学评价

本节课教师采用"自主学习—合作探究—展示质疑—检查反馈"的课堂模式。自主学习阶段让学生带着四个基础知识点独立看书解决，做到了"能让学生自己学会的老师不讲"，然后小展示检查评价，让学生感知"大气压强"的基础知识；合作探究阶段让各组学生根据教师分配的问题任务进行探究，充分发挥小组合作学习的作用，小组则通过动嘴讨论方案、动手进行实验、动眼观察现象、动耳聆听结论让学生的大脑不停地思考，深化大气压的相关知识，为下一环节做好准备；在展示质疑阶段让学生像"小老师"一样讲解本组的问题、演示实验、展示本组学习成果，其他组的同学进行质疑，老师的追问、点拨也恰到好处，通过展示质疑，学生对知识掌握得更准确，真理越辩越明；检查反馈阶段设计五道"生活味儿"的训练题，让学生能灵活地运用知识，而且在学生练习阶段设计学生实验，让人大开眼界。

以这种课堂模式上课，全方位开放课堂，想方设法让学习的人活起来，调动学生的一切感官参与学习中，让学生以自学、互学、实验、探究、展示、质疑、反馈等形式来实现"动手、动眼、动耳、动脑"学习及运用物理知识，让生命的活力在课堂上充分展现，使学生真正成为课堂学习的主人。

在这节课中，教师通过知识层面的教学让学生了解大气压强的有关知识；通过方法层面的教学，让学生通过自主阅读、实验观察、亲身体验、同伴互助、对比旧知、板书演排等形式学习大气压知识；通过学生自主学习、合作探究、展示质疑、教师追问、点拨等层层深入的方式进行思维层面的教学；通过创新创造教育开展文化价值层面的教学，以此来实现"知识和技能、过程与方法、情感态度与价值观"的三维教学目标,真正地将学会学习、科学精神、实践创新等核心素养落实在学科课堂教学之中。

参考文献

[1] 吴志宏等. 多元智能:理论、方法与实践 [M]. 上海:上海教育出版社,2003:392.

[2] 余文森. 核心素养导向的课堂教学 [M]. 上海:上海教育出版社,2017:261.

[3] 文久江. 论活学活用物理知识的路径探析 [J]. 新课程研究,2016(5):96-98.

[4] 文久江. 创设"活"的物理教学环境 促进"人"的终身发展 [J]. 课程教学研究,2017(8):70-75.

[5] 文久江. 实施"活物理"教学 实行"真科学"教育 [J]. 中学物理,2017(11):39-42.

[6] 文久江. 不求完美 但求实效 [N]. 中国教育报,2017-6-28(10).

[7] 文久江. 有用 有趣 有探究 [N]. 中国教育报,2017-9-6(10).

"重力"课堂实录

湖北省荆州市东方红中学　张小青

一、教材来源

人民教育出版社 2012 版《物理》八年级下册第七章第三节。

二、教材分析

重力是一种常见的力，它在力学学习中有着广泛的应用。对物体进行受力分析时，必须先研究重力对物体的运动有无影响，因此重力在力学中处于基础地位。本节课主要通过实验探究，采用引导发现、直观演示和讲解法，使学生了解重力产生的原因、重力的大小和质量的关系、重力的方向和重力的作用点等知识。设计从生活中的现象走向物理课堂，用生活中的物品来探究物理知识，用物理知识解释生活中的现象。体现"从生活走向物理，从物理走向社会"的新课标理念。本节教材的感性材料丰富，每一个知识点都是由观察或实验引入的，符合学生的认知规律；书中的插图极富启发性和趣味性，有利于激发学生的学习兴趣；课本让学生探究"重力的大小跟质量的关系"，极大程度地调动了学生的积极性，活跃了课堂气氛，锻炼了学生动手动脑的能力，实现了学生的主体地位。

三、学情分析

这个年级的学生正处在青少年时期，具有强烈的好奇心和较强的观察能力，并且具备了一定的生活体验，如熟悉熟透的苹果要落向地面，并且下落时速度越来越快等有关事例，但并不明白其中的道理。

四、教法学法

1. 教法

本节课采用多媒体技术、教师演示实验、学生分组实验相结合的方法。具体可通过教师的引导、启发，学生积极参与，主动探索和发现物理规律。

2. 学法引导

学生观察、思考、动手实验、归纳总结物理知识并应用物理知识解决社会生活中的问题。这样来学习，既满足了学生的好奇心，也锻炼了动手能力、沟通能力，自然也加深了对内容的理解。

五、教学目标

(一)知识与技能目标

(1)知道重力是由于地球吸引而产生的力。

(2)知道重力的方向和重心的概念及重垂线的应用。

(3)通过实验探究了解重力的大小与质量成正比，并能用公式 $G=mg$ 计算有关问题。

(二)过程与方法目标

(1)通过观察和实验，感知重力的存在，培养观察思考、分析问题的能力。

(2)经历探究重力与哪些因素有关的过程。

(3)尝试根据已有经验提出科学猜想。

(4)体会用图象处理实验数据和根据图象研究实验结论的方法。

(三)情感、态度与价值观目标

(1)对重力的存在及其应用有浓厚的兴趣，主动分析日常生活中有关重力的现象。

(2)通过对重垂线校准的操作产生提高自己能力和增加应用知识的愿望。

(3)培养学生乐于参与实验的情感，在实验中养成严谨的态度。

六、教学重点与难点

(一)重点

(1)学生经历自主建构重力与质量成正比的过程，认识重力。

(2)通过观察、讨论及实验,学生了解重力方向、重力的作用点。

(二)难点

(1)创设主动学习的教学情境,培养学生发现问题、解决问题的能力。

(2)学生描述"重力方向"。

七、教学过程

(一)新课导入

教师:首先,给大家表演一个小魔术(锥体上滚的实验演示),请大家观察有没有奇妙之处呢?

学生:圆锥体自由上坡。

教师:刚才老师的实验装置是否装了你看不见的开关呢?下面请一位同学上来体验一下,为我们再现这个小魔术。

学生:上台演示。

教师:经该同学检验,确定没有机关。今天,学习重力之后,我们就可以一起来解密这个魔术了。

(二)新课教学

1. 重力的产生

教师:观察以下图片,思考产生这些现象的原因是什么?水为什么会往低处流?抛出的物体为什么往下掉?

学生:产生这些现象的原因是受到重力的作用。

教师:现在请同学们阅读教材第9页,自主学习板块一"重力的概念"部分。

学生活动:学生自主学习并完成相应的练习。

教师:重力产生的原因是什么?

学生:地球的吸引力。

教师:一瓶水受到重力作用,其施力物体、受力物体分别是什么?

学生:受力物体是一瓶水,施力物体是地球。

教师:重力需要接触才能产生吗?请同学们举例回答并说明理由。

学生:飞出去的足球最终会落到地面,说明在空中的足球也受到重力作用,所以重力的产生不需要接触。

教师:表达有理有据,清晰流畅,很棒。让我们给他一些掌声。

板书:重力的定义——由于地球的吸引而使物体受到的力叫作重力。

2. 重力的大小

教师:接下来,我们来探究重力的大小与什么因素有关,请大家观察这两幅图片,你能看出有什么区别吗?

学生:表情不同,一个面目狰狞,一个轻松愉快。

教师:观察得很细致,归根结底是什么导致的表情不同呢?

学生:所举重物质量不同。

教师:不错,大家能够通过现象看到本质,有科学家的必备素养。

教师:现在请同学们来感受一下,提起5升水和0.38升水的区别。大量生活经验告诉我们:质量不同的物体所受到重力不同,举起它们的感受也不同。

教师:对于质量与重力的关系,你的猜想是什么?

学生:质量越大的物体,重力越大。

教师:根据所给的实验器材,思考我们在这个实验中需要测量的是哪些物理量。小组讨论,设计实验,并分享实验思路。

学生活动,小组讨论。

学生小组代表分享自己的设计思路(弹簧测力计的示数为重力的大小,钩码的质量可以直接读出来)。

师生共同归纳实验设计方案,并设计实验表格。

小组实验并记录实验数据,计算比值,并根据实验数据画出重力与质量关系的图象,记录在版块二中。(实物组上台演示)

小组讨论,分组展示,得出实验结论。

学生:物体受到的重力与质量成正比,物体重力与质量的比值是$10N/kg$。

教师:你是如何得出:"物体受到的重力大小跟它的质量成正比"这一结论的?

学生:图象法——$G-m$的图象是一条过原点的直线;比值法——重力与质量的比值为一定值。

教师:逻辑清晰,表达准确,很不错。

教师:根据实验结论有G与m成正比,即$g=G/m$,变形公式得$G=mg$。$g=9.8N/kg$(粗略计算时取$10N/kg$),并说出$9.8N/kg$的物理意义。

学生:质量为 1kg 的物体所受重力为 9.8N。

教师:学以致用,如图所示的限重标志 3t,则能够承载的货物的最大重力?

学生活动:自主完成导学案上相关的内容,过程中请同学们上讲台演算写出过程。

板书:重力的大小和质量成正比,$G = mg$。

3. 重力的方向

教师:力的三要素——大小、方向、作用点。接下来,我们一起探究重力的方向。

师生活动:请同学们观察细线和重物。

教师:剪断细线,重物会下落,重物在什么的作用下下落呢?

学生:物体在重力的作用下下落。

教师:观察物体下落的方向是否与细线的方向一致呢?

学生:是一致的。

教师:用一根细线把物体悬挂起来,物体静止时,线的方向与重力的方向一致。我们把悬挂重物的细线叫作铅垂线,研究重垂线的方向便可得知重力的方向。

教师演示实验:利用铁架台和水槽来研究重垂线的方向。先将重垂线下的物体放入水槽中,观察重垂线的方向与水平面的方向(利用直角三角板量一量),再将水槽倾斜,再观察。学生观察并讨论。

学生:铅垂线始终与水平面垂直。

教师:重力的方向垂直于水平面向下,在物理学中称为竖直向下(强调竖直向下)

板书:重力的方向——竖直向下。

教师:学以致用(重力的方向在日常生活中的应用),利用重垂线来检查墙壁或者桌腿是否竖直。同样可以利用铅垂线和三角板来检测桌面是否水平(教师演示)。

教师:为了使检测水平更加方便,人们发明了水平仪。接下来请同学们利用所给的简易气泡水平仪来检测桌面是否水平。

学生活动:使用简易气泡水平仪。

教师:要把一幅画挂在白板的中间,怎样做才能挂得又快又好呢?(将吸附式铅垂线贴在白板上,提醒学生借助铅垂线来完成。)

教师:今天大家来做一回泥瓦匠,我们来进行一场砌墙比赛。

学生活动:砌墙比赛(借助铅垂线完成),男生、女生各两人。

教师:重力的方向竖直向下在我们的日常生活中有如此多的应用。

教师:观察图片,想一想"下"在哪里?

学生:重力的方向,实质是指向地心。

4. 重力的作用点——重心

教师:一根细木棒各部分都受到重力作用,怎样确定重力的作用点呢?拿出你的笔来找找它的重心。(重力作用的表现就好像它作用在某个点上,这个点叫作物体的重心)。

学生活动:利用平衡法找重心。

板书:重力的作用点——重心。

教师:观察图片,得出结论:质地均匀、形状规则的物体的重心在它的几何中心上。

教师:观察图片,篮球和手镯的重心分别在哪里?重心一定在物体上吗?

学生:重心不一定在物体上。

教师(演示音乐不倒翁):不倒翁为什么不倒呢?接下来请同学们根据所给的实验器材自制不倒翁,一探究竟。

学生活动:自制不倒翁(事先完成帽子的制作),其中两组不放螺丝,便于构成对照实验。

教师:请小组代表展示成果,并解释不倒翁不倒的原因(拆开不倒翁,引导学生回答两组对照实验的区别——放了螺丝的不倒翁重心降低)。

学生:因为不倒翁的重心很低,所以稳定。

教师:接下来请同学们观察图片情景,体会这一规律在实际生活中的应用。

5. 重力的由来

学生活动:动手做一做,各小组用一根细线栓一块橡皮擦等物,甩起来,使橡皮擦绕手做圆周运动。

教师:剪断细线后,橡皮擦还能做圆周运动吗?

学生:不能。

教师:是什么力使橡皮擦做圆周运动的呢?

学生:绳子的拉力。

教师:月球绕着地球转,没有绳子的拉力,是什么力使月球绕着地球转呢?请同学们自学课本内容——重力的由来。

板书:重力的由来——万有引力。

教师:想一想,如果没有重力,会出现哪些现象?

学生:物体会悬浮在空中,我们不能正常走路。

(三)学有所获

教师:请同学们回顾这节课所学的知识,谈谈你们的收获。

学生活动。

(四)小试牛刀

课堂练习,巩固强化(另见"重力"导学案)。

(五)学以致用

教师:学习了重力的相关知识,分组讨论课前小魔术"圆锥体"为什么会自由上坡,小组代表发言(解密魔术)。

学生:(讨论)随着轨道的加宽,重心在降低。

教师:看似在上坡,其实重心在下降,刚刚是被自己的眼睛欺骗了。今天的课到此结束,希望大家在课后能够探索更多有关重力的现象。

附录:"重力"导学案

版块一 重力的概念(阅读教材相应的内容并完成下列填空)

1. 概念:由于地球的吸引而使物体受到的力叫_____。

2. 重力用字母_____表示,单位是_____。

3. 重力来源于_____,施力物体是_____,受力物体是_____。

由于地面附近的一切物体都受到地球的吸引,所以一切物体在地面附近都受到重力。

4. 注意:A. 重力是由于地球吸引而产生的;B. 重力是非接触力;C. 地球上所有的物体都受到重力的作用。

版块二 探究:重力的大小跟什么因素有关

1. 不同的物体,所受的重力相同吗?_____。

2. 猜想:物体所受重力大小可能跟什么因素有关?_____。

3. 设计实验:(1)实验器材:_____;(2)实验中砝码的重力用什么仪

器测量？_____。

4. 进行实验、收集数据：

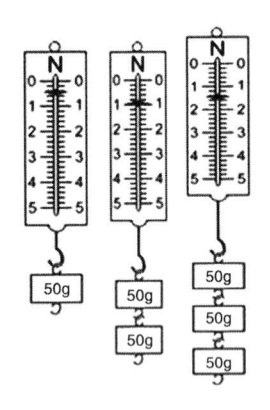

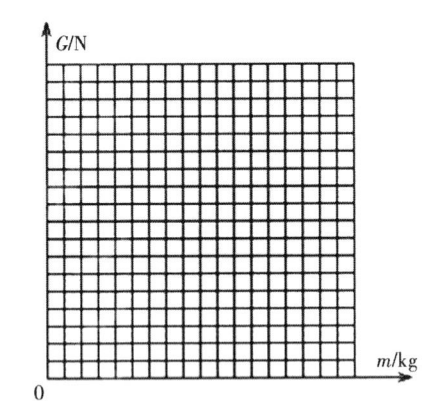

① 如左上图所示，把钩码逐个挂在弹簧测力计上，分别测出它们受到的重力，记录在下面的表格中。

表一（钩码组）

质量 m/kg	0.05	0.1	0.15	0.2
重力 G/N				
重力与质量的比值/(N·kg^{-1})				

表二（实物组）

质量 m/kg				
重力 G/N				
重力与质量的比值/(N·kg^{-1})				

② 在右上图中，以质量为横坐标、重力为纵坐标描点。描出 $G-m$ 图象，你认为重力与质量之间有什么关系？

5. 结论：_____。

6. 每一次测出的重力与其对应质量的比值基本上是一个不变的值，这个值大约为_____，物理学中用字母_____来表示这个比值。为了便于计算，通常 g 的取值为 10N/kg。因此重力与质量的关系可以写成公式：_____或_____。

7. 说说9.8N/kg所表示的物理含义？_____。

8. 练一练:利用弹簧测力计估测文具用品的质量。

版块三　重力的方向

活动:用一细线将钩码悬挂起来,观察细线的方向是怎样的？_____。

1. 重力的方向:_____。

2. 重力方向的应用:通常我们把与重力方向一致的线叫重垂线。重垂线在生活和生产上有着广泛的应用。(1)利用重垂线可以检查墙砌得是否竖直；(2)还可以测桌面是否水平。

版块四　重力的作用点——重心

1. 重力在物体上的作用点叫作_____。

2. 材料均匀、形状规则的物体,其重心位于_____,均匀正方形薄板的重心在_____,球的重心在_____,粗细均匀的木棒的重心在_____。

3. 重心的应用:不倒翁不倒的原因是什么？_____。

版块五　重力的由来

实验并思考:各小组用一根细线拴一块橡皮等物,甩起来,使之绕手做圆周运动,见右图。若剪断细线,橡皮还能继续这样运动下去吗？并说明理由。

_____

万有引力:宇宙中任何两个物体之间,大到天体,小至灰尘,都存在互相吸引的力,即万有引力。

当堂练习:

1. 下列说法正确的是(　　)。

A. 空中的飞鸟不受重力作用

B. 物体的重心都在它的几何中心上

C. 重力的方向垂直向下

D. 地球吸引月亮,月亮也吸引地球

2. 右图为水平仪放置于某桌面上时的情形,则有(　　)。

A. 左低右高　　B. 左高右低

C. 左右相平　　D. 无法确定

3. 月球上的重力是地球的六分之一,一个质量为60kg的人,到了月球上,所受重力为_____N,质量为_____kg。($g=10$N/kg)

4. 下表是小华在探究"重力的大小跟什么因素有关"实验中得到的实验数据。

测量对象	质量 m/kg	重力 G/N	重力与质量的比值 g/(N·kg^{-1})
物体1	0.1	0.98	9.8
物体2	0.2	1.96	9.8
物体3	0.3	2.94	9.8

(1)实验中,需要的测量工具是_____和_____。

(2)分析表中数据,可以得出的结论是:_____。我们将 g 值取为 9.8N/kg。但经过精确测量,发现在某些不同的地理位置,g 值存在着微小差异。下表列出了一些城市和地区的 g 值大小。根据表中提供的信息,回答下列问题:

① g 值相同的城市是:_____。

地点	赤道	广州	武汉	上海	北京	纽约	莫斯科	北极
g 值大小	9.780	9.788	9.794	9.794	9.801	9.803	9.816	9.832
地理纬度	0°	23°06′	30°33′	31°12′	39°56′	40°40′	55°45′	90°

② 造成 g 值不同的原因可能是:_____。

"电流的测量"课堂实录

湖北省荆州市沙市区第二中学　张　霞

一、教材来源

人民教育出版社 2013 版《物理》九年制全册第十五章第四节。

二、教学目标

(一) 知识与技能

1. 知道电流是有强弱的。
2. 知道电流的基本单位和常用单位。
3. 知道电流表的使用方法。
4. 能正确读出电流表的示数。

(二) 过程与方法

1. 通过连接电路的实验活动,培养学生的动手操作能力。
2. 通过电流表的读数,训练学生的观察能力和准确读数的技能。

(三) 情感态度与价值观

1. 通过学生连接电路的实验活动,培养学生团结协作的精神。
2. 在学生对电流表读数的过程中,培养学生严谨的科学态度。

三、教学重点

电流概念的建立;电流表的使用方法。

四、教学难点

画电路图和连接实物图时正确使用电流表。

五、教学过程

(一)温故互查　了解学情

教师:以二人小组互讲、互听、互查下列知识点:

(1)电流的形成以及产生持续电流的条件。

(2)串、并联电路的连接特点及其电流路径。

学生迅速行动起来。

(二)创设情境　点燃激情

课件展示:狂风暴雨与淅淅沥沥的小雨、黑夜里的闪电与彩灯的光亮、湍急的水流与潺潺的小溪。三组图片展示自然界中的强弱现象对比,电流是否也有强弱?

教师:自然界中强弱的现象是普遍存在的,如大雨与小雨、强光与弱光。水龙头出水多少反映了水流的强弱,那么电流是否也有强弱呢?请大家用一节干电池和两节串联的干电池做电源,分别给同一只小灯泡供电。

学生开始实验。

教师:你们看到了什么现象?这说明了什么问题?

学生:用一节干电池供电,小灯泡暗,通过灯泡的电流小;两节串联的干电池供电,这只小灯泡亮得多,通过灯泡的电流大。

教师:也就是说电流与水流一样,也有强弱的不同,怎样表示电流的强弱呢?让我们一起进入本节课的学习吧。

(三)设问导探　自主学习

教师:请同学们开始学习,完成学案。

一　电流的强弱

阅读课本 45 页"电流的强弱部分",回答下列问题:

(1)电流是表示_____的物理量,用符号_____表示。

(2)电流的单位是_____,简称_____,符号是_____。

单位换算:$1A = 10^3 mA = 10^6 \mu A$

(3)常见用电器中的电流值:

计算器中的电流约为_____;家用节能灯中的电流约为_____;家用电冰箱中的电流约为_____。

教师:这一部分的问题很简单,同学们都完成了吗?

学生:完成了!

教师:对于这块知识需要掌握的三点内容:(1)电流的符号及电流的单位是有区别的。(2)单位之间的换算关系。(3)了解生活中常见的电流值。这些电流值是通过测量得到的。人类从认识电流到测量电流,经历了一个漫长的过程,其间遇到的最大难题是电流的大小不能直接观察到。怎样能够把电流大小准确显示出来呢?力的大小能直接观察到吗?

教师出示弹簧测力计。

教师:我们把力作用在弹簧上,力越大,弹簧伸长得就越长,这是一种转换法,测量电流可以采用同样的方法,同学们请看。

教师出示蹄形磁铁,将带着指针的线圈分别接入一节干电池和两节干电池的电路。

教师:同学们注意观察灯泡的亮度以及指针偏转大小。

同学:灯亮,电流大,指针偏转角度大;灯暗,电流小,指针偏转角度小。

教师:这是由于通电导线在磁场中会受力,在后面我们会学习到。你们桌上的电流表采用与此相同的原理制成,电、磁、力的相互转换会聚在这小小的仪表上,达到了简单方便测量电流的目的。下面请对照实物,结合课本,完成接下来的问题。完成过程中,有困难的地方可以四人小组小声交流讨论一下。

二 电流的测量

认真阅读课本45~47页"电流的测量"部分,回答下列问题:

(1)作用:

用来测量电路中_____电流大小的仪表叫作电流表,其电路元件符号为Ⓐ。

(2)认识电流表:

① 如右图所示,三个接线柱:_____、_____、_____。

② 两个量程:

若接"-"和"0.6",量程为_____,该量程中的分度值为_____。

若接"-"和"3",量程为_____,该量程中的分度值为_____。

（3）读数：

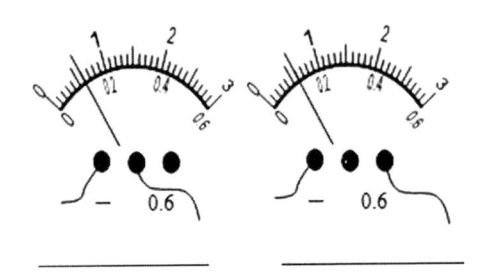

	归纳读数步骤：

思考：当指针在同一位置时，你发现大、小量程读数有什么关系了吗？

教师投影出示学生的完成情况，并进行点拨和归纳。

教师：表盘下方有一个调零螺丝，可调节指针归零。另外有些电流表指针下方有平面镜，同学们能猜到它的作用吗？

学生：不知道！

教师：没有关系，老师来告诉大家。读数时指针与镜中指针的像完全重合，可以消除指针与刻度的视差，减小读数误差。

（4）使用：

使用前	三看：_____、_____、_____	
使用时规则		违反使用规则的后果
1. _____在被测电流中		
2. 电流从_____接线柱流进，从_____接线柱流出		
3. 正确选择电流表的_____		量程选择过小：
		量程选择过大：
4. 绝对不允许将电流表连到电源的两极上		

教师：同学们回忆一下已学过的一些测量工具，首先我们要注意观察什么呀？

学生：使用任何测量工具之前都要注意观察量程、分度值及零刻度线。

教师：大家想一想打点滴时如何判断药液流动的速度？那么要想得到通过小灯泡的电流大小，我们应该将电流表与小灯泡如何连接呢？

学生：将电流表与小灯泡连成一条线，也就是串联。

教师:同学们猜想一下如果将电流表正、负接线柱接反,会出现什么情况?来,我们一起看一看。

教师实验演示电流表的正、负接线柱接反。

学生:指针往另外一侧转动。

教师:我们叫作电流表指针反向偏转。电流表有两个量程,在我们不知道被测电器大概的电流值时,可以采用试触的办法。大家看我这儿,所谓的试触法,就是闭合开关后迅速断开,看指针大致的偏转情况,再来确定选多大的量程合适。大家考虑一下,当我们采用试触法时,选大量程好,还是小量程好呢?

学生:我觉得大量程好,不容易超过测量范围。

教师:如果量程选择不合适,过大或过小会造成什么后果呢?我们一起来看看。

教师分别演示量程选择过大和过小的现象,学生总结。

学生:量程选择过大,指针偏转的角度很小,测量不精确。

学生:量程选择过小,指针偏转角度特别大,超出刻度线以外,会损坏电流表。

教师:绝对不允许把电流表直接连到电源的两极上。我采用试触法演示给大家看一看,准备,注意看哦!什么情况?

学生:指针偏转的角度很大,超出刻度线以外了。

教师:知道为什么不允许把电流表直接连到电源的两极上了吧?

学生:会产生很大的电流,损坏电流表。

教师:学习了电流表的正确使用方法和读数,接着我们来一起动手实际操作一下。

(四)学生实验　合作交流

练习使用电流表测量电路中的电流:

(1)画出实验电路图。

(2)按电路图连接右图中的实验器材。

(3)进行实验。

教师巡视指导。

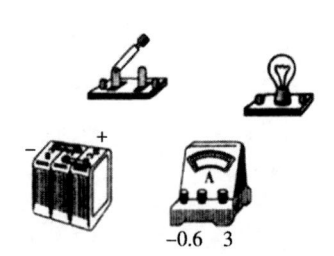

(五)课堂小结

教师:这节课你们有哪些收获呢?

学生:我知道了,电流是有强弱的,并且知道电流的单位是安培,比安培小的单位还有毫安和微安。

学生:我学会了电流表的正确使用方法。

学生:我能正确读出电流表的示数。

教师:同学们真棒,愿大家每节课都能有所获,天天有进步。

(六)布置作业

教师:今天的作业是课本后面的习题以及学案上的拓展延伸部分。

拓展延伸题目:

1. 如果想用电流表测量电路中通过灯泡 L_1 的电流,下图所示的电路中正确的是(　　)。

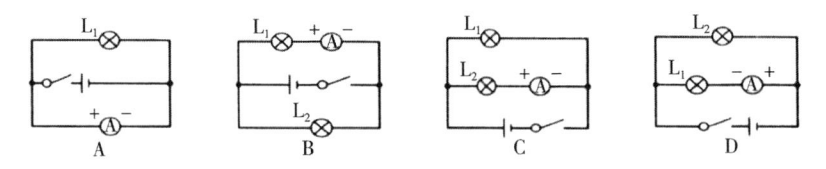

2. 右图所示为实物电路,请画出对应的电路图。

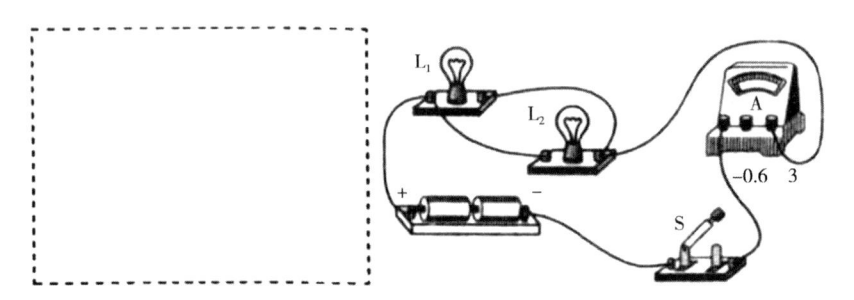

3. 根据右边的实物图画出电路图。

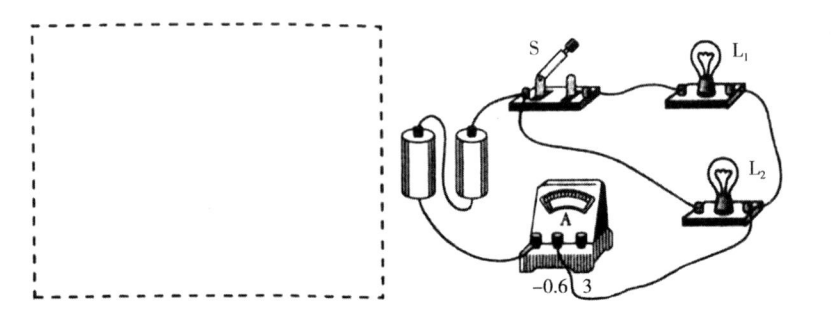

4. 根据下面的电路图连接对应的实物图。

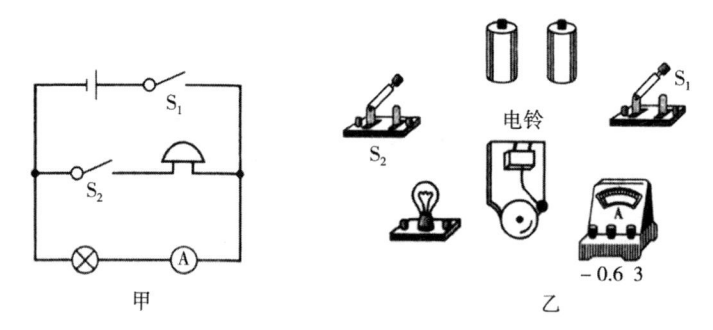

5. 根据下图甲所示的电路图，将图乙中的实物图用线连接。

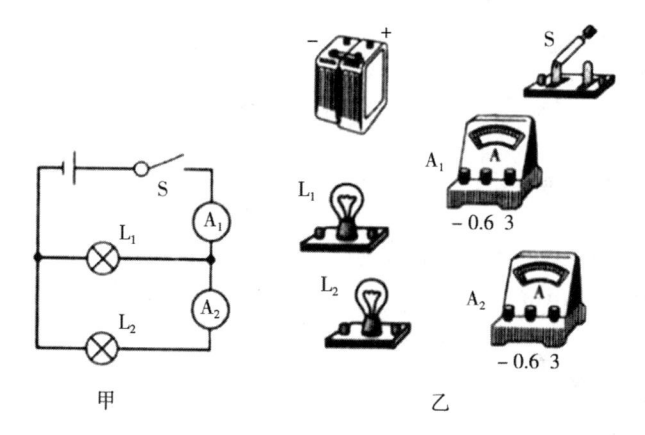

6. 求右图所示电路图中电流表 A_1 的测量电流。

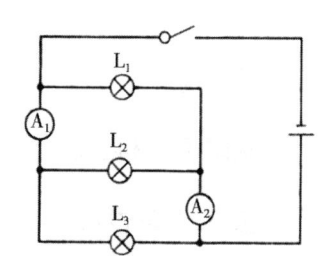

"磁现象 磁场"课堂实录

湖北省荆州市沙市区第二中学 熊春明

一、教材来源

人民教育出版社 2013 版《物理》九年级全册第二十章第一节。

二、学习目标

1. 知道磁现象及磁场、地磁场。
2. 知道磁感线可用来描述磁场,知道磁感线的方向怎样确定。

三、学习重点

1. 磁现象、磁场。
2. 用磁感线描述磁场。

四、学习难点

磁感线描述磁场。

五、学习过程

【师】首先我给大家演示一个现象,请往这儿看,这儿有两根圆柱,我的手上有一个物体,空心的,同学们猜想一下,我将它套在这根圆柱上,松手以后会怎样?

【生】掉下去。

【师】我们来看,真的掉下去了。接下来,(冲学生微微一笑)套在这一根圆柱上,再想想一次,松手以后会怎样?

【生】哇！

【师】好玩吗？

【生】好玩。

【师】想知道这其中的奥秘吗？

【生】想。

【师】我相信学完了今天这节磁现象以后，每位同学都会找到答案。

"用磁体粘贴课题"

【师】你们以前见过这些磁体吗？

【生】见过。

（一）磁体

【师】第一个是条形磁体，在大家的桌面上就有，第二个是圆形磁体，第三个是U形磁体，也叫蹄形磁体，我这儿也有一个。这一种我们刚才已经用到了，最后一个是小磁针，我这儿也有一个，现在我将它放在板凳上。

【师】那磁体可以吸引哪些物体呢？在我提供的这四种物体中间，你认为会吸引哪一种？

【生】我认为它会吸引铁钉。

【师】好，那么是不是这样的呢？请大家利用桌面上的器材动手试一试。

学生进行实验，教师指导。

【师】好，请这一组的同学告诉我们，可以吸引哪一种物质？

【生】我们这一组通过实验验证，磁铁确实可以吸引铁钉。

【师】铁钉，是这样的吗？嗯，非常正确，请坐。如果我所提供的器材还有钴、镍等的话，同样也可以被吸引。像这种能够吸引铁、钴、镍等物质的性质叫作磁性。

1. 磁性

【师】磁体上每个部位的吸引能力是否相同呢？你认为相同吗？

【生】不同。

【师】你说不相同。那如何设计一个实验来验证你这个猜想呢？好，请这位同学来说。

【生】我是这样认为的，用控制变量法，在磁铁的不同位置尽可能多地挂上铁钉，哪个位置挂的铁钉多，那么哪个位置的磁性就强。

【师】回答得太好了。请坐，就是比较每个位置吸引铁钉的多少，是这样的吗？那么今天呢，我们不用铁钉，改用铁屑，请往这儿看，铁屑撒在白纸上，磁体放入铁屑中，我还让它打个滚儿。我们来观察，哪位同学来描述一下你所看到的现象？就请最前面的同学来吧，请用话筒。

【生】在磁铁的两极分别粘有很多铁屑，在中间则没有。

【师】两极？

【生】两端。

【师】在它的两端吸引了很多的铁屑，就说明它两端的磁性很……

【生】强

【师】你刚才把这两个部位叫作……

【生】两极。

【师】两极，非常好，谢谢你，请坐。

【师】以前有人在做这个实验的时候不小心将磁体从中间折断了，同学们试想一下，如果我只取其中的一半磁体，它是不是就只剩下一个磁极了呢？是不是？

【生】不是。

【师】不是，今天我也将这一半磁体带来了，我们同样把它放入铁屑中。哪位同学来验证一下？好，有请……打个滚儿，面对大家。

【师】它有几个磁极？

【生】两个。

【师】非常好，谢谢你，请回座位。在前人做了大量实验的基础上，我们总结出：磁极总是成对出现的，至今还未发现单磁极的磁体。

【师】那如果我将条形磁体从中间悬挂以后，当它静止的时候指向会有什么特点？

【师】你以前在生活中，有遇到过类似的现象吗？好，那就请大家直接利用桌面上的器材动手试一下。请将桌面上的条形磁体悬挂起来。我们来比一比，看看哪个小组的磁体最先静止。

【师】诶，这个磁体最先静止的，这一个基本上也静止了，还有这一个。你又动了一下，好，我们对比观察一下其他小组磁体的状态。

【师】它们的指向有共同点吗？都是指向……

【生】它们都是指向南北方向。

【师】是不是南北方向？

【生】是。

【师】非常好，谢谢你，请坐。其中，指向南边的这一端叫作南极。用 S 表示，其实就是英语单词"south"的第一个字母，另一端指向北边，叫作北极，用 N 表示。是这样的吗？这其实也是我们在小学科学课中见过的一种物品，叫什么？

【生】指南针。

【师】指南针，瞧，跟我这里的小磁针是不是很相似呀。所以一个磁体有两个磁极，分别是南极和北极。请大家在课本上找到这句话，并做上标记。

2. 磁极——南极（S）、北极（N）

【师】当两个磁极靠近时，它们之间会不会相互作用呢？

【生】会。

【师】有怎样的作用呢？好，这位女生，请用话筒。

【生】同样是南极放在一起会相排斥，同样是北极放在一起也会相排斥，但是如果是南极和北极放在一起它们则会相吸引。

【师】你是怎么知道有这样的规律的呢？

【生】小学科学课中就做过这样的实验。

【师】哦，以前就做过这个实验，是吗？谢谢你，非常好，请坐，是不是这样的呢？接下来，就让我们用实验来验证一下，每个小组再发一个条形磁体。请你用这个磁体的磁极去缓慢靠近悬挂着的磁体的磁极。注意是缓慢靠近，每位同学都动手体验一下，开始吧。

【师】有相互作用吗？

【生】有。

【师】哪位同学帮我们总结一下磁极间相互作用的规律？好，那位女生。

【生】同名磁极相斥，异名磁极相吸。

【师】非常好，谢谢你，请坐。不过这样表述更准确一些，同名磁极相互排斥，异名磁极相互吸引。请大家在课本上找到这句话，并做上标记。

3. 磁极间的相互作用规律

【师】大家还记得刚上课时我演示的那个现象吗？请往这儿看，其实呀，我这个物体的内部有一个磁体——铁钉，而在两个圆柱的底部，这一边也有一个磁体——铁钉。现在哪位同学帮我们解释一下，它为什么可以悬浮？好，那位女生。

【生】因为它们是异名磁极，哦，不，因为它们是同名磁极，所以说要相互排斥。

【师】两个同名磁极相对，所以相互排斥，于是悬浮了，是吗？非常好，来，掌声送给她。

【师】在刚才的体验环节中，两个同名磁极相互靠近时，你有没有感觉到它们之间存在着什么？

【生】斥力。

【师】斥力，而两个异名磁极相互靠近时，存在着……

【生】吸引力。

【师】吸引力，是吗？

【师】我们知道：力是一个物体对……

【生】力是一个物体对另外一个物体的作用。

【师】非常好，谢谢你，请坐。并且力不能脱离物体而单独存在，是不是呀？两个磁极并没有接触，仅仅是靠近了，却产生了力的作用，那是不是说明在它们之间，存在着一种我们看不见的东西呀？

【生】是。

【师】这种东西是……

【生】磁场。

【师】磁场，磁场是不是实际存在的呢？

【生】是。

【师】对，是实际存在的，而且磁极之间的相互作用正是通过磁场来实现的。

(二) 磁场

1. 实际存在的物质

【师】磁场，看不见，也摸不着。我们用什么方法来研究它呢？请这位同学来说一下。

【生】在一张纸的下面放一块磁铁，然后在纸上撒满铁屑，它就会有磁场规律的分布。

【师】就是通过观察磁场对铁屑的作用来间接认识和感知它，是吗？非常好,谢谢你,请坐。

【师】像这样的现象还有很多,比如:电流,我们可以通过观察电灯发光来感知它的存在;再比如:空气,我们可以通过观察窗帘的飘动来感知它的存在。这种研究问题的方法在我们物理学中称为……

【生】转换法。

【师】转换法。那么刚才这位同学就是用转换法来研究磁场的,他用到的是铁屑,我觉得换成小磁针,行不行呢?

【生】可以。

【师】那我今天就带了一些小磁针来。这些小磁针可以在竖直面内自由转动。中间放入磁体,那么小磁针就处于磁体的磁场中,接下来,有请我们的磁体。

【师】小磁针还指向原来的方向吗?

【生】没有。

【师】它们所指的方向相同吗?

【生】不相同。

【师】这就说明每个小磁针都有它特定的指向。磁场是具有……

【生】指向性、方向性。

【师】我们用方向性更准确一些,是吧?那如何来描述磁场的方向呢?以前我们用一个箭头表示力的方向,那今天也可以用一个箭头表示磁场的方向。用一个怎样的箭头呢?好,这位男生请讲。

【生】用一些带箭头的曲线表示。

【师】带箭头的曲线。为什么要用曲线呢?

【师】好,坐下来再想一想,好吗?等一会再继续回答。还有哪位同学想到了?我们可以用一个箭头,你看这些小磁针像不像一个箭头啊?

【生】像。

【师】我们干脆就将小磁针的指向当作一个箭头,你觉得怎么样?

【生】嗯。

【师】可是小磁针有几个指向呢?

【生】两个。

【师】那我们就做一个规定,规定小磁针在磁场中静止时北极所指的方向为该点的磁场方向,即小磁针北极的受力方向。请大家在课本上找到这句话，并做上标记。

2. 磁场方向的规定

【师】有了这个规定，你现在可以画出这些小磁针所在位置的磁场方向了吗？我们一块儿来看。这个位置磁场的方向应该是，上下、左右？

【生】左。

【师】这个呢？

【生】右、上。

【师】这个呢？

【生】右。

【师】这个呢？

【生】右、下。

【师】这个呢？

【生】左。

【师】同样的道理，最后三个是这样的。

【师】我们这里有几个小磁针？

【生】八个。

【师】我用八个小磁针就同时确定了八个位置的磁场方向，如果我想同时确定十个位置的磁场方向我要怎么办呢？

【生】我觉得可以再在两个不同的位置放上小磁针。

【师】再加两个，就是用十个，非常好，谢谢你，请坐。

【师】如果我想同时确定 100 个位置的磁场方向呢？

【生】100 个。

【师】1 000 个位置呢？

【生】1 000 个。

【师】所有的位置呢？

【生】那就需要很多个小磁针。

【师】我今天同样也带来了很多小磁针。请这位男生来我帮一个忙，将你的手一上一下抬，一只手在上，一只手在下，像我一样，抬到桌面上，抬起来。这一只手放底下，抬起来，好，行了，谢谢你，请回座位。让我们以热烈的掌声欢迎这些小磁针。

它们同样可以在竖直面内自由转动，此时它们的指向是杂乱无章的，然后我们将磁体放入其中,漂亮吗?

【生】漂亮。

【师】像一个正月十五的……

【生】灯笼。

【师】通过演示仪的结果,我们还要知道磁场是存在于磁体周围的立体空间。

【师】那现在我们如何来描述磁场呢?哪位同学想到了?其实这个演示仪就演示得非常形象了。哪位同学想到了如何来描述磁场呢?好,还是请这位男生来。

【生】可以用一些带箭头的曲线来描述磁场。

【师】为什么要用带箭头的曲线?

【生】因为这些磁针的指向规律是这样的。

【师】其实就是这些小磁针的排列形状,是这样的吧?

【生】对。

【师】而箭头的方向你怎么来确定呢?看看我们刚才……

【生】由小磁针的北极来确定它北极的指向。

【师】小磁针北极的指向,是不是这样啊?

【生】对。

【师】非常好,谢谢你,请坐。

【师】那实际上,我们就是要画出小磁针"北极指向"的规律,请大家在课堂笔记上完成。

【师】好,我们一块儿来看大屏幕,这是其中几位同学画的。这一张照得有点不太清晰,但是我们还是可以大致看出描出的形状。其中箭头的方向是这样的。我们再来看下一张,这一张画得是不是比较形象一些啊?再来看下一张,大家觉得这一张画得怎么样?

【生】可以。

【师】还行,只不过这里还没有画完。

【师】那么刚才大家画出的这样的曲线是不是就是可以很形象地描述磁场了呢?

【生】是。

【师】我们把这样的曲线叫作……

【生】磁感线。

【师】磁感线是不是实际存在的呢？

【生】不是。

【师】它不是实际存在的，它只是用来描述磁场的曲线。

【师】科学家是这样描述的，请看屏幕。我们一块儿来分析。磁感线上箭头所指的方向，比如说这个位置，箭头的方向是朝……上下、左右？

【生】上。

【师】朝上的。它与该点小磁针北极的指向……我们来看，该点，是不是相当于这个位置，小磁针北极的指向？是怎么样的……

【生】上。

【师】箭头的方向是？

【生】上。

【师】所以这两个方向是……

【生】相同的。

【师】是不是相同的？

【生】是。

【师】而根据规定：小磁针北极的指向就是该点的……

【生】磁场方向。

【师】所以磁感线上箭头所指的方向与该点的磁场方向……

【生】相同。

【师】继续看，两极处所画磁感线的疏密程度比其他位置更……

【生】密。

【师】而两极处的磁性最……

【生】强。

【师】我们是不是可以用磁感线的疏密程度来代表磁场的强弱？磁感线越密集的地方，磁场越……

【生】强。

【师】反之越弱。还有，磁感线都是从哪里画出来的？

【生】北极。

【师】又回到了……

【生】南极。

【师】前提条件是:在磁体外部。

【动作】按PPT。

【师】这些就是磁感线的特点,我们一起来读一遍,"磁感线上"预备……起。

3. 磁感线(实际不存在)

【师】右边是对U形磁体的磁场描述情况,这个内容呢,就留给大家下课以后查阅相关资料进一步学习。

【师】下面检验一下大家的学习效果,来看两道题。请在导学案上完成。好,我看很多同学已经停笔了,我们一块儿来看屏幕。

【师】第一题:左边是……

【生】北极。

【师】右边是……

【生】南极。

【师】第二题的答案是这样的……

【师】做对的同学请举手,非常棒!来,掌声送给自己。

【师】其中第二题,根据小磁针的排列情况,我们可以画出从左下角到右上角的磁感线,所以呢,左下角是北极,右上角是南极。

【师】生活中有很多地方都要用到磁体,那这些磁体都是从哪来的呢?自然界中天然形成的磁体数量毕竟有限,多数是由人工制造而成的,所以接下来就让我们来体验一下如何使一个没有磁性的物体获得磁性。

【师】每个小组发两样实验器材:大头针,装在盒子里,还有钢锯片,请你用钢锯片去靠近大头针,看看它们是否吸引?

【动作】分发器材。

【师】吸不吸引呀?

【生】有一点点吸引。

【师】接下来,请大家把目光转移到我这儿。请你用条形磁体的某一个磁极在钢锯片上朝同一方向划过几次,然后再用钢锯片去靠近大头针,开始。

【师】来,请大家往这儿看,举起来,举高一点儿,这是他们这一组的实验现象,你们也观察到了同样的现象吗?有吗?

【生】有。

【师】像这种,使没有磁性的物体获得磁性的过程叫作磁化。

(三)磁化

【师】能被磁化的物质大多数是含铁、钴、镍的合金或氧化物,我们叫作磁性材料。生产出来的这些磁体都可以干什么呢?

(四)应用

【师】现在请大家小组讨论,把你知道的与磁现象有关的内容汇报给小组长,最后由小组长做代表来发言。

【师】哪个小组先来发言?好,这个小组。

【生】我们组发现:磁体可以做成磁悬浮列车。

【师】磁体可以做成磁悬浮列车,正确的,非常好。

【生】还有冰箱门或者文具盒上面的磁封。

【师】冰箱门或者文具盒上面的磁封。非常好,谢谢你。其他小组的?

【生】我们这组还有一点补充,我们的磁铁还可以做成指南针。

【师】做成指南针,我们这一节课中是不是已经用到了呀?非常好。

【生】然后它还可以做成磁普仪。

【师】磁普仪,你知道的高科技产品挺多的啊,还有吗?好,谢谢你,请坐。

【师】好,这个小组。

【生】我还知道医院里面用的核磁共振仪也是跟磁有关的。

【师】非常好。核磁共振也是和磁现象有关的。还有吗?来。

【生】还有航海时用的罗盘。

【师】罗盘和指南针是一样的道理,还有吗?

【师】那我来给大家列举一些,请看屏幕。

【师】信用卡、银行卡的磁条,可以刷卡消费,你最喜欢的;这一个,门吸。

【生】哦。

【师】防止门打开以后自动关闭的,我也带来了一个指南针;磁带,每天训练英语听力都要用到的,是吗?我这儿带来了一盘,初三英语总复习;这个比我们黑板上的是不是要漂亮一些啊?还有,刚才有同学已经提到的,冰箱门的磁封、磁悬浮列车。近年来,还有一种更先进的技术,叫作超导磁悬浮,我带来了一个模型。

【师】木板，用磁体排列出环形轨道，用超导块制成的小车。我将它放在跑道上，推动它，并没有什么特别之处，可是当我用液氮将它的温度降低到一定程度时，它就会表现出不一样的特性。

【师】加入液氮，还加一些。液氮的温度非常低，所以一定要戴上手套，此时液氮正在？

【生】沸腾。

【师】就是汽化。

【师】汽化时需要……

【生】吸热。

【师】从超导块那儿吸走大量的的热，使超导块温度降低。不要眨眼，见证奇迹的时刻到了。好玩吗？

【生】好玩。

【师】神奇吗？

【生】神奇。

【师】没有掌声吗？

【师】这种超导磁悬浮更优越的地方在于，既使将轨道平面倾斜一定的角度，它也仍然可以悬浮。

【师】关于这个现象的研究，就在我们成都——西南交通大学的动力传动实验室，他们的研究成果在全国处于这个位置（大拇指手势），所以同学们。你们作为一名成都人，有没有感觉到无比自豪？

【生】有。

【师】最后让我们回顾一下，这节课我们都有哪些收获？我们学习了……

【生】磁体。

【师】知道了……

【生】磁极的作用规律

【师】重点学习了……

【生】磁场。

【师】特别是用磁感线描述磁场。

【师】最后我们了解了一些磁化，以及磁现象的应用。

【师】最后这两个问题，课外继续讨论。

【师】磁体内部有磁场吗？

【生】有。

【师】如果有的话，如何描述呢？

【师】第二个问题，小磁针静止的时候为什么始终指向南北呢？

【师】看来很多同学已经知道这个答案了，那么这些问题都留给大家下课以后继续完成，好吗？

【生】好。

【师】同学们，相见的时间实在是太短暂了，真的舍不得，但是呢，这节课我们还是上到这里，下课！

"磁生电"课堂实录

湖北省荆州市沙市区岑河中学　胡　强

一、教材来源

人民教育出版社2013版《物理》九年级全册第二十章第一节。

二、学习目标

(一)知识和技能目标

1. 知道电磁感应现象；知道产生感应电流的条件。

2. 知道发电机的原理；能说出发电机为什么能发电；知道什么是交流电；知道发电机的发电过程是能量转化的过程。

3. 知道我国供生产和生活用的交流电的频率是50Hz的意思；能把交流电和直流电区分开来。

(二)过程和方法目标

1. 探究磁生电的条件，进一步了解电和磁之间的相互联系。

2. 观察和体验发电机是怎样发电的。

(三)情感、态度与价值观目标

1. 认识自然现象之间是相互联系的，进一步了解探索自然奥秘的科学方法。

2. 认识任何创造发明的基础是科学探索的成果，初步具有创造发明的意识。

三、课前准备

1. 教师：蹄形磁体、线圈、灵敏电流计、导线、普通手电筒、手摇充电手电筒、多媒体课件。

2. 学生:蹄形磁体、线圈、小灯泡、灵敏电流计、小磁针、导线。

四、教学过程

(一)引入新课

教师拿出普通手电筒。

【师】普通手电筒能发光,电能是从哪里来的?

【生】干电池提供的。

教师拿出手摇充电手电筒,摇动,使灯泡发光。

【师】这种手电筒的电能是从哪里来的呢?

拆开手电筒,给学生展示里面的磁体和线圈。

【师】同学们想知道其中的奥秘吗?

【生】想!

【师】好,通过这节课的学习,同学们就能知道这个手电筒发光的原理了。

(二)探究过程

【师】前面我们已经学过了奥斯特实验,这个实验揭示了什么现象?

(播放动画)

【生】通电导线周围存在磁场,磁场的方向与电流的方向有关。

【师】在这个实验中,小磁针的作用是什么?

【生】证明了电流周围存在磁场。

【师】在物理学中,这种研究方法叫什么?

【生】转换法。

【师】我们以前学习哪个知识时用过这种方法?

【生】学习电流时,电流能使小灯泡发光,证明了电流的存在。

【师】奥斯特实验证实了电和磁之间是有联系的,根据他的发现,人们发明了电磁铁,制成了电磁起重机、电磁继电器等设备,推动了人类文明的发展。

【师】那么,在这个实验中,你们还有什么启示?还想知道什么?

【生】既然电能生磁,那么磁能不能产生电呢?

【师】今天,我们就来探究一下"磁生电"的奥秘!

板书:20.5 磁生电。

【师】什么情况下,磁场中能产生电流呢?老师给同学们准备了蹄形磁体和线圈,想让线圈在蹄形磁体的磁场中产生电流,下面同学们就以小组为单位,结合老师提出的问题讨论探究方法。

问题:

1. 你们小组准备选用哪些器材,如何设计实验?

2. 如何验证线圈中是否有电流存在?

3. 你们猜想磁场中产生电流的条件是什么?

学生分组讨论。

【师】每个小组派一个代表说说你们的方案。

学生陈述方案。

设计:闭合的线圈放到磁场中静止和运动。

① 可以看电流计有没有示数;

② 看能不能使小灯泡发光;

③ 看能不能使小磁针发生偏转。

【师】同学们设计出了这么多的方案。下面,同学们就按照你小组的实验设计,实际操作一下,看什么情况下磁能生电?

学生实验,教师指导。

【师】哪个小组让线圈中产生了电流?到前面给同学们演示一下。

【师】有没有哪个小组与他们的方法相同,但没有发现有电流产生。

【生】有。

【师】你们是用什么验证是否有电流产生的?

【师】小灯泡(或小磁针)。

【师】你们成功地看到小灯泡发光(或小磁针偏转)了吗?

【生】没有。

【师】原因在哪里?

【生】产生的电流太小,不足以使小灯泡发光(或小磁针偏转)。

【师】所以,在这个实验中,我们最好是用灵敏电流计来检验是否有电流产生。

【师】没用灵敏电流计的小组换用灵敏电流计再试一次。

学生动手操作。

"有用　有趣　有探究"的活物理教学

【师】哪个小组使线圈在磁场中静止时产生电流了？

【生】没有。

【师】是不是你们的磁场太弱了？我们再加一个磁体试一试。

教师演示：加一个磁体。

【师】看来，线圈在磁场中静止时确实不能产生电流。线圈在磁场中运动就一定能产生电流吗？哪个小组有疑义？

【生】我们小组认为，线圈在磁场中运动有时能产生电流，有时不能产生电流。

【师】你们能不能给大家演示一下？

学生演示。

【师】同学们都试一下，看是不是这样的。

学生实验。

【师】看来线圈在磁场中运动时也不一定有电流产生。

教师用割麦子或割头发的方法说明，只有线圈在磁场中做切割磁感线的运动时才有电流产生。

【师】通过我们的共同分析论证，哪位同学给大家归纳一下实验结论？

学生归纳，教师在屏幕上打出结论。

【师】我们得出的实验结论就是当年法拉第用了十年的时间研究并归纳出来的。

屏幕：磁生电条件，介绍电磁感应现象、感应电流的定义。

【师】历史上电磁感应现象的发现并不是十分顺利的，我们来看这样一个小短片。

播放安培"坐"失良机，科拉顿"跑"失良机。

【师】在经历了法拉第的成功实验后，同学们也许从心底里为安培和科拉顿惋惜，他们的失误使人类对电磁感应现象的认识至少推迟了六年。但是，安培的失败，科拉顿的跑失良机，并不是偶然的，而是与他们对这个问题的研究思想，以及他们采用的研究方法有关。所以，同学们在以后的探究活动中，一定要采用科学的探究方法，才能得出正确的结论。

【师】刚才我们做的实验都是采用磁体不动，线圈运动的方式，如果线圈不动，磁体运动，能不能让线圈切割磁体的磁感线呢？（实际上它们的道理是一样的）

解释手摇充电手电筒的发光原理。

板书：发电机

【师】手摇充电手电筒是运用电磁感应的原理发电的，那我们生活中的电能是从哪里来的呢？

播放动画：电的产生。

【师】你们想知道发电机是如何发电的吗？

【生】想。

【师】接下来，我们就来研究发电机是怎样发电的。刚才我们得出结论：闭合电路的一部分导体在磁场中做切割磁感线运动时，导体中就会产生电流。当导体停止运动时，感应电流也就随即消失了。而发电机提供的电流必须是连续不断的，才能满足我们生产、生活的需要。我们怎样得到连续的电流呢？

【生】让闭合电路的一部分导体在磁场中不断地做切割磁感线的运动。

让线圈在磁场中不断地转动。

【师】老师这里有一台手摇式发电机。我找一位同学上来摇一摇，其他同学注意观察它是如何实现连续供电的。

学生手摇发电机发电，使小灯泡发光。

【师】手摇式发电机的磁极是什么形状的？线圈是通过哪些装置和灯泡连接起来的？摇把是通过什么带动线圈转起来的？

在手摇式发电机中，用转动的线圈代替了往复运动的线圈。为了把线圈中产生的感应电流输送给用电器，还要用铜环和电刷把线圈和用电器连接起来。

屏幕：发动机的结构。

【师】看清它是如何连续供电的了吗？

【生】线圈不停地在磁场中旋转，切割磁感线，就产生了电流。

屏幕：发电机原理：线圈在磁场中转动，不断切割磁感线，不断产生电流。

【师】在刚才的实验中，你们细心观察了吗？小灯泡发出的光有什么特点？

【生】忽明忽暗。

【师】这个现象与什么有关？

【生】手摇式发电机发出的电流。

【师】手摇式发电机发出的电流有什么特点呢？我们再做一个实验。

演示：把手摇式发电机与灵敏电流计连接起来，发电时，让学生观察指针的偏转情况。

【师】你们看到了什么现象？

【生】指针左右摆动。

【师】电流表中的电流与过去在实验室中使用的干电池、蓄电池输出的电流有哪些不同点？这说明了什么？

【生】电流的大小、方向是变化的。

【师】我们把大小、方向变化的电流称为交变电流。

【师】为什么手摇式发电机产生的是交流电呢？

播放模拟动画。屏幕：介绍交变电流的概念、频率的概念以及我国家庭用交流电的频率。

【师】发电机发电的过程是能量转化的过程。以手摇发电机为例，谁能给同学们说一说它的能量转化过程？

【生】人吃的食物的化学能转化为摇动转子的动能，发电机又把动能转化为电能，电能使灯泡发光把电能转化为光能。

【师】实际的发电机比模型式发电机复杂得多。但仍由转子和定子两部分组成。大型发电机发的电，电压很高、电流很强，一般采用线圈不动、磁极旋转的方式来发电，为了得到较强的磁场，还要用电磁铁代替永磁体。

【师】实际的发电机靠内燃机、水轮机、汽轮机等机械带动，把燃料中的化学能或者水库中水流的动能转化为电能。

(三)课堂小结

小结本节课学习的过程、知识和方法。

(四)课后作业

1. 认真阅读教材。

2. 完成"动手动脑学物理"中的习题。

3. 完成"长江作业本"中本节课的习题。

第三章

活物理实验课教学示例

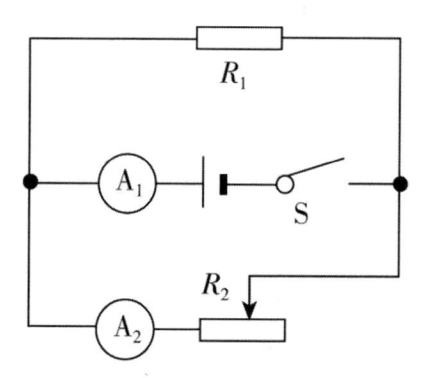

在真实生活环境中培育学生的核心素养

湖北省荆州市沙市区岑河中学　文久江

2014年3月，教育部印发了《关于全面深化课程改革，落实立德树人根本任务的意见》，为进一步深化课程改革指明了方向，首次提出"核心素养"的概念，明确把核心素养的内涵界定为"学生应具备的适应终身发展和社会发展需要的必备品格和关键能力"。就实际表现而言，核心素养是学生在面对复杂的、不确定的现实生活情境时，能够综合运用特定学习方式所孕育出来的学科观念、思维模式和探究技能，结构化的学科知识和技能，以及世界观、人生观、价值观在内的动力系统，进行分析情境、提出问题、解决问题、交流结果的综合性品质。

显然，学生所具备的核心素养只有在现实生活环境中才能得到检验和发展。而传统的学校教育只有封闭的班级和课堂，把学生固定在教室里，将学生禁锢在书本和试题的海洋里，学科教育与人的生活世界分离，学科教育中只有对书本知识的认知，没有对人生的理解和生活的体验。即使有，也仅仅是在考试试题中提供一定的生活场景，在课堂教学中提供部分生活片段和场景，难以体现教育以及学科教学的生活意义和生命的价值，难以培育学生的核心素养。

没有生活的课堂、没有生活的教学是没有意义的，《义务教育物理课程标准》指出：课程要贴近学生生活，符合学生的认知特点，激发并保持学生的学习兴趣。如何让"从生活走向物理，从物理走向生活"的课程理念不沦为一句空话呢？我们采取的办法就是创新物理课堂路径，把学生的学习过程置于真实的生活场景中，谋求科学世界向生活世界的回归，实现科学世界与生活世界的统一和融合。

一、将物理学习置于真实的校园生活环境中，将科学世界与生活世界无缝对接

"测量平均速度"是人教版八年级上册第一章的内容，也是学生进入物理学科学习的第一个重要实验。我们将这节课搬到室外进行，已经坚持了将近20年时间，当时的出发点很简单：由于使用的木板长度不到1米，当小车从斜面上滑下时，运动的时间过短，基本无法准确测量时间。为了正确测量时间，我们将课堂搬到了室外，利用学校的运动场开展教学活动。

设置的活动内容很简单：那时学校的运动场地还是泥土场地，跑道一周的长度是300米。学生分组后，让一名同学跑步或骑车，可以快跑或快骑，也可以慢跑或慢骑，每隔100米有一位同学记录时间，然后比较第1个100米、第2个100米、第3个100米以及全程的平均速度。设计的目的就是让学生通过测量实验较好地理解平均速度的概念。

现在，学校的运动场更换为塑胶跑道，场地上竖起了足球门，为了实验课堂的紧凑和高效，我们改进和增加了测量活动的内容：

第一个测量活动，即实际测一测，足球门框的高度有几拃？长度有几拃？"拃"是我们生活中常常采用的一种测量方法，即张开一只手，拇指指尖到中指指尖的距离。

第二个测量活动，即利用手中的刻度尺测量足球架立柱（或旗杆）圆柱的周长。

第三个测量活动，即测量小组同学跑100米时，前50米、后50米以及全程的平均速度。

第四个活动是小组比赛，即比一比，哪个小组同学自行车骑行速度慢？这个速度又是多少？要求：① 全程的骑行路程为10米；② 不能把自行车骑到别组的赛道；③ 中途两次脚落地的小组为犯规，不计成绩。

这样的设计和改进，在充分考虑室外课堂的环境因素下，使得课堂更加贴近学生的学校生活。因为源于真实的学校生活，学生觉得物理知识"有用"，而走出教室上课及比赛环节的设计，也让学生觉得物理"有趣"，从而培养学生"拥抱生活、热爱生活、创造生活"的热情，让学生在生活中学会学习。

二、把物理学习设置为丰富多彩的学科实验活动，加大对学生物理学科核心素养的培育

物理学科的核心素养主要包括"物理观念""科学思维""实验探究""科学态度与责任"四个方面，而要形成学科核心素养，学科活动则是主要路径，学科素养只有在需要素养的学科活动中才得以形成。一个完整的学科活动既要有感性器官参与的实践活动，更要有理性动脑的思维活动，也就是教材中提到的"动手动脑学物理"。物理学科核心素养中的核心我认为是"科学思维"的习惯和能力，而人的思维能力只能在解决实际的问题中表现出来，大脑只有在需要大脑解决问题的过程中，通过身体与外部世界发生互动从而产生思维。

第一个测量活动相对比较简单，目的是让学生了解生活中一些特别的测量方法，知道我们每个人自身也都带有各种刻度尺，这也是人类的神奇之处。

做第二个测量活动时，当学生面对圆柱体的足球架、旗杆时，要测量其周长，学生进行了不同的尝试。不少学生先用自己手中的塑料尺紧贴圆柱体进行测量，测量过程中发现塑料尺无法弯曲；又用手来"拃"，又觉得误差太大；最后想到用纸条包住圆柱体，用中性笔在重叠处扎个孔，然后测量两个小孔之间的距离。在这样的实验探究过程，既有动手的操作，又有动脑的思考，也有向别的同学学习的过程。有几个学生发现自己测量不了时，向别的同学观望，看见别人的测量过程之后有一种大彻大悟的感觉，从而开始了自己的正确测量。

而后两个实验活动，学生个体是无法独立完成的，这时就需要团队合作。各组组长领取秒表、刻度尺等测量工具之后，小组成员围在一起进行分工:谁跑步、谁计时、谁记录、谁发令、谁骑车、谁计算，等等；有的小组用粉笔做个记号，开始用刻度尺测量100米、50米的距离，有的小组则充分利用学校跑道上的一些特殊标记找到距离跑道起点100米、50米的地方，表现各不相同。当路程、时间测量完成之后，进行数据计算、分析、交流。学生发现不同时间段、不同路段的平均速度是不同的，从而很好地理解了"平均速度"的概念。第四个活动则全班集合进行，因为是比赛，总有一个输赢，小组集体荣誉感增强，而对数据的分析处理，也可以帮助学

生理解"平均速度"的概念。

在整个课堂中，通过学生充分动手的"实验探究"活动，既有学生独立的操作，又有学生小组合作的交流，更有不断动脑思考如何进行测量，以及如何减小实验误差。虽然经历了不少挫折，但学生的"科学思维"能力在动手动脑的"科学探究"中不断被激发，从而更好地理解了"平均速度"这一物理概念。

三、通过课堂创新实现多样化的教学，激发课堂参与者的活力，实现"人的发展"教育目标

20年前我们将这节课搬到室外时，目的就只有一个：让学生理解"平均速度"的概念。而现在我们设计的教学目标有所改变。

设置的第一个教学目标就是要让物理课变得好玩、有趣。因此特别增加了一个骑慢车比赛，以往学生都是比谁骑行得快，哪里见过骑慢车比赛的呢？因此觉得有趣又好玩，还可以帮助理解"平均速度"的概念。

教学目标的第二点是培养学生的合作意识、安全意识、实践创新意识：四个测量实验活动的前两个可以单独完成，也可以合作完成，而后两个活动必须合作完成，而室外课堂最大的问题就是安全隐患。由于学生走出教室过于兴奋，可能出现这样或者那样的问题，需要教师做好充分的预案。置身于生活环境中的问题解决，对于每个学生来说都是一种实践，不管经历的过程怎样曲折，不管解决问题的方法如何不同，问题的最终解决对于个体而言，都是一种创新，因为他解决了自己以前没有解决过的新问题。

教学目标的第三点是进一步熟悉刻度尺的使用，能够进行特殊的长度测量；教学目标的第四点是通过实际的平均速度测量，理解"平均速度"的含义及公式。

初中物理教育的目标是什么？"课程标准"告诉我们："以学生的终身发展为本，提高全体学生的科学素养，为每个学生的学习和发展提供机会。"而学生要终身发展，必须培养其关键能力。关键能力怎么培养呢？有什么样的课堂，就会培养什么样的学生，这就需要教师在实际的教学中，根据教学目标、教学内容及教学对象灵活采用教学方式，进行多样化的教学。教学方式的多样化的实现，必须有丰富的教学资源作为支撑，学生的日常生活就是最丰富资源的来源。"生活是最好的老师"，实际生活让学生觉得

学科知识的真实、可信、亲切，对己有用，使其懂得应尽可能采用科学、合理的方法解决实际生活中的问题。

"具身认知"理论认为：认知、身体和环境组成一个动态的统一体。室外物理实验课堂实现了生活问题与物理学科问题的高度统一。在完整的实验探究过程中，学生通过获得的直接经验来理解和掌握间接经验，让学生理解学习不仅仅只是用自己的脑子思考，还要用自己的眼睛看，用自己的耳朵听，用自己的嘴巴说，用自己的手做，用自己的身体去亲身经历，用自己的心灵去亲自感悟。这不仅仅是理解和掌握知识的需要，更是激发学生生命活力、促进学生生命成长的需要。

室外物理实验课堂是我们在常规物理课堂之外的一个创新尝试，在源于真实生活的室外课堂上，在学生经历解决真实问题的探究过程中，终会通过自己及他人的帮助学会运用科学的方法，既培养学生的合作意识、增强学生分工协作的团队观念，也帮助学生建立"学以致用"的思想。在真实的、需要核心素养的物理学科活动中，必将逐渐培育其科学精神，学会学习、健康生活、实践创新、责任担当等核心素养，为其终身成长和发展打下坚实的基础。

参考文献

[1] 约翰·杜威. 思维的本质 [M]. 孟宪承，俞庆棠，译. 北京：台海出版社，2018：183-251.

[2] 余文森. 核心素养导向的课堂教学 [M]. 上海：上海教育出版社，2017：72-81.

[3] 文久江. 活物理教学实践探索 [M]. 北京：中国致公出版社，2019：1-120.

[4] 文久江. 有用　有趣　有探究 [N]. 中国教育报，2017-9-6(10).

利用身边的物品进行实验教学举隅

湖北省荆州市沙市区岑河中学　文久江

物理是一门以实验和观察为基础的自然科学。提及实验，不少教师和学生认为必须是高大上的，必须是小组合作才能进行的，必须是进实验室才能进行的。其实只要教师设计合理，利用身边的物品就可以完成许多有体验感的实验。在这些实验中学生通过独立的亲身操作，获得了丰富的感性材料，这既有利于培养学生的动手能力，还能加深对物理现象和原理的认识，可谓一举多得。

课桌是学生学习的必用工具，下面介绍几个以"课桌"为主要实验器材的小实验。

【实验一】声音的产生

实验目的：说明声音是由物体的振动产生的。

实验要点：先用合拢的书边敲打课桌面，学生会听到桌面发出的声音；但是桌面振动了吗？为了让学生看到桌面的振动情况，此时，将一瓶喝了一部分水的矿泉水瓶放在桌面上，用合拢的书边敲打矿泉水瓶旁边的桌面，让学生在听到桌面发出声音的同时观察矿泉水瓶内水的情况。这时可以清楚地看到瓶中的水在晃动，让学生分析矿泉水瓶内的水为什么晃动。

由此得出：桌面发出的声音是由桌面"振动"产生的。同时还可以教学生"转换"的研究方法。

【实验二】声音的传播

实验目的：固体能够传播声音。

实验要点：第一次，学生端正地坐在凳子上，握拢拳头，用中指多次敲击课桌面,听桌面发出的声音;第二次,学生将耳朵贴近桌面,同样握拢拳头,用和第一次同样大小的力以中指多次敲击桌面,注意两次耳朵到敲击点的距离相同,听桌面发出的声音。很显然第二次听到的声音比第一次的要大得多。

由此得出"不仅空气可以传播声音,固体也可以传播声音,而且固体的传声效果比气体好"的结论。

【实验三】 力的三要素影响力的作用效果

实验目的:力的三要素影响力的作用效果。

实验要点:学生端坐在课桌前,先用一个小一点的力推桌子,可能课桌"未发生什么变化";第二次用大一点的力推刚才相同的地方,桌子被推翻或者被推得倾斜。显然用力越大,课桌的变化就越明显,由此得出"力的作用效果跟力的大小有关"的结论。

同样,学生端坐在桌前,用力往前推桌子,桌子往前运动或者往前方倾倒在刚才施力的地方,用力往怀里拉课桌,课桌往后运动或者向怀里的方向倾倒,由此可以得出"力的作用效果跟力的方向有关"的结论。

让学生用一个较大的力推桌子的上部边沿,桌子可能往前边倾倒;让学生将手移动到桌子中部位置,用和刚才相同的力往相同的方向推桌子,桌子不会倾倒而是发生平移。由此可以说明"力的作用效果跟力的作用点有关"。

最终得到:力的大小、方向、作用点影响力的作用效果。

【实验四】 动力和重力谁大谁小

实验由来:人民教育出版社2012年出版的《义务教育教科书·物理·八年级下册》第八章第二节的"动手动脑学物理"中的第4题。

两对平衡力学生很快就找出来了,一对是汽车受到的重力和地面对汽车的支持力,另一对是汽车前进的动力和汽车前进过程中受到的阻力。但是在画受力示意图时,学生基本都把牵引力和阻力画得比重力大得多。

"有用 有趣 有探究"的活物理教学

4.在水平公路上匀速行驶的太阳能汽车受到几对平衡力的作用（图8.2-5）？为什么说它们是互相平衡的？请在图8.2-6上画出汽车受力的示意图。

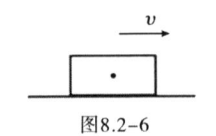

图8.2-5 太阳能汽车

图8.2-6

为了让学生了解重力和动力的关系，我设计了这个实验。实验要点：

第一步，让学生将桌子抱起来，让其感受一下用了多少力，肯定有一些力气小的女生抱不动；

第二步，用两手抓住桌子边沿，拖动桌子，看看你能否拖动桌子，显然，每个同学都能够拖动桌子；

第三步，学生对前后两次实验进行对比，得出拖动桌子时的拉力远远小于桌子的重力，这样有效地帮助学生解决了动力和重力谁大、谁小的问题。

"纸上得来终觉浅，绝知此事要躬行。"利用身边随手可得的物品设计实验进行教学，让学生多做一些这样的小实验，一方面可以加深对物理原理的认识和理解，另一方面也锻炼了学生的动手实践能力，让学生感觉科学就在身边，学生切切实实地"从生活走向物理，从物理走向社会"。我想，在教师的潜移默化之中学生的科学素养是会得到逐步培养和提高的。

实验课：托盘天平的使用

湖北省荆州市沙市第六中学　吴亚岚

一、使用教材

人民教育出版社2012版《物理》八年级上册第六章第一节。

二、实验器材

教师演示托盘天平的使用。

学生用到：托盘天平（带使用说明、未调平）、配套砝码盒、待测铝块（相同规格多个）、烧杯（相同规格多个）、相同纸片（多张）、小袋糖果（相同质量、不同质量各多袋）、大袋食盐（多袋）、小勺（多把）、小瓶水（多瓶）、大瓶水（多瓶）、橡皮泥（多块）、学生各自的文具。

三、实验创新要点

（1）给学生试错的机会。学生依据课前预学，在教师未详细讲解前，直接动手操作托盘天平进行质量测量，通过小组合作互学解决实践中出现的问题。对于不能解决的问题提出来全班交流，鼓励学生讨论，展现自己学习的过程，这样更能调动学生自己主动探究的热情，加深学生对知识要点的理解。

当然，有的学生能通过阅读天平附带的使用说明书，从而正确使用天平。这也是值得赞扬的一种解决问题的方式。

（2）教学过程用信息化辅助教学突破难点，如手机、电脑互动。

（3）把课堂还给学生，学生主动参与，大胆操作，认真思考。

（4）让学生在操作中发现问题、解决问题，以及利用思维导图达到让学生理解更深刻、掌握更牢固的目的。

(5)提供超出天平最大称量范围的被测物品,学生通过同伴互助、思维碰撞,进而解决生活中的实际问题,理解科学的实验精神。

四、实验设计思路

学生进入实验室就按捺不住想动手操作,利用他们的"小激动",再通过学生动手实验和小组成员间的"矛盾",让学生自己认识问题、解决问题,从而熟练地掌握托盘天平的使用方法,也可通过实验来理解相关的知识点。这样,也能培养学生的质疑能力、合作交流能力及归纳能力,并培养学生严谨的科学态度。

五、实验教学目标

(1)通过小组互学、实际操作摸索并掌握托盘天平的使用方法。

(2)学会用托盘天平测量固体和液体的质量,并通过实验了解使用托盘天平的注意事项。

(3)通过使用托盘天平测量物体的质量,认识质量是不随物体形状、物态、空间位置变化的一个物理量。

(4)通过托盘天平的使用技能训练,培养学生严谨的科学态度与协作精神。

(5)教学中贯通"四学"策略,培养学生的质疑能力、合作交流能力及评价归纳能力。

六、实验教学内容

托盘天平作为一种较复杂的测量工具,是后续实验中的重要仪器,也是社会生活中一种常用的测量工具。因此,学生应熟练掌握托盘天平的使用方法,并会用托盘天平测量固体及液体的质量。能够通过利用托盘天平测量物体的质量,认识质量是不随物体形状、物态、空间位置变化的物理量。

教学中重视学生的自主实验操作和分析过程,引导学生在探究过程中寻找答案、解决问题、获得知识。

七、实验教学过程

(一)认识测量工具

在知道质量的概念、物理量字母、单位及其换算的情况下,让学生交流生活中见到过的测量质量的工具,从而引出托盘天平。

(二)了解托盘天平的结构

这一活动由学生小组内互助完成,通过让学生观察、触碰托盘天平,认识托盘天平的基本结构(包括配套砝码盒)。教师在不同的小组旁听,发现:学生可以独立或是在帮助下很好地完成这一环节。

(三)探究托盘天平的使用

1. 活动一:选择合适的天平

通过教师的提问引导,让全部学生都可以自己辨识出天平的最大称量范围(外包装盒上、天平铭牌上都有)及分度值,进而帮助学生正确理解什么是"合适的天平"。

2. 活动二:正确使用托盘天平

直接让学生动手,用天平测量教师提供的相同铝块的质量。(学生开始测量后,教师在小组间观察,并利用手机投屏,把需要讲解的小组测量活动展示在屏幕上,及时组织学生分析讨论。)

(1)放:学生多出现下图中的问题,投屏在大屏幕上,让大家一起评价,这样进行测量行不行。

(2)调：对于没有调平就测量的，投屏在大屏幕上，学生共同分析判断，并再次投屏操作正确的小组，让该小组讲解调平时的想法。让全班共同对调平的方法进行总结。(这一环节出现问题的学生较多，可适当多分配时间让学生讨论。)

(3)测：① 测量时，教师观察是否有把物体和砝码放错左右盘的，若有问题则投屏大屏幕，学生共同找出问题并解决。若没有此问题，教师也应该强调"面对天平"。

② 投屏下图中直接用手拿取砝码的学生活动，小组讨论指出为什么不能直接用手接触砝码。

(4)读：各小组读出所测铝块的质量并记录，各小组相互比较。如有过大差异，差异组小组内讨论测量过程中是否出现问题。教学过程中，我发现经过小组互助互学，学生能正确读数，并填入下面的记录表格。

铝块质量记录表

砝码质量	游码所对刻度	铝块质量

(5)收：当把图中凌乱的实验桌面呈现出来时，学生就会明白：应在完成实验后整理器材。

(6)根据教师的简单板书，小组成员能用文字总结天平的使用方法。

教师演示一次完整的正确操作过程(或者播放视频)。

3. 活动三：使用托盘天平测物体质量

（1）测量一

小组长各取小袋糖果，各组分别测其质量，并记录在自己设计的表格中。看哪一小组测量出的结果是最快、最好的。（在教学过程中，有小组拿到糖果就说出了质量，是为什么呢？糖果包装袋上有质量标志，他看到了。我觉得这是值得肯定的！解决任何问题的方法都不是唯一的。而"细心观察"不仅在生活中是一种好的生活态度，在物理实验中更是重要的实验品质。）

（2）测量二

分发大袋食用盐及仪器，要求测其质量并记录。有的小组可能拿到就放在天平上开始测量了，而有的小组会注意到大袋食用盐已经超出天平的称量，不可以直接放在天平上测量。在学生发现问题后，提出要求学生只需要从包装袋中取一部分盐测质量，让各小组自己想办法设计实验。（根据器材，学生可能会用纸张，也可能会用烧杯。我在提供器材时每组只提供一个烧杯和一张纸片，并告诉学生还需要别的器材可以到实验台来拿。我之所以不一次性提供所有器材，是让学生有思考的空间。确实，在实验过程中，出现了不同的测量方法。我对他们都加以肯定和赞扬。）

（3）测量三

一部分组分发大瓶水，一部分组分发小瓶水，让小组分别测量水的质量并记录。（已经做过了测量二的实验，现在学生会主动考虑天平的称量问题。合理利用手边的仪器设计实验并进行测量。）教师可分别选择两个小组，与全班交流称量过程，尤其是他们的思考过程。

（4）总结

根据所做的几个实验，学生一起总结在实验测量过程中应该注意的问题有，让学生懂得举一反三、学无止境。

4. 活动四（时间不够可不进行）

测量比赛，教师讲明规则，小组间互相提供称量物品，最先称量出结果的小组获胜。各小组自愿报名，教师在比赛中实时投屏，在全班同学的关注下进行比赛，看哪个小组能又快又好地测出质量。这时，全班同学的兴奋点和思维又被调动起来，能更好地发现取放砝码时的最佳顺序。

5. 活动五：利用天平解决问题（能力较强可当堂完成）

各小组取用不同颜色的橡皮泥，先在小组内整块捏成不同的形状后进行多次测量并记录，然后不同的小组交换橡皮泥，再测量并记录，比较同一块橡皮泥多次测量的结果。学生亲自动手测量，让学生深刻理解质量是不随物体形状、空间位置变化的物理量。

（短时间内不方便完成质量不随物态变化而变化的实验的解决方案：① 可在课前用冰块完成实验，录制下来，课堂上放给学生看。② 让学生课后自己设计实验，教师帮助提供器材，在下次课堂上完成。③ 如果时间不充裕，活动五和冰块实验一起在下节课完成。）

（四）实验教学小结

先让学生根据简单板书，自己回顾所学知识点，然后教师出示详细内容 PPT，帮助学生更好地整理思路，理解今天所学内容。

（五）课后拓展

让学生在和家长一起逛超市时，看看自己喜欢的物品质量各是多少？也看看妈妈做菜用的油、自己喝的饮料各是用的什么计量单位？（为下一节的密度打伏笔）

八、实验效果评价反思

本堂课，一直以学生动手动脑为主体，教师为学生服务。教学中在认识天平后直接让学生动手操作，就是要看学生预学中有哪些问题，让他们亲历过错误后再自己改正，这样学生会更深刻地理解知识点。同时，也让学生知道"思考"是做任何事都不可或缺的，不仅是在实验中要认真思考，在生活中也要认真思考。本堂课中，学生通过自学、悟学、互学、促学的

"四学"策略，以及不断地动手实验、动脑思考、相互协作，正确掌握了托盘天平的使用方法并能独立进行简单测量。同时，信息化辅助教学让学生在学习中始终保有较高的积极性，实验教学效果较好。当然，像活动四和活动五，可根据学生的实际水平和教学时间灵活安排。

　　设计的实验中选用的生活日用品，是让学生通过测量真实地感受物理是服务于生活的，增强用物理解决生活问题的乐趣，从而激发学生的学习热情！

一个矿泉水瓶的力学故事

湖北省荆州市沙市区岑河中学　文久江

物理是一门以实验和观察为基础的自然科学，提及实验，不少教师和学生认为必须是高大上的，必须是小组合作才能进行的，必须是进实验室才能进行的。"活物理教学"主张将学生的日常生活融入物理教学之中，必须让学生的学习充满生活的气息，这也是课程标准倡导的"从生活走向物理，从物理走向社会"的理念，因此"活物理"更提倡"生活化实验"，只要教师设计合理，利用身边的物品就可以完成许多有体验感的实验。在这些实验中学生通过独立的亲身操作或者观察，获得了丰富的感性材料。这既有利于培养学生的动手能力，还能加深对物理现象和原理的认识，可谓一举多得。

下面以生活中常见的矿泉水瓶为例进行说明。

【实验一】探究力的作用效果

实验要点：① 用手捏空的矿泉水瓶两壁，矿泉水瓶变瘪。
② 用力推矿泉水瓶，矿泉水瓶会倒下去，或者往前运动。
实验分析或结论：力可以改变物体的形状；力可以改变物体的运动状态。

【实验二】探究力的三要素

实验要点：① 将装有一定量水的矿泉水瓶放在桌面上，用较小的力推矿泉水瓶的中间或下部，矿泉水瓶不移动；用较大的力矿泉水瓶移动。
② 用手往前推矿泉水瓶，矿泉水瓶往前运动；用手向相反的方向推矿泉水瓶，矿泉水瓶向相反的方向运动。
③ 用手推矿泉水瓶的中间部位或者下方，矿泉水瓶往前运动；用手推

矿泉水瓶的瓶盖部分，矿泉水瓶会向前倾倒。

实验分析或结论：力的作用效果跟力的大小、方向、作用点有关。

【实验三】 平衡力和相互作用力的辨析

实验要点：将矿泉水瓶正放在水平桌面上，进行受力分析：矿泉水瓶受到重力；受到桌面对它向上的作用力（支持力）；矿泉水瓶对桌面还有一个压力。

进行分析：两者的相同点是两个力大小相等、方向相反，且作用在同一直线上；不同点是平衡的两个力的受力物体只有一个，而相互作用力的受力物体有两个。

得出结论：重力和支持力是一对平衡力；压力和支持力是一对相互作用力。

【实验四】 增大摩擦力的方法

实验要点：观察矿泉水瓶的瓶盖部分，发现瓶盖部分有花纹，并试着打开一瓶未开封的矿泉水。

实验分析或结论：瓶盖有花纹的作用是：通过增加接触面的粗糙程度来增大摩擦力。

【实验五】 探究压力的影响因素

实验要点：① 将未开封的矿泉水瓶放在两端搭在两摞书上的塑料直尺正中间，观察塑料直尺的形变程度。

② 将矿泉水瓶打开，喝（倒）掉一大口矿泉水，再将矿泉水瓶放在塑料直尺的正中间，观察塑料直尺的形变程度。

实验分析或结论：压力大小影响压力的作用效果，在其他因素相同时，压力越大，压力的作用效果越明显。

【实验六】 分析固体压强和液体压强的大小

实验要点：① 将装满水的矿泉水瓶正放在水平桌面上，再将矿泉水瓶倒置于水平桌面上，分析矿泉水瓶对水平桌面的压力和压强的变化、水对矿泉水瓶瓶底和瓶盖的压强和压力的变化。前者是固体压强和压力，矿泉水瓶对水平桌面的压力始终等于其重力，所以其压力大小不变，而倒置后受力面积变小，故压强变大；后者属于液体压强和压力，因为水是满的，水的深度固定不变，所以压强不变，而受力面积变小，所以压力变小。

② 将上述瓶中的水倒掉一部分后，分析矿泉水瓶正放在水平桌面上与倒置于水平桌面上时矿泉水瓶对水平桌面的压力和压强变化、水对矿泉水瓶瓶底和瓶盖的压强和压力的关系。同样前者属于固体压力和压强，无论正放还是倒置，其重力一定故而压力一定，而倒置后受力面积变小压强变大；后者属于液体压强，倒置后，水的深度变大，故而压强变大，而此时对瓶盖产生压力的只是一部分水，所以其压力变小。

③ 分析装满水的矿泉水瓶正放在水平桌面上时和瓶中的水倒掉一部分后矿泉水瓶正放在水平桌面时，矿泉水瓶对水平桌面的压力和压强的变化、水对矿泉水瓶瓶底和瓶盖的压强和压力的关系。前者属于固体压力和压强，水倒掉一部分后，其重力变小，所以其压力变小，其受力面积没有变，故压强变小；倒水之后水的深度变浅，故压强变小，受力面积未变，故其压力也变小。

实验分析或结论：固体对水平桌面的压力和压强与固体的重力、受力面积有关，理解压强的定义公式；液体的压强大小与液体的深度有关，理解液体压强的公式。

【实验七】探究重力做功的情况

实验要点：① 将装有水的矿泉水瓶举起，分析做功情况：因为有力作用在矿泉水瓶上，而且矿泉水瓶在举力的方向上移动了一定的距离，所以手对矿泉水瓶做了功，这种做功也称为"克服重力做功"。

② 手拿一矿泉水瓶，放手后，矿泉水瓶自由下落，分析做功情况：矿泉水瓶受到重力，而且在重力的方向上下落了一段距离，这种情况称为"重力做功"。

实验分析或结论：进一步熟悉做功的两个必要因素：一是有力作用在物体上；二是物体在这个力的方向上移动了距离。

【实验八】杠杆的平衡条件

实验要点：① 将装满水的矿泉水瓶瓶身放在水平桌面上，用透明胶将一根细线粘在瓶盖的顶上，用弹簧测力计竖直往上拉起矿泉水瓶，观察弹簧测力计的示数。

② 将装满水的矿泉水瓶瓶身放在水平桌面上，用透明胶将一根细线粘紧矿泉水瓶的底部，用弹簧测力计竖直往上拉起矿泉水瓶，观察弹簧测力计的示数。

实验分析或结论：拉起底部时，弹簧测力计的示数大一些，进一步引导学生进行平衡条件的分析，可以模拟搬起一根树桩的粗端和细端的情况。

【实验九】探究惯性大小和动能大小的影响因素

实验要点：① 在矿泉水瓶中装入少量水，让其从某一位置斜面上滚动下来，观察其推动木块的距离。

② 在矿泉水瓶中再装入少量水，让其从某一位置斜面上滚动下来，观察其推动木块的距离。

③ 将矿泉水瓶装满水，让其从某一位置斜面上滚动下来，观察其推动木块的距离。

实验分析或结论：影响惯性大小的因素是物体的质量；影响动能大小的因素也是物体的质量。

【实验十】探究物体的沉浮条件

实验要点：① 将矿泉水瓶中装满水，将其浸没于水中，放手，观察到矿泉水瓶上浮。

② 将矿泉水瓶中装入适量的沙子，将其浸没于水中，放手，观察到矿泉水瓶悬浮。

③ 将矿泉水瓶中装满沙子，将其浸没于水中，放手，观察到矿泉水瓶下沉。

实验分析或结论：矿泉水瓶的体积是一定的，浸没在水中时，受到的浮力一定，第一次上浮是因为其受到的浮力大于其受到的重力；第二次悬浮是因为其受到的浮力等于自身的重力；第三次下沉是因为其受到的浮力小于自身的重力。

【实验十一】 探究质量与密度的关系

实验要点:① 将两个相同的矿泉水瓶中分别装满水和沙子,放在天平上测量,显然一瓶沙子的质量大。

② 将三个相同的矿泉水瓶中装满水,放入天平上测量,其质量增大为原来的三倍。

③ 将一装有大半瓶水的矿泉水瓶盖拧紧,放入冰箱的冷冻室,待其完全结冰后观察其体积。

实验分析或结论:① 不同的物质体积相同时,其质量是不同的,同一物质其质量与体积的比值是一定的;② 温度影响物体的密度。

【实验十二】 探究气压的变化

实验要点:向一装有少量水的矿泉水瓶中注入一定量的热水,立即将瓶盖盖紧,过一会儿观察到,矿泉水瓶变瘪了。

实验分析或结论:向瓶内注入热水时,瓶内空气变热膨胀,随着温度的降低,瓶内气体收缩,瓶内气压变小,外界大气压强将瓶壁压瘪。

利用身边随手可得的物品设计实验进行教学,让学生多做一些这样的小实验,一方面可以加深对物理原理的认识和理解,另一方面让学生感觉科学就在身边,增强了学科学、用科学的热情和兴趣。

一个废玻璃瓶引发的实验课堂及思考
——初中物理"生活化实验"探索举隅

湖北省荆州市沙市区岑河中学　文久江

一、课前的思考与准备

"物体的浮沉条件及应用"是人教版八年级下册第十章第三节的内容，本节课是在前面学习了浮力的概念及阿基米德原理的基础上展开的，与前面的内容构成了完整的浮力知识体系。本节知识将浮力、重力、二力平衡、密度等知识紧密联系起来，是力学知识的综合运用，有较大的学习难度。

就本节课内容而言，在以往的学习中发现，不少学生对这节内容存在着学习的畏难心理，学生难以理解物理情景，对概念理解得不全面、不完整，概念的片面理解阻断了知识间的内在联系，致使学生迁移能力不够，造成知识与应用脱节，形成了一学就会、一用就错的局面。

本节教材安排了三个"想想做做"的小实验，即"盐水浮鸡蛋""橡皮泥漂浮"和"做一个塑料袋热气球"，试图创设一定的学习情境，通过学生的"动手动脑"来学习本节内容。对此，我在实际的教学中对教材的安排做了一定的拓展，采取学生实验的方法进行教学，以及一边实验一边分析、先现象后理论的策略，让学生通过实验和观察直观地感受物理现象，再对前面所学知识进行综合的理论分析建构本节课的新知识，最后利用新知解决生活中的简单问题。

为此，上课前进行大量的准备工作。

实验器材的收集和准备：玻璃瓶（空罐头瓶）、

（主要实验器材）

带刻度的高筒塑料杯、一定量的水、食盐、筷子、橡皮筋、石块、木块、曲别针、乒乓球等(安排六组器材,当然组别越多越好)。

上课前的准备:在高筒塑料杯中倒入3/4的水;在玻璃瓶内装入少量水,放入高筒塑料杯的水中,让玻璃瓶能够悬浮在水中(这个难度比较大,需要反复调试)。

二、实验教学片断

第一个实验:观察物体的上浮和下沉。

◇ 设计意图

创设课堂学习情景,导入课题,激发学生的学习兴趣。

教师:各小组的桌上都有石块、木块、曲别针、乒乓球四种物品,请大家将这四种物品放入盛水的塑料杯中,再观察出现的情况。

学生实验,将石块、木块、曲别针、乒乓球等放入盛水的烧杯中,观察到的现象是:木块、乒乓球在水中上浮,最终漂浮;石块、曲别针在水中下沉,最终沉入杯底。

教师:浸在水中的物体都受到水对它的浮力作用,为什么有的物体会上浮,有的物体会下沉呢?我们这节课就来探究物体的上浮和下沉之谜。

第二个实验:观察玻璃瓶在水中的状态,并进行受力分析。

◇ 设计意图

让学生观察物体在液体中"悬浮"这种特殊的状态,这种状态以前学生可能没有见过,所以学生见到这种情况,可能会有些惊讶。再通过力的平衡知识进行理论分析,让学生了解浮力和重力的关系。

教师:每个组的桌面上都有一个玻璃瓶,这个玻璃瓶是吃了罐头之后留下来的,在瓶内装有一定量的水。我的问题是,此时这个玻璃瓶受到的重力应该由几部分组成?

学生:由空玻璃瓶的重力和瓶内水的重力组成。

教师:将这个装有一定量水的玻璃瓶放入水中,

它会受到浮力，这个玻璃瓶在水中是上浮，还是下沉呢？同学们试一试。

学生实验，将装有水的玻璃瓶放入水中，惊奇地看到：玻璃瓶全部浸没在水中后，既没有上浮，也没有下沉。

教师：这是一种什么状态？

学生：应该叫悬浮。

教师：对，我们把玻璃瓶自由地浸没在水中，既不上浮也不下沉的状态叫作悬浮。下面来对这个玻璃瓶进行受力分析。

学生讨论后回答：玻璃瓶静止在水中，在竖直方向上应该受到一对平衡力作用，这两个力分别是重力和浮力，重力的方向竖直向下，浮力的方向竖直向上，物体受到的浮力和重力大小相等。

第三个实验：在不用手和其他固体接触玻璃瓶的情况下，如何让这个玻璃瓶上浮呢？实验后请进行理论分析。

◇ 设计意图

通过实验让学生观察物体的"上浮"状态，并通过理论分析让学生理解物体的浮沉除了比较浮力和重力的关系之外，还可以比较物体和液体的密度。

教师：我们有没有办法让这个玻璃瓶上浮呢？

学生讨论后，加水、加盐实验。

教师提示：有的组加了水，玻璃瓶未上浮；有的组加了盐，玻璃瓶上浮，而有的组加了盐，怎么没有看见玻璃瓶上浮呢？

学生继续实验，教师提示（加盐之后用筷子搅拌），慢慢看见玻璃瓶上浮。

教师：玻璃瓶在水中向上运动，这种状态叫作上浮，玻璃瓶为什么会上浮？

学生：玻璃瓶受到的浮力大于玻璃瓶受到的重力。

教师：玻璃瓶受到了两个力：重力和浮力，加盐之后，是重力变了？还是浮力变了呢？

学生：同样一个装水的玻璃瓶，其重力不变，只能是浮力变大了。

教师：如何进一步解释这个现象呢？

学生:加了盐后,盐水的密度变大。

教师:我们来一起理论推导。

学生推导:玻璃瓶受到的重力 $G_瓶 = m_瓶 g$,公式推导有 $G_瓶 = \rho_瓶 V_瓶 g$;根据阿基米德原理,玻璃瓶受到的浮力 $F_浮 = G_排 = m_排 g = \rho_液 V_排 g$;因为玻璃瓶浸没在液体中,故 $V_排 = V_瓶$,玻璃瓶上浮,说明 $F_浮 > G_瓶$,故有 $\rho_瓶 < \rho_液$,由此得出:当 $\rho_瓶 < \rho_液$ 时,物体会上浮,最终漂浮在液面。

教师:大家看到物体上浮的最终结果是漂浮,漂浮时玻璃瓶受到的浮力也等于玻璃瓶受到的重力。悬浮时,玻璃瓶受到的浮力等于玻璃瓶受到的重力;两次重力相等吗?

学生:相等。

教师:浮力呢?

学生讨论:浮力不等,上浮出液面后,物体排开液体的体积变小,浮力变小。

教师:那物体悬浮时,物体的密度和液体的密度有什么关系呢?

学生推导:玻璃瓶的重力 $G_瓶 = m_瓶 g$,公式推导有 $G_瓶 = \rho_瓶 V_瓶 g$;同样根据阿基米德原理,玻璃瓶受到的浮力 $F_浮 = G_排 = m_排 g = \rho_液 V_排 g$;因为玻璃瓶浸没在液体中,故 $V_排 = V_瓶$,玻璃瓶悬浮,说明 $F_浮 = G_瓶$,故有 $\rho_瓶 = \rho_液$,由此得出:当 $\rho_瓶 = \rho_液$ 时,物体悬浮。

第四个实验:在不用手和其他固体接触玻璃瓶的情况下,如何让这个玻璃瓶下沉呢?实验后请进行理论分析。

设计意图

通过实验让学生观察物体"下沉"这种状态,结合前面的实验,针对三个可直接感受的物理现象,加上师生一起的受力分析,结合视频出现的物体受力示意图,可以完美地得出物体的浮沉条件。

教师:刚才分析了在水中上浮时玻璃瓶的受力情况,怎样可以让这个玻璃瓶在水中下沉呢?

学生实验,很明显,加入清水之后,玻璃瓶在水中下沉。

教师:加入清水后,看到玻璃瓶在水中向下运动,这种情况叫作下沉。玻璃瓶为什么在水中会下沉呢?

学生:玻璃瓶向下运动,说明其平衡状态被破坏了,玻璃瓶受到的浮力和重力不再是一对平衡力了,重力大于浮力。

教师:玻璃瓶受到了两个力:重力和浮力,注水之后,是重力变了?还是浮力变了呢?

学生:同样的一个装水的玻璃瓶,其重力不变,只能是浮力变小了。

教师:浮力为什么变小呢?

学生:因为注入了水,使得玻璃瓶排开的液体密度变小了。

教师:很正确,我们来一起推导。

学生推导:玻璃瓶受到的重力 $G_瓶 = m_瓶g$,公式推导有 $G_瓶 = \rho_瓶V_瓶g$;根据阿基米德原理,玻璃瓶受到的浮力 $F_浮 = G_排 = m_排g = \rho_液V_排g$;因为玻璃瓶浸没在液体中,故 $V_排 = V_瓶$,因为玻璃瓶下沉,说明 $F_浮 < G_瓶$,故有 $\rho_瓶 > \rho_液$,由此可得出:当 $\rho_瓶 > \rho_液$ 时,物体会下沉。

第五个实验:能够采用其他的方法让玻璃瓶上浮吗?请实验后进行理论分析。

设计意图

让学生通过实验得出在浮力不变的情况下,可以通过减小物体重力来实现物体的上浮。

教师:刚才通过实验实现了物体的悬浮、上浮和下沉,并分析得出了物体的浮沉条件。大家再想想,还有没有别的办法可以让这个玻璃瓶上浮呢?

学生讨论后实验,把玻璃瓶内的水倒掉一部分,将玻璃瓶完全浸没在水中(尽可能触底),松手后,看到玻璃瓶上浮。

学生分析:玻璃瓶浸没在水中,受到的浮力 $F_浮 = G_排 = m_排g = \rho_液V_排g$,没有变化,而玻璃瓶因为倒掉一部分水,其总重力变小,此时有 $F_浮 > G_瓶$,则玻璃瓶上浮。

第六个实验:能够采用其他的方法让玻璃瓶下沉吗?请大家实验后进行理论分析。

设计意图

让学生通过实验得出在浮力不变的情况下,可以通过增加物体的重力实现物体的下沉。两个实验综合起来可以很好地得出：在浮力不变时，可以通过改变物体自身的重力实现物体的浮沉。再结合视频播放"蛟龙号"等潜水艇进行解释说明，能够比较好地让学生认识潜水艇的工作原理。

教师：有没有别的办法让玻璃瓶下沉呢？

学生：可以在瓶内多装一些水。

教师：请同学们验证一下。

学生实验：将玻璃瓶内的水装多一些，让玻璃瓶刚刚浸没在水中，松手后，看到玻璃瓶下沉。

学生分析：玻璃瓶浸没在水中，受到的浮力 $F_{浮} = G_{排} = m_{排}g = \rho_{液}V_{排}g$，没有变化，而玻璃瓶多装了水后，其总重力变大，此时 $F_{浮} < G_{瓶}$，玻璃瓶下沉。

教师：这两次实验实现了玻璃瓶的浮沉，玻璃瓶受到的浮力都没有改变，通过增加水和减少水的质量来改变玻璃瓶的总重力，从而改变了浮力与重力的关系，实现了玻璃瓶的沉浮。

第七个实验：将玻璃瓶上的瓶盖拧下，如右图所示把瓶盖的凹形口朝下轻轻放入水中，看看瓶盖在水中会怎么样？把瓶盖捞起来，将瓶盖的凹形口朝上轻轻放入水中，看看瓶盖在水中会怎么样？

◇ 设计意图

让学生观察到同一物体的形状不同，在液体中会出现不同的状态，受到的浮力也会不等。

学生实验，出现的现象是：瓶盖凹形口朝下轻轻放入水中时，瓶盖沉入水底；瓶盖凹形口朝上放入水中，瓶盖漂浮在水面上。

教师：同样一个瓶盖，为什么会一次下沉、一次漂浮呢？我们做了实验八后再来解释。

第八个实验：把去掉瓶盖的玻璃瓶瓶口往下慢慢放入水中，观察玻璃瓶的状态，并在水面到达的地方做个记号；再把玻璃瓶瓶口往上慢慢放入水

中，观察玻璃瓶的状态，在水面到达的刻度处做个记号。粗略比较一下玻璃瓶在水中受到的浮力大小。

设计意图

这两个实验相同，目的是让学生理解同样的物体放入液体中，其排开液体的体积是可以不同的。第八个实验，可以很直观地得到玻璃瓶漂浮时排开水的体积大，浸没时排开水的体积小，让学生明白采取"空心"的办法可以增大可以利用的浮力。再结合视频播放辽宁舰和各种轮船的情况进行说明，能够让学生较好地理解轮船的工作原理。

学生按照教师说的步骤进行实验：在装水的容器上做上记号，记下水面到达的刻度；将去掉瓶盖的玻璃瓶瓶口朝下，慢慢放入水中，会看到：玻璃瓶慢慢进入水中，最后沉入水底，在水面到达的刻度做上记号；再把玻璃瓶取出来，将玻璃瓶内的水全部倒入塑料杯中，将玻璃瓶的瓶口朝上放入水中，玻璃瓶漂浮在水面，在水面到达的位置做上记号。

教师：大家比较一下，玻璃瓶沉底和漂浮时，哪种情况下玻璃瓶受到的浮力大？又说明了什么问题？

学生讨论后回答：第二次玻璃瓶排开的水多一些，根据阿基米德原理可知，其受到的浮力大一些。

教师：为什么同样的玻璃瓶，放在同样的水中，会出现这样两种不同的情况呢？

（未放玻璃瓶时的水位）　　（玻璃瓶沉底时的水位）　　（玻璃瓶漂浮时的水位）

学生讨论，教师提示大家看玻璃瓶的形状、瓶盖的形状，有学生猛然大悟："空心"的形状。

教师：做成空心的形状，使密度大于液体的物体漂浮在液面上。上述两个对比实验中增加浮力的方法是一样的，现代化的轮船就是利用这个原理制成的。

第九个实验：给气球吹气，看看气球的形状会怎样变化？松手后气球会飞起来吗？请做出合理的解释。

◇ 设计意图

一方面让学生理解气球要上浮，须充入密度比空气小的气体；另一方面让学生理解气球是通过"增大排开空气的体积"来增大浮力的。同时结合视频播放气球、飞艇等工作情况让学生进一步了解其工作原理。

学生实验，给气球吹气，气球的体积迅速变大，松手后气球下落，即气球在空气中下沉。

学生讨论推导：气球受到的重力由两部分组成：$G_球 = G_{球皮} + G_{空气} = G_{球皮} + \rho_{空气} V_{空气} g$；根据阿基米德原理，气球受到的空气的浮力 $F_浮 = G_排 = m_排 g = \rho_{空气} V_{空气} g$；可以看出重力部分多了一个球皮的重力，则有 $F_浮 < G_球$，故充了空气的气球下落。

教师拿出一个准备好的氢气球，松手，这个气球飞了起来，即这个气球在空气中上浮。

学生讨论推导：此时气球受到的重力由两部分组成：$G_球 = G_{球皮} + G_{氢气} = G_{球皮} + \rho_{氢气} V_{氢气} g$；根据阿基米德原理，气球受到空气的浮力 $F_浮 = G_排 = m_排 g = \rho_{空气} V_{空气} g$；因为 $V_{氢气} = V_{空气} = V_球$，由于氢气的密度远小于空气的密度，使得 $F_浮 > G_球$，故充了氢气的气球会上浮。

三、"生活化实验"教学思考

（一）实验可以让学生的"手活"起来，让学生在"做中学"，有助于学生科学素养的培养

发轫于新世纪之初的课程改革强调"知识与技能、过程与方法、情感态度与价值观"三维课程目标的实现及三维目标如何同步实现，如果没有兴趣（情感态度与价值观）、没有过程与方法，哪里有什么知识与技能呢？而实验就是学生学习最好的兴趣生发点，也是最好的学习过程和学习方法，更

能很好地锻炼学生动手、动眼、动脑等各方面的技能,而技能的运用则需要扎实的知识来铺垫。

  2016年9月,"中国学生发展核心素养"从三个方面(文化基础、自主发展、社会参与)提出了六大核心素养:人文底蕴、科学精神、学会学习、健康生活、责任担当和实践创新。而对于初中物理学科,至少有三大素养:科学精神、学会学习和实践创新是和我们的学科教学息息相关的,如何在中学物理教学中落实这三大核心素养,最好的方法和途径还是实验和观察,实验和观察即学习过程、学习方法,让学生在实验和观察的过程中学会学习,在其学习过程中领悟科学精神的精髓,而实验本身也是实践的一种,实验过程中会出现各种各样的问题。这些真实的问题摆在学生面前,就需要学生思考解决。任何个体或群体基于自身真实问题的解决过程,相对于个体或群体自身都是一个创造的过程,都是一个建构新知识的过程,即使这个过程老犯错误、老出现失误,至少排除了一种又一种错误的思想和方法,这个过程越来越接近问题的解决,其问题最终解决的方案就是其创造的成果,这个过程在有意和无意中有效地培养和锻炼了学生思考和创造的意识。由此可见,实验是最好的物理学习过程和学习方法,是培育学生的物理学科核心素养的最有效的手段之一。

  实验本来是物理学科的优势,但是在实际的教学中,不排斥不少学校硬件条件缺乏,难以开展实验教学;在一些实验装备较好的学校,为了所谓的抓紧时间、赶进度,不少教师宁愿在黑板上讲实验,当然这样也许在考试中可以得到一个好的分数,但如此行为,使得物理学科在中学阶段在不少学校沦为一"门纸上谈兵"的学科,学生的学习哪里还有什么动力,学科的学习哪里还有什么特色!

  "活物理"教学主张的三大理念是"活学""活用"和"活教",学生怎样学,学生的"活学"需要教师的"活教"来引导,"活学"的基本要求之一就是要让学生的"手活"起来,让学生在"做中学"。让学生"手活"起来的最主要办法就是实验,因此作为物理教师的我们一定要想方设法地加大实验的教学力度,让学生的物理学习遵循从直观的感性认识到抽象的理性认识螺旋形上升的规律。

(二)"生活化实验"是实验教学的重要组成部分,需要教师精心设计并实施

"物理、物理",顾名思义,是一门以"物"说"理"的科学,须通过"物品"来说明一定的科学道理,当然也包含着一些人生的道理。作为物理教师,必须选好"物理"中的"物",这个"物"选好了,围绕这个直观的"物"品显现的"物理现象"的"科学道理"就会自然而然地拓展开来,因此教师除了要利用学校实验室提供的实验器材进行实验教学之外,还应该因地制宜地、就地取材选取实验器材,而且应尽可能地选用生活中常见的物品作为实验器材。本节课,笔者选取的主要实验器材是生活中吃了罐头之后随时可能扔掉的废旧玻璃瓶,通过一系列实验,完成了物体的浮沉条件、潜水艇的工作原理、轮船的工作原理等教学过程。生活化实验器材用具简单,取材方便,实验现象明显,易于观察和理解,但是实验的准备并不轻松,让玻璃瓶悬浮在水中,需要教师多次的调试,是要付出大量心血的。

利用取材于生活、来源于生活的"物品"精心设计并开展"生活化实验"教学,更能让学生感受物理知识就在身边,物理知识对生活有用,因为对我的生活有用,会增强学生学习这些知识的动力和激情,这也是"活物理"教学主张中的"活用"!

参考文献

【1】刘增泽. 浅谈运用指标方法进行中学物理实验设计 [J]. 中学物理教学参考,2017(Z1):1-4.

【2】文久江. 应该因地制宜开展教学活动 [N]. 中国教师报,2004-2-24(3).

【3】文久江. 论活学活用物理知识的路径探析 [J]. 新课程研究,2016(5):96-98.

【4】文久江. 有用 有趣 有探究 [N]. 中国教育报,2017-9-6(10).

【5】文久江. 不求完美 但求实效 [N]. 中国教育报,2017-6-28(10).

【6】任学宝. 核心素养培育要落实到学科教学的四个层次 [J]. 人民教育,2017(Z1):55-59.

"电阻的测量"课堂实录

湖北省荆州市沙市区岑河中学　文久江

一、教材来源

人民教育出版社 2013 版《物理》九年级全册第十七章第三节。

二、教学目标

(一)知识与技能

1. 进一步掌握电压表和电流表的使用方法。
2. 学会用伏安法测电阻。
3. 加深对欧姆定律及其应用的理解。

(二)过程与方法

1. 通过实验测量出待测电阻的阻值。
2. 通过测量电阻的实验加深电阻是导体一种性质的理解。

(三)情感、态度与价值观目标

1. 感受小组合作完成探究的喜悦。
2. 加深学生对物理学科的热爱，培养学生严谨的科学态度。

三、重点难点

1. 重点:伏安法测电阻的实验方法。
2. 难点:伏安法测电阻的电路设计及实物器材的选择和连线。

【实验准备】学生分组实验(六个人一组，每组一套):待测电阻(遮住铭牌)、小灯泡、电流表(0~0.6A 和 0~3A)、电压表(0~3V 和 0~15V)、干电池(两节)、滑动变阻器、开关、导线若干等。

四、教学过程

(一)创设情境、导入新课

【教师】(拿出一个定值电阻)在我们每组同学的实验桌上都有这样一个定值电阻,大家拿起来看看,它的铭牌已经用纸片遮住了,它的电阻值是多大呢?你肯定想知道,你怎么才能知道其阻值呢?

【学生】通过测量。

【教师】它的阻值能直接测量出来吗?

【学生】不能,只能间接测量。

【教师】请同学们用我们前面学过的知识想出一个间接测量未知电阻阻值的方法。它的测量原理是什么?你又准备怎样进行测量呢?请大家首先按照要求进行自主学习。

(二)自主学习、储备知识

【教师】投影出示学习要求:

请回顾以前学的知识,阅读课文并结合生活实际,完成下列学习问题。

学习时间为5~6分钟,自学完成后举手示意,待同学们基本全部完成后,找同学起来进行汇报——回答这四个问题,注意回答问题要说清课本上是怎么说的,以及自己是怎么理解的。做到吐词吐字清楚。

学习问题:

1. 测量待测定值电阻阻值大小的原理是_____。测出通过的电流 I 和它的两端的电压 U 后,可求电阻 $R = $ _____。

2. 已知某电阻 R_1 两端加上2V电压时,电流表的示数为0.5A;再接到4V电源两端,电流表的示数为_____A。

3. 在测量小灯泡的电阻时,用_____测出通过小灯泡的电流,用_____测量出它两端的电压,再根据_____算出小灯泡的电阻,这是一种_____测量的方法。

4. 电路闭合之前,要把滑动变阻器调到_____的位置,其原因是_____。

(5分钟之后)

【教师】现在请两名同学将你们自主学习的成果向大家汇报一下。

【学生1】汇报前两题。

【学生2】汇报后两题。

(三)合作探究、突破重点

【教师】投影出示学习要求：

学习要求(时间大约15分钟)：

1. 合作问题:设计实验测量未知电阻 R_x 的阻值；
2. 小组接受分配任务后，小组成员首先个人独立思考出自己的实验思路；
3. 交流讨论，形成本组的实验方案；
4. 进行实验，测量出待测电阻的阻值。

【教师】小明用右图的实验电路测量未知电阻的阻值。闭合开关后发现电压表的示数为5V，电流表的示数为0.5A，请帮助小明计算出待测电阻的阻值。

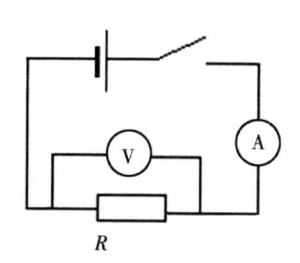

【学生】计算后回答:10Ω。

【教师】小明认为这个电阻值就是该定值电阻的值，你认为小明的说法合理吗？

【学生】不合理。

【教师】为什么不合理呢？如果不合理应该怎么办？

【学生】一次测量得出的结论具有偶然性，应该多次测量取其平均值。

【教师】请画出你认为合理的电路图，并进行小组讨论，获取小组的电路图。

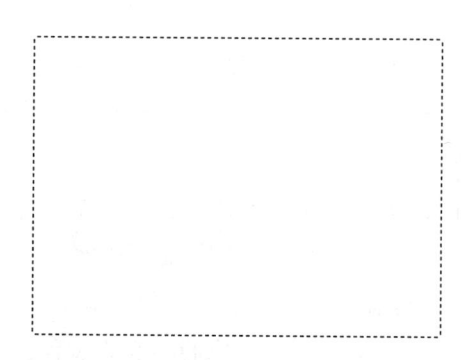

【教师】待学生画完电路图并讨论之后询问：你们的这个实验电路图比小明的实验多了一个什么器材？它在电路中主要起到什么作用？

【学生】多了一个滑动变阻器，便于多次测量待测电阻两端的电压和通过待测电阻的电流。

【教师】请各组开始实验，测出你们桌上待测电阻的阻值。

【学生】进行分组实验，根据设计的电路图确定实验步骤，连接电路，进行测量。

【教师】要求各组组长将实验步骤给老师检查后开始组织小组实验，在学生实验过程中，教师巡回指导并强调下列问题：

(1)连接电路过程中开关是否始终处于断开状态？

(2)是否估计了电路中电流、电压的最大值，是否选择了合适的量程？电表的正、负接线柱连接是否正确？

(3)滑动变阻器的接法是否正确？闭合开关前，滑动变阻器的滑片是否在最大值位置上？为什么要放在最大位置？

(4)调节滑动变阻器的过程中，首先要明白向什么方向移动滑片可以使变阻器连入电路中的电阻值变大或变小，怎么调节能使定值电阻两端电压变大或变小？

(5)各组电路连接完成之后，要让教师检查之后，才能继续进行下一步的实验。

(6)在实验过程中，是否认真读取、记录实验数据并进行计算。

【学生】收集数据，将小组测量的数据填写在表格中，并计算出电阻值。

实验次数	电压 U/V	电流 I/A	电阻 R/Ω
1			
2			
3			

【学生】分析与讨论：

(1)分析你们组测量出的电阻值有规律么？为什么会这样？

(2)你认为你们组所测量的电阻值应该是多少？

(四)展示提升、化解难点

【教师】现在请各组简要汇报一下你们的实验过程，并报出实验数据及最后结果。重点要汇报本小组实验中出现的故障，并说说是如何排除故障的。只介绍与前组的不同之处。

【学生】各小组代表简要汇报实验过程、报告实验数据。

【教师】请各小组揭去盖在铭牌上的纸片，看看你们的测量结果与铭牌上给定的电阻值是否一致？

【学生】揭去纸片，有的有点兴奋，有的有点小失落。

【教师】为什么有的组测量的结果与铭牌上的结果不一致呢？

【学生】交流讨论，对实验过程进行评估。

【教师】我们每个小组实验桌上还有一个小灯泡，你们想测量这个小灯泡的电阻吗？

【学生】想。

【教师】你们能否用刚才的方法测量小灯泡的电阻？请画出电路图。

【学生】画电路图。

【教师】请按照"测量待测电阻的阻值"的实验步骤开始测量。

【学生实验】各小组电路图经教师检查后开始实验，并将测量数据填写在下表中。

实验次数	电压 U/V	电流 I/A	小灯泡的电阻 R/Ω	小灯泡的亮度
1				
2				
3				

【学生】各组代表汇报本组测量的数据。

【教师】比较计算出的小灯泡的电阻值，与上述定值电阻相比较，有什么不同？

【学生】小灯泡的电阻在变化，定值电阻的值是固定的。

【教师】为什么会出现这种情况？

【学生】讨论后回答:灯丝电阻随温度的变化而变化。

【教师】那能不能多次测量求平均值获取小灯泡灯丝的电阻呢？

【学生】不能。

【教师】请你们根据测量定值电阻 R_x 的电阻数据和测量小灯泡电阻的数据，绘制下面的 U-I 图象，并进行对比分析。

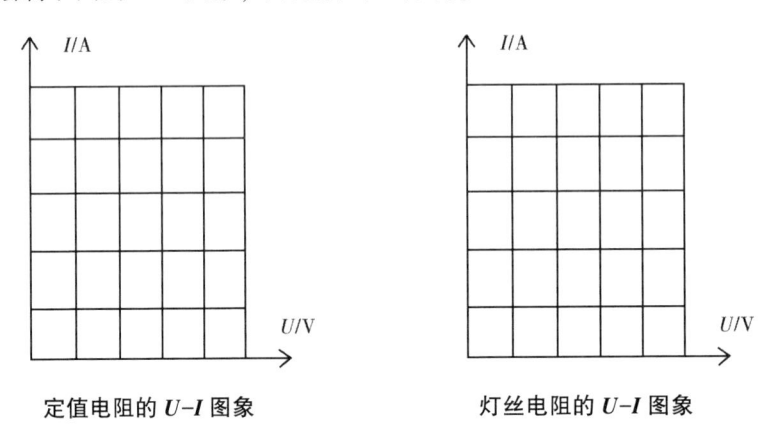

定值电阻的 U-I 图象　　　　　灯丝电阻的 U-I 图象

【学生】绘制图象，并用语言描述。

(五)课堂小结、形成系统

(由教师提出，学生简单回顾)从伏安法测电阻的原理、电路图、实验结论等知识方面和有关探究实验的方法引导学生进行小结。

(六)课堂作业、巩固新知

【学生】独立完成练一练。每组最先完成的同学交给老师检查指导订正，该同学承担检查、辅导本组其他同学的练一练完成工作。

"练一练"题目：

1. 在测量电阻的实验中，所给的电压表有"0~3V"和"0~15V"两个量程，电流表有"0~0.6A"和"0~3A"两个量程，电源是两节干电池串联，待测电阻的阻值大约是10Ω，那么，电压表应选的量程为_____，电流表应选的量程为_____。

2. 用下图甲所示的电路图研究电流、电压和电阻的关系时，若只改变

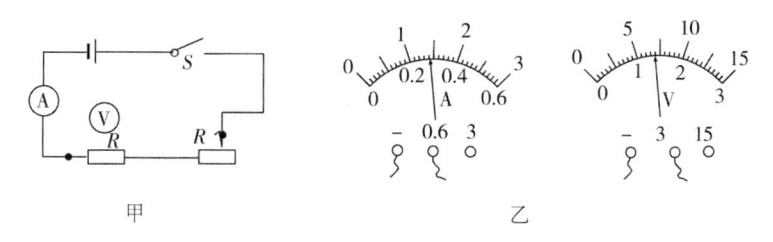

滑动变阻器的阻值，可以探究电流与_____的关系；也可用伏安法测电阻，实验时小明观察到两个电表的示数如图乙所示，则小明测得 R 的电阻是_____Ω。

甲

乙

3. 如右图所示的电路，闭合开关，小灯泡正常发光。若将小灯泡和电流表的位置互换，则闭合开关后的现象是(　　)。

A. 小灯泡不发光，电压表没有示数

B. 小灯泡不发光，电流表没有示数

C. 小灯泡正常发光，电压表没有示数

D. 小灯泡正常发光，电流表没有示数

4. 在"伏安法测定值电阻的阻值"实验中，为了使被测电阻阻值测得更准确些，下列方法可行的是(　　)。

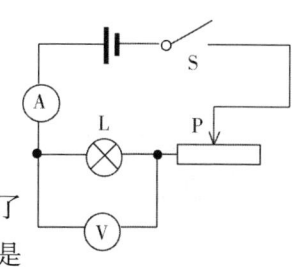

A. 在可能的情况下，加在电阻两端的电压要尽量大一些

B. 通过电阻的电流尽量大一些

C. 取测得的平均值作为待测电阻的阻值

D. 以上办法都可以

5. 在测量电阻约为 10Ω 的定值电阻 R_x 的实验中，小明和小亮用下图甲所示的器材进行实验。

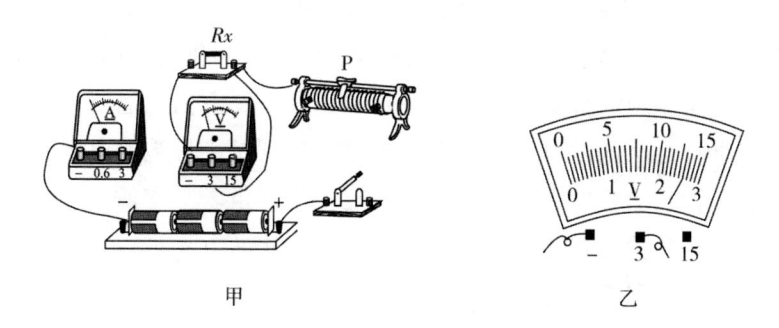

甲

乙

（1）用笔画线代替导线在甲图中完成实物电路连接，要求滑动变阻器的滑片向右滑动时连入电路的电阻变小。

（2）小明把最后一根导线连接完毕，看到电压表和电流表立即有较大示数。小亮认为在实验操作中有两处错误，其中一处是＿＿＿＿＿＿＿＿；还有一处是＿＿＿＿＿＿＿＿＿＿＿＿＿＿。

（3）改正错误后，小明改变 Rx 两端的电压和电流，两次测得的电阻值分别为 $R_1 = 10.1\Omega$，$R_2 = 10.2\Omega$，第三次测量时，电流表的示数为 0.26A，电压表的示数如图乙所示。根据以上三次实验数据，最后得出 Rx = ＿＿＿＿＿＿Ω。

（七）课后作业，延伸发展

完成课本第 81~82 页"动手动脑学物理"1~4 题。

五、教学反思

本节课是电学中最重要的一个学生实验，主要学习测量定值电阻和小灯泡电阻的方法，特别是实验仪器的使用和数据的处理。它涉及的器材最多、操作步骤最复杂，可以放手让学生独立操作完成。但是让学生独立完成难度较大，因此在实验前，首先要理顺实验原理、计算公式、实验器材、电路图、各器材的作用、表格的设计等，为实验扫清障碍。在实验自主学习和合作探究过程中，教师要尽可能给予适当的引导、启发，对一些关键性的问题给予必要的提示和适时的检查，这样学生的正确率会明显提高，实验也能够顺利地完成。对于一些共性问题和学生不很注意的问题，通过展示质疑环节来完成。

很多学生的实验失误出现在电表的使用上，包括电表的连接、量程的选取、数值的读出等，所以电表和滑动变阻器的使用仍是实验的关键。对电路故障的排除，尽量让学生自己去解决，教师只提供可能的位置和方法，让学生学会根据现象排除故障，进一步加深对电路方面的通路、短路和断路的理解和体会。同样对实验数据的处理，特别是小灯泡的电阻，它不是一个定值，而是受温度影响的，因此不能多次测量求平均值，一定要提醒学生注意两个实验的相同点和不同点，通过对比的方法进行学习，便于知识的迁移、掌握和能力的形成。

第四章

活物理复习课教学集锦

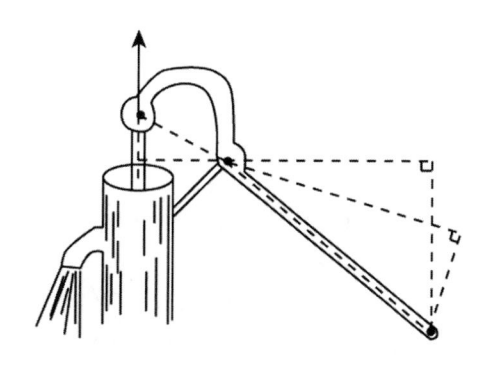

关注家乡建设 在学科教学中培育"家国情怀"观念
——以"机械运动"期末复习课为例

湖北省荆州市沙市区岑河中学 文久江

一、教材来源

人民教育出版社 2012 版《物理》八年级上册第一章。

二、教学过程

（一）时事链接、教学引入

教师：我们每个人都是有家乡的，我们都热爱自己的家乡，而热爱家乡要从了解家乡开始，今天我们来了解一个时事物理，看一则荆州新闻：

【视频播放】一则 2020 年 11 月 20 日"荆州新闻联播"中关于"荆州首条城市快速路——复兴大道东段建成通车"的新闻。

【投影出示】该路段规划设计图，并简单讲解。

【插入文字版"新闻链接"】复兴大道西起引江济汉渠、东至上海大道①，连通荆州高新区、荆州区、沙市区和荆州开发区②，是荆州火车站、荆州机场③间的便捷交通通道。

复兴大道主线为城市快速路，全长约 23.9km④，道路红线宽度 60/70m⑤，高架桥长度为 7km⑥左右。双向六车道，设计速度 80km/h⑦；地面辅道为城市次干路，双向四车道，设计速度 40km/h⑧。

近日记者乘车从荆州火车站向东，经复兴大道到达荆州机场建设现场，耗时约 40 分钟⑨。

教师：请同学们对上述标记处进行归类分析，寻找其关键词：

学生归类分析：①②③的关键词是：位置变化；④⑤⑥的关键词是：长度；⑦⑧的关键词是：速度；⑨的关键词是：时间。

教师：这些关键词都是我们第一章的重要知识内容，从今天开始我们进入本学期的期末复习，下面请看本节课的复习要求，请齐读一遍。

【投影出示】复习目标：

1. 会使用适当的工具测量长度和时间。

2. 能用实例解释机械运动及其相对性。

3. 能用速度描述物体的运动，能用速度公式进行简单的计算。

4. 通过测量一个物体运动的平均速度理解平均速度的物理意义。

(二)自主学习、梳理知识

教师：下面请同学们开始自主学习。通过翻阅教材完成下列知识点的填空，首先完成的请举手示意。时间是五分钟。

学生：自主学习，梳理知识。自主学习的内容如下：

知识点一：长度与时间的测量

1. 长度的测量：

(1)长度的基本单位是＿＿，用符号表示为＿＿。测长度的基本工具是＿＿＿＿，测量前首先要观察刻度尺的＿＿＿＿、＿＿＿＿＿和＿＿＿＿＿＿是否磨损。

(2)长度测量方法：＿＿＿＿＿线与被测物体起始端对齐，刻度尺要放正，不能倾斜，厚刻度尺有刻度的一侧要紧贴被测长度。读数时视线要正对刻度尺，与尺面＿＿＿＿，要估读到＿＿＿＿＿＿的下一位，测量结果由＿＿＿＿＿和＿＿＿＿＿＿组成。

2. 时间的基本单位是＿＿＿＿＿，用符号表示为＿＿。测量时间的基本工具是＿＿＿＿＿。

3. 误差是＿＿＿＿＿＿与＿＿＿＿＿之间的差异。误差与错误不同，＿＿＿＿＿能消除，＿＿＿＿＿只能减小，不能消除。多次测量取＿＿＿＿＿＿＿＿，可减少误差。

知识点二：运动的描述

1. 把物体＿＿＿＿＿＿＿随时间的变化叫作机械运动，简称运动。

2. 判断物体是否在运动，总要选取某一物体作为标准，这个作为参照标准的物体叫＿＿＿＿＿。一个物体相对于参照物的位置发生改变，我们就说它是＿＿＿＿＿的；如果这个物体相对于参照物的位置没有发生改变，我们就说它是_____的。

3. 同一个物体是静止还是运动取决于所选的_____,选的参照物不同,判断的结果一般会不同,这就是运动和静止的_____。绝对静止的物体是没有的。

知识点三:运动的快慢

1. 比较物体运动快慢的方法:一是相同_____比较物体经过的路程,经过路程长的物体运动得快。另一种是经过相同_____比较所花的时间,所花的时间短的物体运动得快。

2. 速度:

(1)定义:物体通过的_____和所用_____的比值,公式:_____。

(2)速度是表示物体运动_____的物理量,在数值上等于物体在_____通过的路程。

(3)速度的单位:米/秒(_____),交通中的常用的单位:千米/时(_____)。

(4)一辆汽车的速度是20m/s,表示_____。

(5)机械运动按运动路线的曲直分为_____运动和_____运动;直线运动按速度是否变化,分为_____直线运动和_____直线运动。

知识点四:测平均速度

实验时用_____测出小车通过的路程,用_____测出小车通过这段路程所用的时间,再用公式_____计算出小车在这段路程的平均速度。

【五分钟后,先要求同组的同学对一下答案,教师投影出示答案并强调几个易错的空,同组同学再次互相检查纠正。】

(三)聚焦考点、合作探究

教师:我们梳理了知识点,下面来应用知识点解决有关问题,我们一起来聚焦考点、合作探究。

【投影出示】学习要求:

1. 小组接受展示的任务后,小组成员首先个人独立思考,形成自己的思路(大约两分钟);

2. 然后交流讨论,说清楚自己的思路(5~6分钟);

3. 本组问题讨论清楚后,再讨论其他组的问题。

探究的问题如下：

探究一：长度、时间、速度的估测

1. 根据你的生活经验和有关了解，下列数据最接近实际情况的是（　　）。

A. 小萱同学坐火车到北京天安门看升旗仪式，播放一遍国歌所用的时间大约是50s；

B. 小怡同学在高铁上观看电视，得知珠穆朗玛峰的高度是8848.86km；

C. 小琼同学乘坐的"复兴号"列车的车身高度为40m；

D. 小雪同学乘坐的荆州到北京的波音737飞机的平均速度为10m/s。

探究二：刻度尺的使用和读数

2. 小瑶同学坐在荆州到北京的火车上也不忘测量。她拿出下图所示的刻度尺测量一物体长度，则该刻度尺的分度值为_____mm，物体的长度为_____cm。

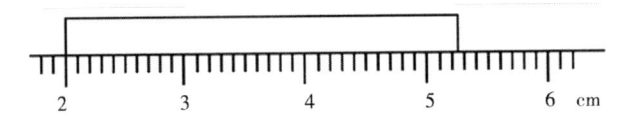

探究三：运动的描述

3. 早晨，爸爸开车送小杰同学去荆州机场，在路口遇红灯停车等待。小杰看着车窗外的汽车，突然他感觉所乘坐的车向前移动了，急忙向爸爸喊停车，爸爸说车没有动。若爸爸判断正确，则爸爸和小杰分别选的参照物可能是（　　）。

A. 红绿灯、旁边向后移动的汽车　　B. 红绿灯、旁边向前移动的汽车
C. 旁边向后移动的汽车、红绿灯　　D. 旁边向前移动的汽车、红绿灯

探究四：对运动图象的理解

4. 右图所示是小丁同学乘坐的赶往火车站的汽车在10s内的速度图象。由图象可知，从第2s到第4s的过程中，汽车的速度_____（选填"增大""减小"或"不变"）；汽车在第5s时的速度为____m/s；汽车在第5s和第6s这两秒时间里共前进了____m。

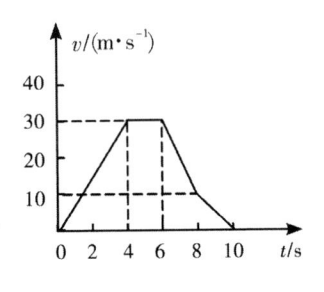

探究五：测量平均速度

5. 小豪同学做"测量小车的平均速度"的实验，设计了下图所示的装置：

小车从带刻度的斜面顶端由静止下滑,图中分别显示的是小车到达 A、B、C 三处时的电子表的示数(数字分别表示为"时:分:秒")。

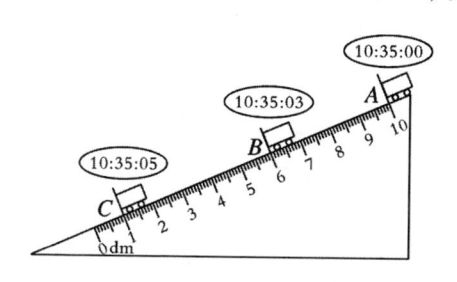

(1)实验时观察到:小车沿斜面顶端下滑到斜面底端的运动是_____(选填"匀速"或"变速")直线运动。

(2)实验时,斜面的坡度应该很小,其目的是_____。

(3)通过计算得出小车在 AB 段的平均速度为_____ m/s。

(4)实验前,必须学会熟练使用电子表,如果让小车过了 A 点才开始计时,则会使测得的 AC 段的平均速度偏_____(选填"大"或"小")。

探究六:有关速度、时间、路程的计算

6. 荆州火车站是汉宜铁路上最重要的站点之一。下图是小芳的爸爸乘坐的 2020 年 12 月 30 日经过荆州的 D5968 次动车的时刻表。求:

车次	站次	站名	到达时间	开车时间	停留时间	运行时间	天数/天	里程/km
D5968	1	宜昌东	始发站	06:26		0 分	1	0
D5968	2	荆州	07:00	07:03	3 分钟	34 分	1	88
D5968	3	潜江	07:28	07:31	3 分钟	1 小时 2 分	1	158
D5968	4	仙桃西	07:41	07:43	2 分钟	1 小时 15 分	1	178
D5968	5	天门南	07:57	07:59	2 分钟	1 小时 31 分	1	209
D5968	6	汉川	08:14	08:16	2 分钟	1 小时 48 分	1	246
D5968	7	汉口	08:42	终点站		2 小时 16 分	1	292

(1)从荆州到潜江的距离和平均速度;

(2)该次列车全程的平均速度。

【学生先自主探究一两分钟,然后开始合作探究,教师巡回指导并参与

部分组的讨论。同时让最后一组派同学上黑板板书演排。】

(四)展示质疑、培育素养

教师:通过合作探究各组对本组的题型解法有了较好的理解,下面请各组派代表进行展示,为其他组进行讲解。

【投影出示】展示质疑阶段的要求:

A. 展一展:要求各组成员到黑板上讲解本组合作交流的问题,要求说清楚解答思路。此时本组可以补充。

B. 挑一挑:其他组的同学在该同学回答后,挑一挑该组同学发言中的"刺",挑战该组同学,提出自己或本组的见解和看法。

C. 补一补:其他同学继续提出自己的见解和看法,不断将本题思路和解题过程补充完善。

【各小组代表进行展示讲解,部分小组质疑,教师适时进行点拨,待所有组展示完成,小组内互相检查并督查纠正,教师进行抽查、指点。】

(五)检查练习、实践反思

教师:本节课复习的效果怎么样呢?下面进行检查反馈、实践反思。独立完成下列练习题,完成的同学请举手示意。

1. 小莹同学用右图所示的①②两把刻度尺同时测量一个木块的长度,则①②的读数分别为(   )。

A. ① 3.80cm；② 3.80cm

B. ① 2.80cm；② 2.80cm

C. ① 2.80cm；② 2.8cm

D. ① 2.8cm；② 2.8cm

2. 小悦同学的爸爸驾驶汽车在复兴大道的某段平直公路上行驶,其 s-t 图象如右图所示,则下列描述正确的是(   )。

A. 0—t_1 做加速直线运动

B. t_1—t_2 做匀速直线运动

C. 0—t_1 比 t_2—t_3 运动的路程长

D. 0—t_1 比 t_2—t_3 运动的速度快

3. 小欣同学在复兴大道某入口看到下图所示安全提示信息,请在横线

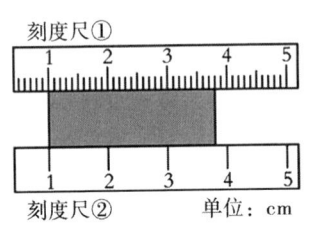

上填上合适的单位。

（1）限高 5＿＿＿＿；（2）限速 80＿＿＿＿；（3）禁止 55＿＿＿＿以上货车通行。

4. 小翰同学乘坐 G556 次列车从荆州到北京，他看到路旁的树木疾速向后退去，这是以＿＿＿＿为参照物。在火车快要到达北京西站时，他兴奋地喊道："北京来到了我面前。"他说这句话的参照物是＿＿＿＿。下表是 G556 次列车的简化时刻表，列车从荆州到汉口站的行车里程为＿＿＿＿km，从荆州到北京西站的平均速度为＿＿＿＿km/h。（结果取整数）

站名	到站时间	开车时间	里程/km
宜昌东	始发站	08：18	0
荆州	08：58	09：00	88
汉口	10：31	10：45	292
北京西	16：46	终点站	1 525

5. 如下图所示，小琳同学在测量小车运动的平均速度实验中，让小车从斜面的 A 点由静止开始下滑并开始计时，分别测出小车到达 B 点和 C 点的时间，即可算出小车在各段的平均速度。

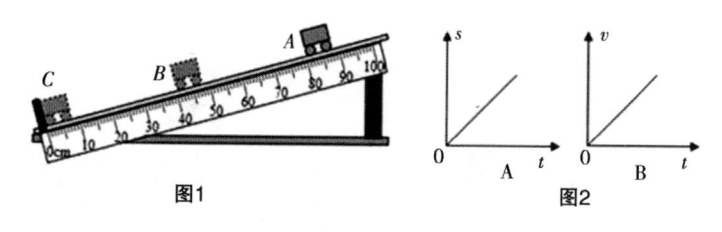

图1　　图2

（1）实验依据的原理是＿＿＿＿＿＿＿＿＿＿＿＿；

(2)图中 AB 段的距离 s_{AB} = _____ cm，测得时间 t_{AB} = 1.6s，则 AB 段的平均速度 v_{AB} = _____ cm/s；

(3)实验中应多次测量，每次测量时必须让小车从_____由静止开始下滑；

(4) v_{BC} _____ v_{AC} (填">""<"或"=")；

(5)物体的运动常常可以用图象来描述，图 2 中能反映图 1 中小车运动情况的是_____(选填"A"或"B")。

【教师面批面改各组率先完成的第一、二名同学的导学案，这两名同学负责检查本组其他同学的并进行错误讲解，督查是否完成全部导学案。】

(六)课堂结语、首尾呼应

教师：复兴大道一头连着荆州火车站、一头连着荆州飞机场，是同学将来走出家乡看世界的一条重要道路。愿少年的你今天努力学好科学文化知识，将来的你以加速直线运动沿着这条大道，越走越远、越飞越高，但无论你走得多远、飞得多高，都不要忘记自己的起点，不要忘记自己的家乡。

"电压　电阻"复习课堂实录

湖北省荆州市公安县埠河初级中学　郑凤喜

一、教材来源

人民教育出版社 2013 版《物理》九年级全册第十六章。

二、教学目标

(一)知识与技能

1. 掌握电压表的使用方法，能识别电压表的测量对象，能熟练运用串、并联电路中的电压规律。

2. 会用控制变量法探究影响电阻大小的因素。

3. 掌握滑动变阻器在电路中的作用及使用方法。

(二)过程与方法

1. 学生通过自主复习归纳知识结构，培养自主复习的能力；

2. 学生通过自主提问、合作交流、模仿老师、设计电路等活动培养解决实际问题的能力。

(三)情感、态度与价值观

1. 学生通过小组合作与交流，培养学生的合作意识以及集体荣誉感；

2. 通过各项活动，学生树立主人翁意识，体验突破自我，走向成功的喜悦。

三、教学重点

1. 电压表的使用方法；

2. 运用串、并联电路的电压规律解决问题；

3. 滑动变阻器在电路中的作用及使用方法。

四、教学难点

1. 识别电压表测量的是哪段电路两端的电压；
2. 会用控制变量法探究影响电阻大小的因素。

五、教学过程

(一)课前导入

教师:同学们,这节课我们复习第十六章电压、电阻。在复习过程中,主动回答问题一次则得到一支笔芯,得到的笔芯数量最多的小组就是今天的冠军组。(荣誉激励,让学生积极参与活动)

(二)合作学习,夯实基础

教师:下面给大家六分钟时间,以小组为单位,完成学案第一部分内容。看看哪个小组整理得最快、最全。

> 电压、电阻、滑动变阻器知识大纲
> 电压:
> 电阻:
> 滑动变阻器:

(学生以小组为单位紧锣密鼓地整理相关知识,教师巡回指导。)

六分钟后,各小组发言人踊跃发言,教师拍照投影展示学生的学案,并为发言的学生派发笔芯。

(三)强化知识,突破重点

1. 寻找电流表、电压表的异同点

教师:在电学中,同学们还记得我们学习了哪两种测量工具吗?

学生齐喊:电压表、电流表。

教师:下面的问题由大家抢答哦。说说这两块电表有哪些相同点和不同点呢？抢答开始!

学生:都有三个接线柱、两个量程。

学生:连接方式不同,电流表串联,电压表并联。

学生:在电路中,电流表看作导线,电压表看作断路。

学生:形状一样!

教师:说得好!还有没有补充的?

学生:电压表可以直接接在电源上,而电流表不可以。

老师:电流表怎么不可以呢?

学生:因为它相当于导线,和电源直接连接,相当于电源短路。

学生:还有,都要求正进负出。

教师:同学们归纳得很全面。

(为抢答的同学派发笔芯。教师用PPT展示学生归纳的异、同点。)

2. 典型习题,生生互动

教师:同学们对两块电表的使用相当熟悉。我们用这两块电表探究了串、并联电路的电流、电压规律。下面请同学们看屏幕,能不能用我们所学的知识解决这个例题。给大家两分钟时间准备,准备好的同学可以到黑板前为大家讲解。

在如图甲所示的电路中,当闭合开关后,两电压表指针偏转均为图乙所示,则电阻 R_1 和 R_2 两端的电压分别是(　　)。

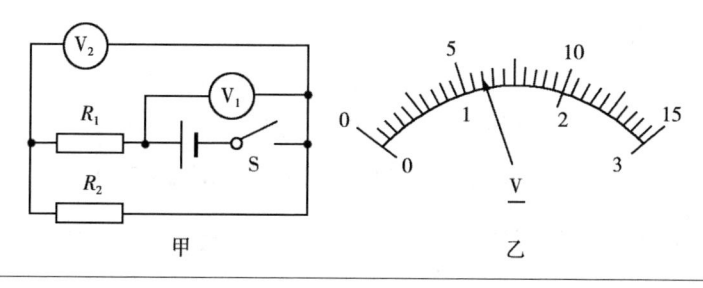

A. 4.8V,1.2V　　B. 6V,1.2V

C. 1.2V,6V　　D. 1.2V,4.8V

教师:这位同学第一个举手!请她上台当小老师!

学生:首先这是一个串联电路,V_1 测电源电压,V_2 测 R_2。根据乙图可知电源电压为6V,V_2 的示数1.2V。根据串联电路的电压规律可以知道 R_1 的电压为4.8V。

教师:小老师讲得相当不错。有想不通的地方同学们可以向小老师提问。没人问的话小老师就要考考你们啦。

学生：怎么判断 V_2 就是测 R_2 的电压呢？（这个问题问得好！）

小老师：老师讲过，将电压表的两端标示 a、b（在电路图上标示），从 a 到 b 两点之间有几条路径，就测对应元件的电压。

学生：那 V_2 测的就应该是电源和 R_1 的电压。

小老师：既有电源又有用电器，这条路径就舍去。电压表要么测电源，要么测用电器，不能同时测。

教师：为小老师精彩的解说鼓掌！

教师：在电学中，我们要养成良好的分析问题的习惯，一个较复杂的电路摆在面前，应该怎么办呢？

学生：第一步简化电路，第二步判断电路的连接方式，第三步确定电表的测量对象。

教师：小老师帮我们把问题分析得很透彻。有不明白的地方大家继续提问。

学生：清楚了！

3. 小组挑战

教师：接下来我们进入下一个活动。收集关于"影响电阻大小的因素"类的问题，找出你认为较难的问题，向其他小组挑战。以小组为单位，三分钟时间准备。开始！

（学生开始查找资料，做记号，准备压倒其他组。三分钟后。）

学生：一根电阻丝对折后，电阻会怎么变化？

学生：变成原来的四分之一。（反问）你们组说说：这根电阻丝均匀拉长至原来的 2 倍，电阻怎么样？

学生：是原来的四倍。

学生：探究影响电阻大小的因素这个实验中，用到了哪些实验方法？

学生：控制变量法。

学生：回答不全。

学生：还有转换法。

学生：在做这个实验时，能不能把小灯泡换成电流表？

学生：不能，那样会导致电流过大，损坏电源和导线。

学生：如果只有一根电阻丝，你可以做哪些实验？

学生:探究与长度、横截面积、温度的关系。

……

(学生提问都还蛮刁钻的,确实找的都是错过的题目。有的小组趁这个时候还在抓紧时间找问题,有点不难倒对方不罢手的架势。)

老师:同学们收集的问题很有代表性。在平时的学习中,同学们可以多多收集你们认为好的问题,为下一次的挑战赛做好准备。

4. 学以致用

教师:滑动变阻器就是利用改变接入电路中电阻丝的长度来改变电阻的。滑动变阻器接入电路时需要注意哪些问题呢?

学生:和用电器串联。

学生:只能一上一下接入,不能同上同下。

教师:接下来每个小组用桌上的器材设计一个电路,实现用滑动变阻器改变灯泡的亮暗。(教师巡视指导)

教师:开关断开。

教师:闭合开关前滑片移到阻值最大处。

学生:老师,灯不亮。

教师:移动滑片试试。

……

学生:老师,我们小组做好了。

(教师将已经接好的实验设计通过投影展示给大家,移动滑片,灯泡亮度随之改变。实验成功的小组喜不自禁,主动帮助还没有成功的小组。)

教师:我们家里用的亮度可调的台灯就是应用这一原理工作的。用物理知识为人类服务离我们并不遥远。

(四)课堂反馈

教师:同学们用最后五分钟完成学案中的反馈练习。

1. 下面是四名同学就电源、电流、电压所提出的四种看法，你认为其中不正确的是(　　)。

 A. 小芳：电源是提供电压的装置

 B. 小丽：电压是形成电流的原因

 C. 小宇：电路中只要有电源，就一定会形成电流

 D. 小华：干电池是将化学能转化为电能的装置

2. 如下图所示，闭合开关 S 后，若要使滑动变阻器的滑片 P 向 A 端滑动时小灯泡变亮，把 F 点与滑动变阻器的接线柱用导线连接起来。

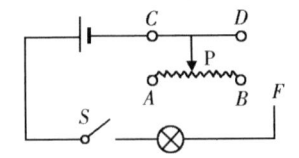

3. 在如下图所示的电路中，闭合开关 S 时，学生实验用电压表 V_1 和 V_2 的指针都正好指在刻度盘的中央刻度线处，则灯泡 L_1，L_2 两端的电压分别为(　　)。

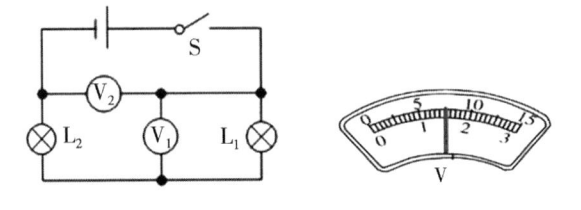

教师：同桌交换学案，相互批改。（PPT 展示正确答案）

（五）课堂小结

学生谈收获，组长展示本组成绩，评选出优胜小组。

教师：我们向今天的优胜小组表示祝贺（鼓掌），希望其他小组再接再厉！

"电路安全问题"课堂实录

湖北省荆州市公安县埠河初级中学　付克华

一、教学目标

（一）知识目标

1. 会确定电路中的最大电流、最小电流。
2. 会根据电流的范围确定其他电学量的取值范围。

（二）过程与方法

1. 通过最大电流、最小电流，掌握确定电路极值的方法。
2. 通过对串联、并联电路分类获取极值，掌握分类学习的方法。

（三）情感、态度与价值观

1. 通过互教互学，培养学生"共同学习，一起进步"的思想，同时收获成功的喜悦。
2. 通过专题复习，消除面对疑难问题的恐惧心理，树立学习的自信心。

二、学习重点

确定电流的最大值、最小值。

三、学习难点

计算出其他物理量与电流最大值、最小值的关系。

四、教学方法

讲授法、讨论法、归纳法。

五、教学过程

(一)课堂导入

教师:在我们刚刚经历的全市调研考试中,同学们失分最高的就是最后一道计算题,它涉及电路的安全问题,综合性非常强,需要我们有深厚的基础知识:欧姆定律知识,串、并联电路的电压、电流规律,电功率的计算等。但不同的同学,失分情况不尽相同,请问同学们,你们主要是在哪些方面丢分了呢?

学生:不清楚各个物理量的对应关系。

学生:不明白什么时候取最小值,什么时候取最大值。

学生:计算量大,容易算错。

教师:今天,我们专门讨论电路的安全问题,掌握何时取极小值,何时取极大值,还要理清所有电学量之间的关系。

(教师投影出示教学目标)

本节课老师希望同学们悟出其中的道理,悟透了的同学把经验奉献出来,我们互教互学,一起来攻克这一难关,好不好?

学生:好!

(二)自主学习

教师:下面我们来做一些准备工作,给大家提几点学习要求。

(1)分别画出串联、并联电路简图,并标出相关物理量的符号。

(2)画完后同桌相互批改。

(3)比较陌生的规律请多默写几遍。

(4)完成了任务的同学请举手示意。

(投影自主学习的内容)

知识点一:串联电路

1. 电流规律 $I = $ _____;电压规律 $U = $ _____;电阻规律 $R = $ _____。

2. 串联电路的分压特点_____。

3. 电功率公式 $P = $ _____。

知识点二、并联电路

1. 电流规律 $I = $ _____;电压规律 $U = $ _____。

2. 并联电路的分流特点：_____。

3. 电功率公式 $P=$ _____。

教师：看了大家的自主学习，我对同学们攻克今天的难点充满了信心。下面，我们就对串联、并联电路进行合作探究。

（三）合作探究

类型一：串联电路

教师：学习要求：(1)回答结论时，要说出理由；(2)对结论进行小结。

1. 基础知识

(1)如图 1 所示，闭合开关后，当滑片向左移动时，电流表的示数_____，电压表的示数_____。

(2)如图 2 所示，闭合开关后，当滑片向右移动时，电流表的示数_____，电压表的示数_____。

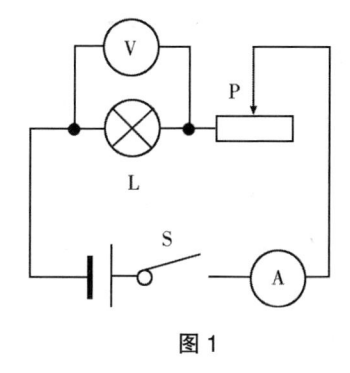

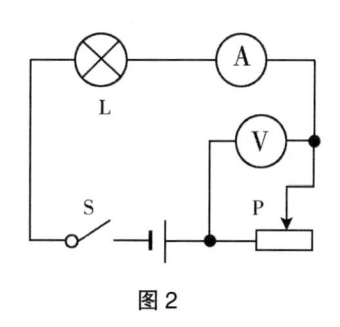

图 1

图 2

学生：图 1 中，闭合开关后，当滑片向左移动时，滑动变阻器连入电路的阻值变小，根据欧姆定律可知，电流表的示数变大；不考虑灯丝电阻的变化，即灯丝电阻一定，电流与电压成正比，电压表的示数也变大。

学生：图 2 中，闭合开关后，当滑片向右移动时，滑动变阻器连入电路的阻值变大，根据欧姆定律可知，电流表的示数变小，灯泡两端电压变小，所以电压表示数变大。

学生：图 1 的电压表测的是定值电阻的电压，电压表与电流表的示数成正比。图 2 的电压表测的是滑动变阻器的电压，电流表示数变大，电压表示数就变小；电流表示数变小，电压表示数就变大。

教师：同学们回答得非常好。那么我们分析动态电路时，遵循什么顺序呢？

学生：首先看电阻如何变化，再根据欧姆定律判断电流如何变化，接着分析定值电阻两端电压如何变化，最后得出变化的电阻两端的电压如何变化。

教师：总结得很好。我们要将这些宝贵的经验，用来解答实际问题。请同学们仔细阅读例1，如果有了比较清晰的思路，就请到黑板上展示你的过程，给大家分享解题经验。

2. 例题与练习

例1. 如图1所示，电源电压恒为5V，电压表量程为0~3V，电流表量程为0~0.6A，滑动变阻器的规格为"20Ω1A"，小灯泡标有"3V1.8W"字样，闭合开关，在电路安全的情况下（不考虑灯丝电阻的变化），下列说法正确的是（　　）。

A. 滑动变阻器的阻值允许调节范围是0~20Ω

B. 电流表示数的变化范围是0.1~0.6A

C. 电压表示数的变化范围是1~3V

D. 小灯泡的最小功率是1W

教师：请同学们思考，电路中电流最大为多大？电流最大时，电压表示数是最大还是最小？灯泡的电功率是最大还是最小？滑动变阻器连入电路的阻值最大还是最小？

（思考了几分钟，有甲同学举手，老师请他到黑板上记录下了大致的计算过程，待多数同学完成后，请甲同学为大家讲解。）

甲同学：灯丝电阻不变，电流表示数最大时，电压表示数最大，灯泡电功率最大，对应的是滑动变阻器连入电路的电阻值最小。那么电路中的最大电流是多大呢？要考虑到滑动变阻器允许通过的最大电流、电流表的量程、灯泡的额定电流，以及电压表的量程。那么电路的最大电流是多少呢？我来检查一下，某某同学你来告诉大家？（可能是为了缓解紧张的情绪）

某某同学：根据电功率的公式，可得灯泡的额定电流为0.6A，这个电流没有超过电流表的量程，也没有超过滑动变阻器允许通过的最大电流1A，且此时灯泡的电压刚好是3V，也没有超过电压表的量程。综合考虑，电路的最大电流为0.6A。

甲同学：非常好，大家听懂了吗？

同学们:听懂了。

甲同学:此时,滑动变阻器的连入电阻 $R_{变} = \dfrac{U_{变}}{I} = \dfrac{5V - 3V}{0.6A} = 3.3\Omega$,A错。说完了与电流最大值对应的物理量,再来分析与电流最小值对应的物理量。

甲同学:灯丝电阻 $R_L = \dfrac{U_L^2}{P} = \dfrac{(3V)^2}{1.8W} = 5\Omega$,滑动变阻器的连入阻值为 20Ω 时,电路中的最小电流 $I_{最小} = \dfrac{U}{R_{总}} = \dfrac{5V}{5\Omega + 20\Omega} = 0.2A$,B错;电压表示数 $U_L = I_{最小} R_L = 0.2A \times 5\Omega = 1V$,结合前面的分析,可得电压表示数的变化范围是 1~3V,C正确;此时小灯泡电功率最小 $P_{L最小} = U_L I_{最小} = 1V \times 0.2A = 0.2W$,D错。大家听懂了吗?

同学们:听懂了。

(听课老师和同学们爆发出掌声以示鼓励。)

教师:非常感谢甲同学的分享。我们小结一下,在串联电路中,电压表接在定值电阻两端时,电压表和电流表示数同向变化。①选取最大电流时,每个元件能承受的最大电流都要考虑,"同小取小"。②确定最小电流时,要考虑将滑动变阻器全部连入电路。

教师:为了检验同学们的掌握情况,请同学们完成变式训练1,再请一位同学为大家讲解。

变式训练1. 如图2所示,电源电压恒为8V,电压表量程为0~3V,电流表量程为0~0.6A,滑动变阻器的规格为"20Ω1A",灯泡L标有"6V3W"字样。若闭合开关,在保证电路元件安全的情况下,不考虑灯丝电阻的变化,则下列说法中正确的是(　　)。

A. 电压表示数的变化范围是 0~3V

B. 电流表示数的变化范围是 0.25~0.5A

C. 滑动变阻器的阻值变化范围是 4~7.2Ω

D. 灯泡L的功率变化范围是 0.75~3W

(几分钟后,陆续有同学举手完成,老师示意乙同学主持展示。)

乙同学:电压表测的是滑动变阻器的电压。谁来回答一下,滑动变阻器滑片向右移动时,电流表、电压表如何变化?

学生：滑动变阻器的连入电阻变大时，电流变小，电压表示数变大，此时应考虑在电压表示数最大时，计算出此时滑动变阻器的最大电阻、电路最小电流值、灯泡最小电功率。

乙同学：非常好，那么滑动变阻器滑片向左移动时，电流表、电压表又如何变化呢？

学生：滑动变阻器的连入电阻最小时，对应的是电路最大电流、灯泡最大电功率、电压表最小示数。

乙同学：请大家判断一下，哪些选项是错误的。

学生：当电压表示数为3V时，电路中的最小电流为0.42A，B错。

学生：滑动变阻器的最大阻值为7.2Ω，此时灯泡的电功率最小为2.08W，D错。

学生：综合考虑电流表量程、滑动变阻器规格、灯泡额定电流三个因素，确定最大电流为$I_{最大}=I_L=0.5A$，此时灯泡正常发光，灯泡电压为6V，电压表示数为2V，A错。

学生：灯泡正常发光时，滑动变阻器的最小电阻为4Ω，结合前面的分析，可得滑动变阻器的阻值变化范围是4~7.2Ω，C正确。

乙同学：大家听明白了吗？请用掌声鼓励一下这几位同学的回答。

教师：谢谢同学们的讲解。电压表接在滑动变阻器两端时，电压表和电流表示数的变化方向相反，需要分开讨论确定最大电流和最小电流。

教师：相对于串联电路来说，并联电路的安全问题要简单些，重点是考虑各支路和干路的电流极值问题。

类型二：并联电路

教师：学习要求：①分析电路，并讨论各电表的测量范围；②回答结论时，请说出理由。

1. 基础知识

(1)如图3所示，闭合开关后，当滑片向左移动时，电流表A_2的示数_____，电流表A_1的示数_____。

(2)如图4所示，闭合开关后，当滑片向左移动时，电流表A_2的示数_____，电流表A_1的示数_____。

图3　　　　　　　　图4

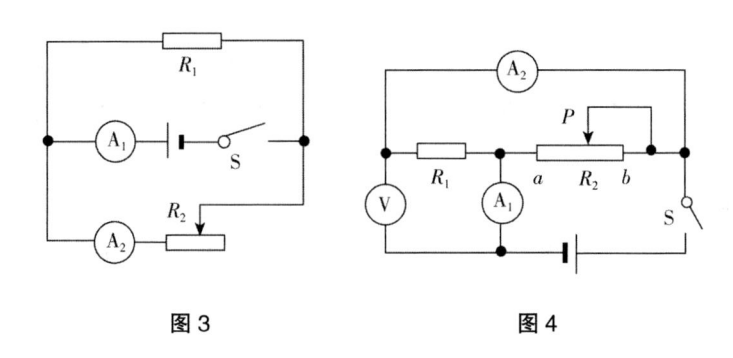

学生：在图3中，R_1与R_2并联，电流表A_2测量的是滑动变阻器支路的电流，电流表A_1测量的是干路电流。当滑片向左移动时，R_2的连入阻值变小，该支路电流变大，电流表A_2的示数变大，又因为R_1是定值电阻，电流不变，所以干路电流变大，A_1的示数变大。

学生：在图4中，R_1与R_2并联，电流表A_2测量的是定值电阻电流，A_2的示数不变；电流表A_1测量的是干路电流。当滑片向左移动时，R_2的连入阻值变小，该支路电流变大，所以干路电流变大，A_1的示数变大。

学生：以上两个图中，定值电阻电流不变，滑动变阻器中的电流变大时，则干路电流变大。

教师：回答得很好。下面我们利用他们的经验来解决实际问题。

2. 例题与练习

例2. 如图3所示，电源电压为12V，定值电阻R_1为12Ω，滑动变阻器R_2标有"50Ω1A"字样，电流表A_1的量程为0~3A，电流表A_2的量程为0~0.6A。在滑片移动过程中，电路消耗的最大功率为_____W。

（请丙同学到黑板上演排展示，待多数同学完成后，请丙同学为大家讲解。）

丙同学：R_1支路的电流是1A，解答本题的关键是如何确定R_2支路的最大电流，谁来回答是多少呢？

学生：由R_2的电流规格"1A"和电流表A_2的量程为"0~0.6A"，可以确定R_2支路的最大电流为0.6A。

丙同学：正确。那么电路的最大电流就应该是1.6A，所以电路消耗的最大功率$P_{最大} = UI_{最大} = 12V \times 1.6A = 19.2W$。请问听懂了吗？

学生：听懂了。

教师:谢谢丙同学。在并联电路中,干路的最大电流是由各支路电流共同决定的,而定值电阻支路的电流是由电压、电阻决定的。滑动变阻器所在支路的电流由各电路元件允许通过的最大电流来决定,同样遵循"同小取小"的原则。

　　教师:我们再来训练一下。

　　变式训练2. 如图5所示,已知电源电压为24V,$R_0 = 48\Omega$,R_1上标有"100Ω3A"的字样,电流表A_1的量程为0~0.6A,电流表A_2的量程为0~3A。当S闭合时,调节滑动变阻器,求R_1的电功率变化范围。

　　(教师请丁同学到黑板上演排展示,准备为大家讲解。)

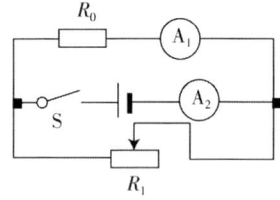

　　丁同学:根据$P_1 = UI_1$可知,并联电路R_1的支路电功率由该支路的电流决定,当R_1全部连入时,电流最小,电功率最小;当该支路允许通过的电流最大时,R_1的电功率最大。

图5

　　丁同学:当R_1全部连入时,R_1的电功率最小即$P_{1最小} = \dfrac{U^2}{R_1} = \dfrac{(24V)^2}{100\Omega} = 5.76W$;那么,该支路的最大电功率是多少呢?

　　学生:R_0中的电流是0.5A,结合A_2的量程为0~3A,所以R_1的最大电流是2.5A,则R_1的电功率最大为60W,所以,R_1的电功率变化范围是5.76~60W。

　　教师:老师刚才看到丁同学在计算最大电功率时,在黑板上演算了很长时间,请问大家有更好的计算经验吗?

　　学生:我把2.5×24看成是2.5×4×6=60,又快又准。

　　教师:非常值得推广,运用数学的计算技巧,可以有效解决计算量大的问题。

　　教师:确定并联电路的最大电流值是难点,不能把电流表的量程当成支路和干路的最大电流值,也不能把滑动变阻器允许通过的最大电流值当作所在支路的最大电流值。

　　教师:今天给大家展示讲解的同学表现非常优秀,思路清晰,声音洪亮,举止大方,和同学们还有互动交流,是我们今天的好老师,我们一起对他们表示感谢。希望同学们在课后也能互帮互学、互相答疑解惑、共同进步。

(四)检测反馈

1.(荆州中考题)如图所示,电源电压 $U=12V$ 保持不变,滑动变阻器 R_0 标有"100Ω1A"字样,灯泡 L 标有"6V6W"字样(灯丝电阻不随温度而变化),电流表量程为 0~0.6A,电压表量程为 0~15V。为了确保测量准确,要求电表的示数不小于其最大测量值的 1/3,要使测量准确并确保电路安全,下列判断正确的是(　　)。

　　A. 电路中电流的变化范围是 0.11~0.6A

　　B. 正常发光时灯丝的电阻是 12Ω

　　C. 灯泡 L 消耗的最小功率是 0.24W

　　D. 滑动变阻器阻值的变化范围是 14~48Ω

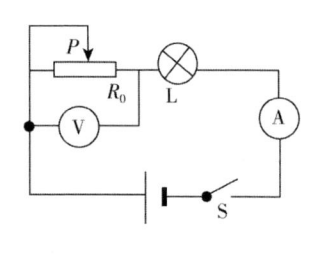

2.(荆州中考题)如图 7 所示,电源电压为 25V 且保持不变,R_1 为定值电阻,R_2 为滑动变阻器,其上标有"50Ω 2A"的字样,电流表 A_1 的量程为 0~0.6A,电流表 A_2 的量程为 0~3A,灯泡 L 标有"5V 1W"的字样。

图 6

(1)闭合 S,断开 S_1,S_2,灯泡恰好正常工作,求 R_1 的阻值。

(2)S,S_1,S_2 均闭合,求滑动变阻器 R_2 连入电路的阻值为多大时电路功率最大?并求出此种情况下电路 1min 消耗的电能。

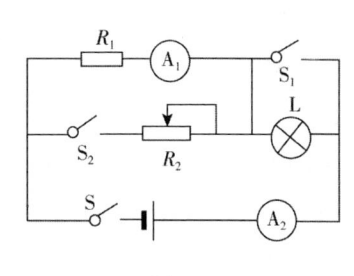

图 7

核心素养背景下的中考物理章节复习课探索

——以"声现象"中考章节复习课为例

湖北省荆州市沙市区岑河中学　文久江

在考试制度存在的今天，考试的指挥棒作用一直存在，中考怎么考，教师们就会怎么教！

2019年11月，教育部发布《关于加强初中学业水平考试命题工作的意见》，意见中明确提出：取消初中学业水平考试大纲，严格依据义务教育课程标准命题，不得超标命题。

中考怎么考，中考试题怎么命制，那就是"依据课程标准科学命题"，不再是人为的拔高和"标新立异"。在中国教育迈入核心素养时代的背景下，这份意见显然会对义务教育阶段的学科教学活动，特别是对中考复习备考教学活动产生强大的指向性作用。义务教育学科教学、学科中考备考复习活动怎么进行？那就是"依标而教"。

中考章节复习不同于新课教学，也不同于新课复习和单元复习，其针对性强，一个现实的目的就是让学生在中考中获取一个不错的考试成绩。如何让中考章节复习课有抓手？如果仅仅是阅读教材、梳理知识点，可能会让学生觉得枯燥；如果依然是大量做题训练，也许会让学生觉得烦躁。

中考章节复习课，必须上出新意，牢牢吸引学生的眼球，引发学生的思考。仔细阅读这份文件，发现其中也为我们的教育教学乃至复习备课工作提供了指导意见。意见中提出要"拓宽试题材料选择范围，丰富材料类型，确保材料的权威性"。对于广大师生来说，最权威的材料应该是教材。我国是一个地域辽阔的国家，城乡差异较大，发展也不均衡，城市有的东西乡村不一定有，乡村有的物件城市也不一定有，而教材上的材料也最能够"充分考虑城乡学生的学习和生活实际"。因此中考复习课，既要"依标而教"，又必须牢牢抓住教材。

对于义务教育物理学科的教学而言，新课学习和复习时，学生往往只注意教材文字的阅读，忽视了教材中插图的作用。就物理学科而言，插图为我们的物理学习提供了丰富的学科情景，这也符合"增强情境创设的真实性、典型性和适切性，提高试题情境设计水平"的意见，因此从教材插图入手，有利于激发学生的物理学习兴趣，由此展开知识点梳理、知识网络构建、开展重点实验探究活动、分析历年中考试题、自己编制中考试题等活动，也许是一种不错的复习尝试。

下面以"声现象"中考章节复习课为例，谈谈中考章节复习课的教法，不正之处，请大家批评指正。

一、教学目标

1. 通过对教材插图的阅读分析，不断建立"声"的物理观念，逐渐理清声学知识间的逻辑联系，构建声学知识体系。

2. 通过对教材插图中重要声学探究实验的重做，培养学生的科学探究能力和习惯。

3. 通过对近年来声学中考试题的梳理和分析，逐步培育学生的学科思维方式，理顺学生的科学思维逻辑，提高学生解决科学问题的能力。

4. 通过联系现代科学技术中声的利用知识的延伸和拓展，培育学生的实践创新素养，为学生的未来发展埋下创新的种子。

二、教学准备

教材插图、截图分类；铅笔、橡皮筋、木盒、刻度尺、乒乓球、两种音叉、铁架台、细线、示波器、小锤、玻璃片、泡沫块、录音设备、多媒体电脑、相关视频软件；"武装"几个乐感较好的学生，练习演奏教材上的插图内容；录制几个本班同学一起唱歌的音频、视频。

三、教学过程

活动1. 播放一段本班同学唱歌的音频，让全班同学猜一猜是哪几位同学在唱歌；猜完之后，播放视频验证。

教师导语后，投影出示课程标准的要求，学生齐读：

1. 通过实验，认识声的产生和传播条件；

2. 了解乐音的特性；

3. 了解现代技术中声学知识的一些应用；

4. 知道噪声的危害和控制方法。

学习环节一：按图索骥——声学知识我梳理

设计意图：学生根据教师投影出示的教材中的部分插图，寻找与图片相关的声学知识点，达到梳理知识点的目的。

活动2. 投影出示第一组教材插图（图1），学生归纳插图信息并自主罗列知识点，然后小组讨论，再进行班级展示。

图1

梳理的知识点有：

1. 声音是由物体的振动产生的，振动的物体叫声源；一切发声的物体都在振动。

2. 振动停止，发声停止，但声音并没立即消失（因为原来发出的声音仍在继续传播）。

活动3. 投影出示第二组教材插图（图2），学生归纳插图信息并自主罗列知识点，然后小组讨论，再进行班级展示。

图2

梳理的知识点有：

1. 声音的传播需要介质；介质是指声音传播所需的物质，固体、液体和气体都可以传播声音。

2. 真空不能传声，月球上(太空中)的宇航员只能通过无线电交谈。

3. 声音以波(声波)的形式传播。

4. 不同介质中的声速不同：声在固体中传播最快，在气体中传播最慢；声音在15℃的空气中的传播速度为340m/s。

5. 影响声速的因素：介质种类、介质温度、介质状态。

6. 回声是声音在传播过程中遇到障碍物被反射回来而形成的；听见回声的条件：回声到达人耳的时间比原声晚0.1秒以上人就能听到回声。如果不到0.1s，回声与原声相混使原声加强，觉得声音更响亮。发声体距离障碍物的距离至少要大于17米才能产生回声。

活动4. 投影出示第三组教材插图(图3)，学生归纳插图信息并自主罗列知识点，然后小组讨论，再进行班级展示。

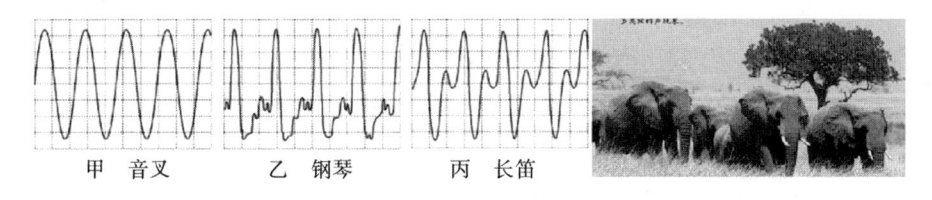

甲 音叉　　乙 钢琴　　丙 长笛

图3

梳理的知识点有：

1. 音调、响度、音色是声音的三特性。

2. 声音的高低叫音调；影响因素：由发声体振动的频率决定，频率越大，音调越高。

3. 声音的强弱叫响度；影响因素：① 响度跟发声体的振幅有关，物体振幅越大，响度越强；② 响度还和距发声体的距离远近有关，听者距发声者越远，响度越弱。

4. 音色是指声音的品质特色；不同发声体的材料、结构不同，发出的声音的音色不同。人们根据音色能够辨别乐器或区分不同的人。

5. 人耳感受到声波的频率范围为：20～20 000Hz，称为声音；频率高于20 000Hz的声波叫超声波；频率低于20Hz的声波叫次声波。

活动5. 投影出示第四组教材插图(图4),学生归纳插图信息并自主罗列知识点,然后小组讨论,再进行班级展示。

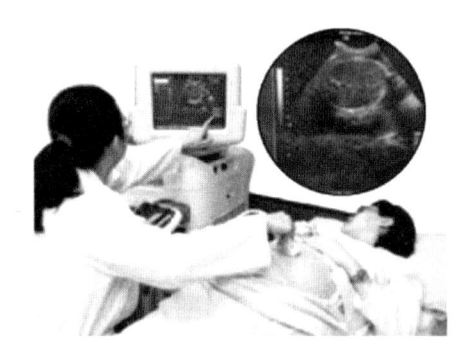

图4

梳理的知识点有:

1. 声能够传递信息。

(1)例子:蝙蝠用来辨路捕食、超声波测速仪、"B超"等。

(2)回声定位:① 原理:根据回声到来的强弱、方向和时间可以确定目标的位置和距离。② 利用声呐系统可以推测海洋的深度、获取鱼群的位置。

2. 声能够传递能量。如清洗精密机械、粉碎体内结石、制成超声波加湿器。

活动6. 投影出示第五组教材插图(图5),学生归纳插图信息并自主罗列知识点,然后小组讨论,再进行班级展示。

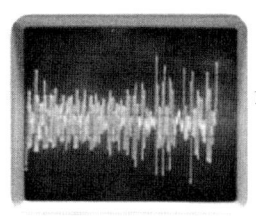

图5

梳理的知识点有:

1. 噪声的定义。

(1)物理角度的定义:物体做无规则振动时发出的声音叫噪声。

(2)环保角度的定义:凡是妨碍人们正常学习、工作、休息的声音以及对人们要听的声音产生干扰的声音。

2. 噪声的等级：表示声音的强弱，单位是分贝，符号为 dB。0dB 指人耳刚好能听见的最微弱的声音。

3. 控制噪声的途径。

(1)在声源处控制，如汽车安装消声器。

(2)在传播过程中控制，如植树、建隔音墙。

(3)在人耳处控制，如戴耳塞。

活动 7. 师生共建本章知识结构图。

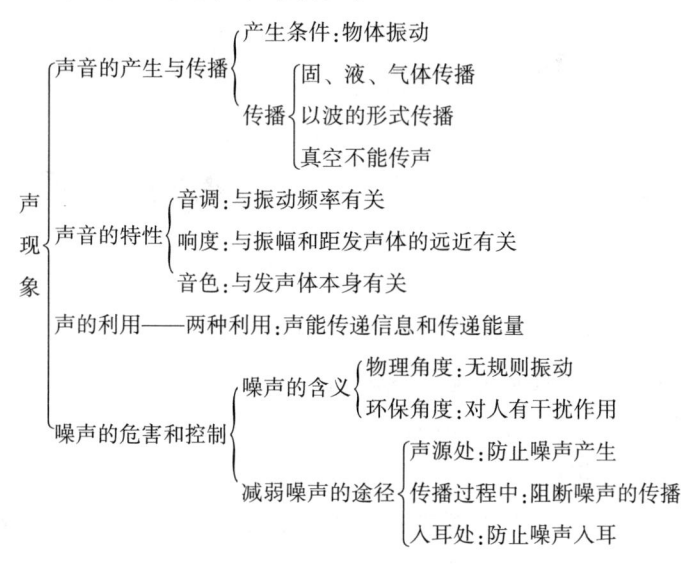

声现象
- 声音的产生与传播
  - 产生条件：物体振动
  - 传播
    - 固、液、气体传播
    - 以波的形式传播
    - 真空不能传声
- 声音的特性
  - 音调：与振动频率有关
  - 响度：与振幅和距发声体的远近有关
  - 音色：与发声体本身有关
- 声的利用——两种利用：声能传递信息和传递能量
- 噪声的危害和控制
  - 噪声的含义
    - 物理角度：无规则振动
    - 环保角度：对人有干扰作用
  - 减弱噪声的途径
    - 声源处：防止噪声产生
    - 传播过程中：阻断噪声的传播
    - 入耳处：防止噪声入耳

学习环节二：大展鸿图——探究实验我来做

设计意图：让学生对照教材部分插图进行实验探究，目的是强化重点知识，培养学生的实验探究能力。

活动 8. 投影出示第六组教材插图(图 6)，学生按照插图内容完成实验，并回答实验要点及知识点。

图 6

"有用 有趣 有探究"的活物理教学

实验要点:橡皮筋适度张紧,拨动橡皮筋时,既听得见声音,又能看得见橡皮筋振动。

知识点:声音是由物体的振动产生的,一切发声的物体都在振动;振动停止,发声停止。

活动9. 投影出示第七组教材插图(图7),学生按照插图内容完成实验,并回答实验要点及知识点。

图7

实验要点:第一个实验要控制好敲击桌子的力度和耳朵距离敲桌子处的距离;第二个实验需要师生配合完成,注意推理方法的运用。

知识点:声音通过固体、液体、气体进行传播;真空不能传声。

教师点拨:理想推理法。

活动10. 投影出示第八组教材插图(图8),学生按照插图内容完成实验,并回答实验要点及知识点。

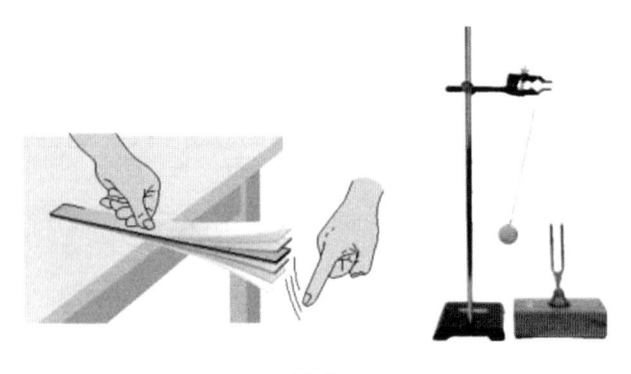

图8

实验要点:注意拨动钢尺的力度和敲击乒乓球的力度;既要听到声音,

也要观察钢尺和乒乓球的运动情况。

知识点:音调是由发声体振动的频率决定的,频率越大,音调越高;响度跟发声体的振幅有关,物体的振幅越大,响度越强。

教师强调:(1)控制变量法;(2)转换法。

活动11. 投影出示第九组教材插图(图9),学生按照插图内容完成实验,并回答实验要点及知识点。

图9

实验过程:先让几个自告奋勇的学生上台演奏,然后让课前"武装"好的学生进行演奏,让其他学生唱出歌词,教师给予高度评价。

实验要点:水量适度、掌握一定的乐理知识。

知识点:发声的物体为声源;影响振动快慢的因素。

活动12. 投影出示第十组教材插图(图10),学生按照插图内容完成实验,并回答实验要点及知识点。

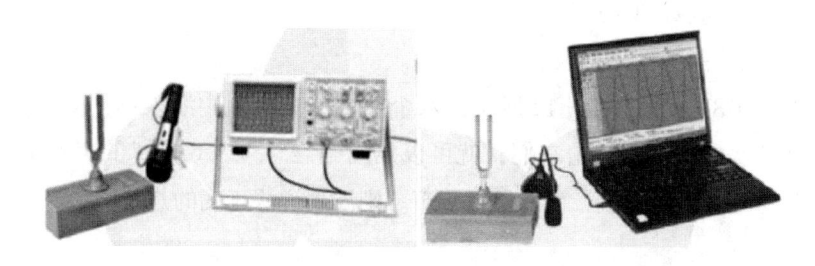

图10

实验要点:师生合作,分别敲击两个不同的音叉、用泡沫块刮玻璃片,录音、截屏,将波形放大,将三种波形截屏之后放在一起对比观察。

知识点:通过本实验,既把看不见的声音变成看得见波形,帮助学生理解声音的波形图，也通过学生交流讨论，得出物理学中噪声的定义。

学习环节三：图文并茂——中考试题我赏析

设计意图：让学生对近三年全国各地的"声现象"中考试题有所认识和了解，并寻找出题规律和解题思路。

活动13.学生自主学习。学生个体独立完成导学案中近三年的声学中考题，并进行分析归纳，找出出题规律和解题思路。

三年中考试题大观：

1.（2017·广东）如图11所示，下列说法正确的是（　　）。

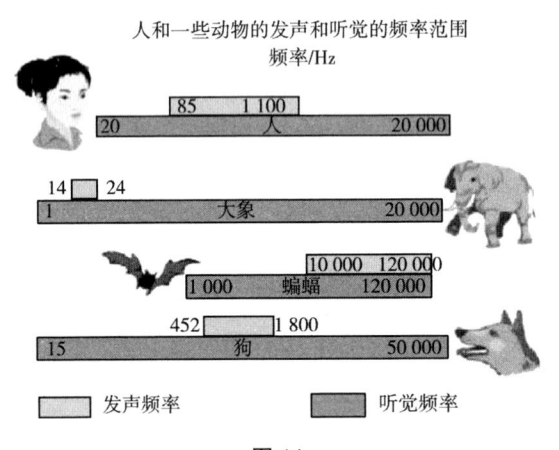

图11

A. 人的听觉频率范围是85~1 100Hz

B. 狗的听觉频率范围是15~50 000Hz

C. 蝙蝠能听到次声波

D. 大象能听到超声波

2.（2018·安徽）如图12所示，八个相同的玻璃瓶中灌入不同高度的水，仔细调节水的高度，敲击它们，就可以发出"1.2.3.4.5.6.7.i"的声音来；而用嘴吹每个瓶子的上端，可以发出哨声。则下列说法正确的是（　　）。

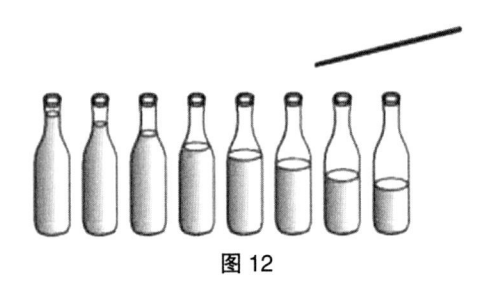

图12

A. 敲击瓶子时，声音只是由瓶本身的振动产生的

B. 敲击瓶子时，声音只是由瓶中水柱的振动产生的

C. 用嘴吹气时，哨声是由瓶中空气柱的振动产生的

D. 用嘴吹气时，哨声是由瓶中水柱的振动产生的

3. (2019·北京)如图 13 所示，把正在响铃的闹钟放在玻璃罩内，逐渐抽出玻璃罩内的空气，听到闹铃声逐渐变小，直至听不见；再让空气逐渐进入玻璃罩内，听到闹铃声又逐渐变大。关于上述实验，下列说法中正确的是(　　)。

A. 空气可以传播声音

B. 只要闹铃振动，就可以听到铃声

C. 听不见闹铃声了，是由于闹铃不再振动了

D. 听到闹铃声又逐渐变大，是由于闹铃振动逐渐变剧烈了

4. (2018·黑龙江)如图 14 所示，下列声现象中能说明声音传递能量的是(　　)。

图 13

A. 烛焰晃动　B. 钢尺振动　C. 蝙蝠靠超声波发现昆虫　D. 倒车雷达

图 14

5. (2019·齐齐哈尔)小智在体会声现象的过程如图 15 所示，下列说法错误的是(　　)。

A　B　C　D

图 15

A. 说话时声带在振动，说明声音是由物体振动产生的

B. 分别轻敲桌面和重敲桌面，听到声音的音调不同

C. 用棉球塞住耳朵也能听到音叉发声，是利用骨传导

D. 敲鼓时看到鼓前烛焰摇动，说明声波能传递能量

6. (2019·孝感)如图16所示，是四个与声现象相关的图形，下列说法正确的是(　　)。

　　A. 图甲可以说明真空能够传声

　　B. 图乙可以探究音色与频率的关系

　　C. 图丙可以探究响度与振幅的关系

　　D. 图丁的倒车雷达可以说明声能够传递能量

图16

7. (2019·贵阳)为了防止机动车的噪音对学校教学产生影响，交管部门应该选择如图17所示的哪个交通标志牌安放在校园及附近路段更恰当(　　)。

A. 禁止鸣笛　　B. 限速　　C. 禁止停车　　D. 限重

图17

8. (2018·玉林)如图18甲所示，蝙蝠靠发出_____发现昆虫。如图18乙所示，从玻璃罩里向外抽气的过程中铃声逐渐减小，由此现象可推理得出_____不能传声。

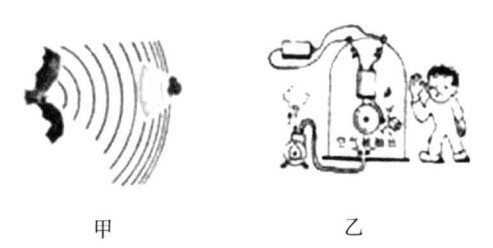

图18

9.（2017·青岛）探究影响音调高低的因素：

过程方法：把钢尺紧按在桌面上，一端伸出桌边拨动钢尺，保持振幅相同，运用的科学方法是_____法。

图19

实验现象：缩短钢尺伸出桌边的长度，发现钢尺振动得越来越_____，音调越来越_____。

问题讨论：在桌面上撒些碎纸片，敲击桌子，发现桌子发声的同时，碎纸片被弹起，由此证明声音是由物体_____产生的。

10.（2018·河南）如图20所示，用竖直悬挂的乒乓球接触正在发声的音叉，会看到乒乓球_____。该实验说明了声音是由物体的振动产生的。请你再设计一个显示声源振动的实验：_____。

参考答案：

1. B 2. C 3. A 4. A 5. B 6. C 7. A 8. 超声波　真空　9. 控制变量　快　高　振动　10. 被弹开　用小锤敲击鼓面时，会看到鼓面上的纸屑跳动

图20

活动14. 小组合作探究。在学生自主学习完成之后，小组一起分析讨论，得出统一的出题规律、解题思路。

活动15. 学生班级大展示。教师投影出示该题，学生代表就此题的解题思路、出题规律进行讲解，教师进行适当的点拨。

学习环节四：深图远算——中考试题我编制

设计意图：学生根据本章教材中的全部插图，任意编制中考试题，培养学生的综合实践等能力。

活动16. 投影出示前两个环节未出示的本章教材插图，并进行试题编制示范。

示范1:出示教材插图(图21)。

例1. 如图21所示,在筷子上捆一些棉花,做一个活塞,用水蘸湿棉花后插入两端开口的竹管中,用嘴吹竹管的上端,可以发出悦耳的哨音。上下推拉活塞,并用相同的力吹竹管的上端时,下列说法错误的是( )。

　　A. 哨音是由竹管内空气的振动产生的

　　B. 哨音是通过空气传到别人耳朵的

　　C. 向上推活塞时,吹出的哨音响度会变大

　　D. 向下拉活塞时,吹出的哨音音调会变低

图21

例2. 如图21所示,在筷子上捆一些棉花,做成一个活塞,用水蘸湿棉花后插入两端开口的竹管中,用嘴吹竹管上端,就可以发出悦耳的哨音。在现场观看表演的人听到的哨音是由_____传入耳朵的;上下推拉活塞,并用相同的力度吹竹管上端时,吹出哨音的_____会发生变化(选填"音调""音色"或"响度")。

参考答案:1. C　2. 空气　音调

编制说明:以教材中"动手动脑学物理"中的插图为背景,编制的第1题为选择题,围绕这个插图综合考查声现象的有关知识,考核的知识点有:声源、声音的传播及声音音调、响度的影响因素等;编制的第2题为填空题,考核的知识点有:声音传播介质及声音的音调影响因素。

示范2:

例3. 关于下列四个情景(图22)的说法正确的是( )。

A. 发声扬声器旁的烛焰晃动,说明声波能传递能量

B. 不能听到真空罩中闹钟的闹铃声,是因为玻璃阻断了声音的传播

C. 发声的音叉将乒乓球弹开,说明振动的物体会发声

D. 8个相同的玻璃瓶装有不同高度的水,敲击它们时发出声音的音色不同

图22

参考答案:3. A

编制说明:本题以教材中的四幅插图为背景,综合考查学生对声现象知识的掌握程度。考核的知识点有:声音传递能量、真空不能传声、声音的产生及声音三特性的影响因素等。

活动17. 学生独立根据教材上的插图进行试题编制,然后小组讨论,小组推选出两道试题进行班级大展示,并要求进行编制说明(说清楚编制方法、考核目的等)。

学习环节五:鸿业远图——创新素养我养成

设计意图:进行思考与拓展,目的是让学生获得一些发明创造方面的启迪和启发,培育学生的实践创新素养。

活动18. 投影出示教材插图(图23),学生观察插图;视频播放老式唱片机的画面,教师进行解读;学生讨论从插图中得到的启示。

图 23

活动19. 投影出示教材插图(图24),学生阅读插图并讨论从插图中得到的启示。

图 24

视频播放:声呐系统、导盲仪等,学生再讨论从中得到的启示。

活动20. 投影出示教材插图(图25),学生阅读插图并讨论从插图中得到的启示。

图25

视频播放:瓜果清洗仪、洗碗机等,学生再讨论从中得到的启示。

教师点拨:创造发明并不神秘,掌握方法事半功倍。我们中学生谈发明创造,并不是要我们马上就做出多大的发明,而是要从此具有以发明创造造福人类的理想。

在这个复习教学活动中,教师首先带领学生熟悉义务教育物理课程标准中对"声"的要求;通过阅读课本插图获取物理信息,培育物理观念;通过实验探究培育学生的科学探究能力;本案例不仅仅立足现在,更是放眼未来,将"实践创新"素养放在重要的位置,在案例的最后通过插图进行延伸,培育学生发明创新的意识。

有人说"没有分数过不来现在,只有分数过不了将来"。我想在核心素养到来的时代,只要我们初中物理教师坚持"依标教学",创造性地使用教材,一定能让学生既过得了现在,也能够赢得未来。

参考文献

【1】余文森. 核心素养导向的课堂教学[M]. 上海:上海教育出版社,2017:261.

【2】苏明义. 新版课程标准解析与教学指导(初中物理)[M].北京:北京师范大学出版社,2012.

【3】文久江. 活物理教学实践探索[M]. 北京:中国致公出版社,2019.

【4】任学宝. 核心素养培育要落实到学科教学的四个层次[J]. 人民教育,2017(Z1),55-59.

【5】文久江. 有用 有趣 有探究[N].中国教育报,2017-9-6(10).

牛顿苹果砸中你了吗？
——初中物理综合复习课探究

湖北省荆州市沙市区岑河中学　文久江

一、教学引入：一个"牛顿苹果"的传说

"一切物体在没有受到力的作用时，总保持静止状态或匀速直线运动状态。"这就是著名的牛顿第一定律的内容，以牛顿三大定律为基础的力学体系的建立标志着经典物理学的诞生。关于牛顿有许多经典的传说，其中最著名的是关于"苹果"的传说。

牛顿画像

剑桥大学三一学院门口的牛顿苹果树

牛顿12岁那年，对实验和机械发明产生了浓厚的兴趣，自己动手制作了水钟、风磨和日晷等。一个炎热的中午，小牛顿在他母亲的农场里休息，正在这时，一个熟透了的苹果落下来，这个苹果不偏不倚，正好打在牛顿头上。牛顿想：苹果为什么不向上跑而向下落呢？他问他的妈妈，他妈妈也

不能解释。大凡科学家都保有一颗童心,牛顿更不例外,他长大成了物理学家后,他联想到少年时"苹果落地"的往事:为什么苹果总是竖直落向地面呢?为什么苹果不向外侧或向上运动,而总是向着地球中心运动呢?可能是地球某种力量吸引苹果而使苹果掉下来的吧?经过长时间的思考,牛顿由此发现了万有引力现象。

【此段由教师讲述并投影出示图片】

二、新课教学:三个"牛顿苹果"的赏析

【此段由师生共同分析完成,教师做点评】

【苹果1】到了收获苹果的季节,果园里充满了苹果的香味,这是苹果的芳香分子在做永不停息的_____运动;挂满苹果的枝条被压弯了,这说明力可以使物体发生_____。

分析:分子动理论告诉我们"一切物质的分子都在永不停息地做无规则的运动",正是苹果的芳香分子在做永不停息的无规则运动,才使得果园里充满了苹果的香味;而力的作用效果有二:改变物体的运动状态,或是改变物体的形状。苹果将枝条压弯,说明力可以使物体发生形变。答案为:无规则;形变。

点拨:本题以苹果和果园为情景考查学生对分子动理论、力的作用效果的了解与掌握。

【苹果2】一个苹果放在水平的餐桌上处于静止状态。下列各对力中属于平衡力的是( )。

A. 餐桌受到的重力和苹果对餐桌的压力
B. 苹果受到的重力和苹果对餐桌的压力
C. 苹果对餐桌的压力和餐桌对苹果的支持力
D. 苹果受到的重力和餐桌对苹果的支持力

分析:餐桌受到的重力和苹果对餐桌的压力大小不等,方向相同,它们不是一对平衡力;苹果受到的重力和苹果对餐桌的压力作用在不同的物体上,它们不是一对平衡力;苹果对餐桌的压力和餐桌对苹果的支持力作用在不同的物体上,它们是一对相互作用力;苹果受到的重力和餐桌对苹果的支持力大小相等、方向相反、作用在同一直线上,也都作用在苹果上,是一对平衡力。

故选 D。

点拨:本题以"放在餐桌上的苹果"为研究对象考查二力平衡的判断。在不知道二力三要素的情况下,可以根据二力平衡的定义判断,即判断物体是否处于平衡状态——静止或匀速直线运动状态。

【苹果3】(山西中考题)周末,小敏到乡下帮爷爷摘苹果,看见一个熟透的苹果掉了下来。小敏对这个现象产生了浓厚的兴趣,提出了如下两个猜想:

猜想一:苹果的下落快慢是否与苹果的质量有关?

猜想二:苹果下落的高度与下落的时间存在着怎样的关系?

于是他找来一些器材,在忽略空气阻力的情况下进行实验。

(1)小敏在探究"猜想一"时,应控制苹果的_____不变,让苹果的_____改变,以比较苹果下落时间的长短。

(2)小敏在探究"猜想二"时,测量出同一个苹果在不同高度 h_1, h_2, h_3……下落时所对应的时间为 t_1, t_2, t_3,…,并绘出 $h-t$ 图象(如右图所示)。他结合数学上学过的"二次函数"知识猜想:"物体下落的高度可能与下落时间的平方成正比。"若要验证这一猜想,应如何分析实验数据?

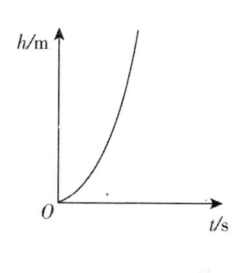

方法:_____。

分析:(1)由于苹果下落的快慢与多个因素有关,要探究苹果下落快慢与质量的关系,除了苹果的质量改变之外,其他的因素都应保持相同,因此应保持高度相同,改变苹果的质量来比较下落速度与质量大小的关系;(2)判断物体下落的高度是否与下落时间的平方成正比,可在得到的实验数据基础上,计算每一组下落高度与下落时间的平方之间的比例关系,然后根据计算结果进行判断:如比值相等,则成正比;如比值不等,则不成正比。答案:(1)下落高度;质量;(2)分别计算出 h_1/t_1^2, h_2/t_2^2, h_3/t_3^2 的比值,比较比值大小,如比值相等,则成正比;如比值不等,则不成正比。

点拨:下落的苹果促使牛顿发现了万有引力,本题以"下落的苹果"为背景考查应用控制变量法设计实验和对实验数据的处理方法。

【教师投影出示三道试题,先由学生自主解答,然后小组讨论,最后学生集中展示,教师在此基础上投影出示"分析"和"点拨"得出解题的最佳方案】

三、课堂练习:三个"牛顿苹果"的试验

刚才的三个牛顿苹果"味道"怎么样呢?可能有的同学还在回味,有的同学还没有感觉。就让"上帝"再扔三个苹果吧,看能否有一个苹果砸中你!

【苹果Ⅰ】小昕准备吃苹果,他打开冰箱门从冷藏室中拿出一个苹果放在餐桌上,不一会就发现苹果上有一层水珠。这些水珠主要是经过(   )物态变化形成的?

　　A. 升华、凝华　　B. 汽化、熔化

　　C. 凝华、熔化　　D. 汽化、液化

【苹果Ⅱ】右图是苹果下落过程中拍摄的频闪照片,相机每隔0.1s曝光一次,由此可判断苹果的运动是_____(选填"匀速"或"变速")运动。照片上 A 与 B 的间距所对应的苹果的实际运动路程为57cm,则苹果在这段路程上的平均速度是_____m/s。

【苹果Ⅲ】阅读短文,回答问题:

苹果是一种智慧之果,它具有传奇般的色彩。网络上曾盛行这样一种说法:上帝的树共结了三个苹果,第一个被亚当和夏娃偷吃了,第二个砸在了牛顿的头上,第三个送给了乔布斯。下面就让我们来一次有关苹果的探索之旅吧!

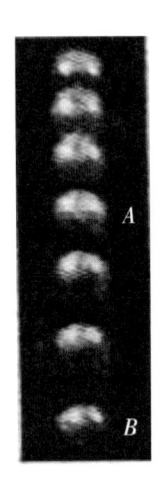

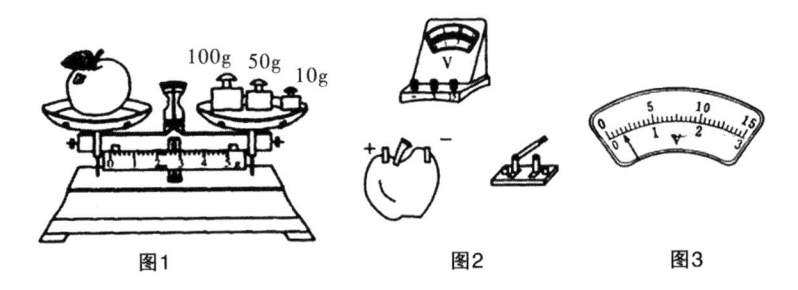

图1　　　　　　图2　　　　　　图3

(一)测量密度:

方法一:如上图1所示,用天平测得苹果质量为_____g;若苹果的体积为200cm³,则苹果的密度为_____g/cm³。

方法二:将苹果轻放入装满水的溢水杯中,静止时,苹果漂浮在水面上,测得从杯中溢出水的体积为 V_1;再用细针缓缓地将苹果全部压入水中,

从杯中又溢出了体积为 V_2 的水。已知水的密度为 $\rho_水$，则苹果密度的表达式为 $\rho=$ _____。

(二)科学探究:苹果电池的电压大小与电极插入深度的关系。

在苹果中插入铜片和锌片就能成为一个苹果电池，铜片是苹果电池的正电极，锌片是负电极。那么苹果电池的电压大小 U 与电极插入的深度 h 有怎样的关系呢？某实验小组用如图2所示的实验器材对该问题进行了探究。

(1)请用笔画线代替导线完成图2的实物连接；

(2)实验时，应保持其他条件不变，只改变_____；

(3)小组同学测得的实验数据列于下表，当深度为5cm时，电压表的示数如图3所示，请将电压值填入下表的空格中。

两电极插入的深度 h/cm	1	2	3	4	5	6
电压 U/V	0.12	0.18	0.22	0.27		0.34

(4)分析表格中的数据，你能得到的实验结论是_____；

(5)科学猜想:苹果电池的电压大小还可能与_____有关；

(6)如果实验前不知道某器材的正负极，可以使用电压表来判断，你认为还可以使用_____(填写一种实验器材)来判断。

【课堂练习的参考答案】【苹果Ⅰ】D 【苹果Ⅱ】变速 1.9 【苹果Ⅲ】(一) 162g 0.81g/cm³ $\rho_水 V_1/(V_1+V_2)$
(二)(1)如图4 (2)电极插入苹果的深度 (3)0.3
(4)苹果电池的电压大小随电极插入苹果深度的增加而增大 (5)苹果的种类等 (6)电流表(或发光二极管、小磁针)

【此段由学生独立完成，教师再根据学生的完成情况，出示答案，小组内讨论并订正】

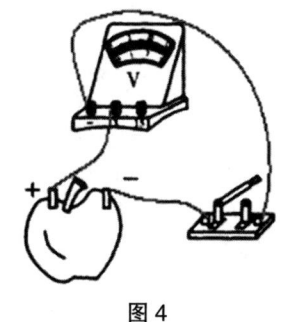

图4

四、课堂结语:一则"牛顿苹果"的笑话

生活中不少人抱怨:为什么苹果不砸向我的头顶呢？

有一个人向上帝祈祷:"为什么不给我机会，让我成为伟人呢？"

上帝问："你想成为谁？""如果我生在牛顿的时代，我就是牛顿了。"

"好的。"于是上帝把他送到牛顿的苹果树旁边，并让第一个苹果掉在了他的头上。他捡起来，头有些疼，还不错，有苹果，吃了。

上帝见状，又让一个苹果掉了下来砸在他头上。很疼，他忍了忍，又吃了。

上帝无奈，又掉下第三个苹果，砸在他头上。"妈的，这苹果怎么专门砸我的头？"他一生气，把苹果扔了。——苹果正好砸到牛顿的头上……

虽是一则笑话，却道出一番实情：砸向我们每个人的苹果有很多，只是我们缺乏发现的慧眼，也或许是缺乏相应的知识准备。

苹果已经砸向你了，你做好准备了吗？

五、自我点评：以真实载体打造有生命的课堂

本节综合复习课将我们熟悉的苹果赋予了生命力和传奇色彩，以其为载体，以该真实物说理，而不是以"某物体"作为虚的载体，将一串习题连接起来。通过"引入"讲述牛顿与苹果的故事激发学生的学习兴趣；接着通过以苹果为载体的三道习题的赏析帮助学生复习知识点并建立解题方法；然后通过以苹果为载体的三道试题进行课堂训练；最后以苹果为切入点进行课堂小结。这样一个完整的以苹果这个真实的物体作为载体的教学过程，使物理课堂激发学生作为人的存在感、幸福感，处处弥漫着生命的气息。

你喜欢垂钓吗？

湖北省荆州市沙市第一中学　张　宇

一、课堂引语

不知道同学们有没有钓过鱼？我这个人平时比较喜欢钓鱼，闲暇时间，去野外钓钓鱼，呼吸一下新鲜空气，亲近一下大自然，心情会格外舒畅。在漫漫钓鱼"生涯"中，我也逐渐领悟到钓鱼中其实蕴含着大量的物理知识。为此，我在网上搜罗了全国各地的中考真题和练习题，发现有很多以钓鱼为情景而创设的题目。下面，我就把我钓鱼的一些心得跟物理知识相结合，与大家一起分享，也算得是一种"理论联系实际，物理走向生活"吧。

二、课堂分析与练习

(一) 鱼竿、鱼钩

鱼竿的选择要尽量选择质量轻、弹性适中的碳素鱼竿。首先，钓鱼竿本身属于费力杠杆，且竿越长，其重心距手握的位置越远，越觉得重，人的手握得很费劲，时间久了，手就会感到酸痛。所以现在很多钓鱼人都在握把位置绑了缠绕带，其质地柔软、受力面积大、压强小，握得舒服一些，并且还用专门的鱼竿支架支撑着。其次，鱼竿要弹性适中，如果太硬，提竿时瞬间发力，时间短，线的拉力大，易断线；如果太软，一条小鱼也足以使鱼竿形变程度很大，不易提起来。另外，现在大多数钓鱼竿都是碳素材料，是导体，所以钓鱼的时候，千万不要到电线或高压电线下面钓鱼，以防触电，并且雷雨天还要注意防雷。

鱼钩的选择根据所钓鱼的大小尽量选择大小适中、锋利的、带倒刺的。既容易中鱼，又不易跑鱼。钩尖越锋利，受力面积越小，压强越大，更易中鱼。当然，也有不带倒刺的钩，主要用于竞技钓鱼，阻力小一些，方便取鱼。

真题链接

1. 下图所示为钓鱼竿钓鱼的示意图，请画出 F_1 的力臂 L_1。

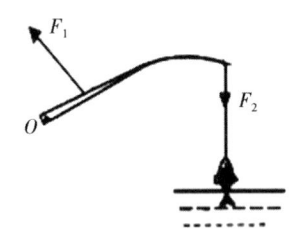

解析：过支点 O 作 F_1 作用线的垂线段即 F_1 的力臂 L_1。如下图所示：

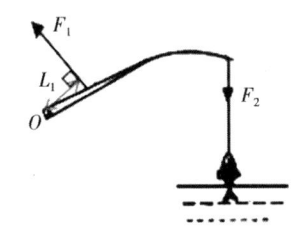

点评：本题考查力臂画法的掌握情况；确定支点和力的作用线方向，是正确画出力臂的前提。

2. 用钓鱼竿拉出水中的鱼时，对鱼施力的物体是(　　)。

A. 手握鱼竿的人　　　　B. 钓竿
C. 拉住鱼的鱼钩　　　　D. 鱼

解析：首先应找出哪些物体与鱼相接触，进而确定该物体是否是施力物体。在拉出水中鱼的过程中，与鱼相互接触的只有鱼钩，故施力物体为拉住鱼的鱼钩。故选 C。

点评：在对物体进行受力分析时，必须明确每一个力都必须有施力物体，并且产生弹力的物体之间一定是相互接触的。

(二)钓点

钓点的选择考虑的因素很多，天气、季节、水情、鱼情、地理位置等都会影响钓点的选择。于我而言，我喜欢野钓，一些湖泊、小河都是很好的钓位。我通常选择在水深一点、安静的水草边进行垂钓。鱼儿对光和声音都很敏感，光线太强，声音太大，都可以通过空气、水传到水底引起鱼的恐慌，所以鱼儿大多数都躲在水稍深处或者水草中，以确保安全。

真题链接

3. 星期天，小明去河边钓鱼时：(1)小明拿着钓鱼杆站在岸边看到自已在水中的倒影，这是光的_____形成的。(2)小明看水中的鱼时，看到的是鱼的虚像，鱼的虚像位置比鱼的实际位置_____，这是由于光的_____形成的。(3)小明钓鱼时用的钓鱼竿是_____杠杆。(4)小明钓鱼时总担心有人大声讲话，担心有人从身旁很响地走动，是因为声音可通过_____、_____、_____传播给鱼。

解析：(1)反射 (2)浅 折射 (3)费力 (4)空气 河岸 水

点评：此题涉及光的反射、光的折射、杠杆识别、声音传播介质等知识点。

(三)窝料、饵料

钓鱼的人都知道钓鱼前要打窝，钓鱼时要调钓饵。窝料主要用于聚鱼，饵料主要用于作钓。无论是窝料还是饵料，都讲究一个词：雾化。从物理学角度看，雾化即为扩散现象，窝料、饵料调配得越好，其中带香味的分子运动就越快，雾化效果就越好，那聚鱼的快速性和持久性相应地就越好。

(四)"鱼星"

所谓"鱼星"，即鱼在吸食窝料时吐出的气泡。"鱼星"越多，就说明聚的鱼越多，这时正是开始作钓的好时机！鱼儿吐出的气泡在水中上升的过程中，由于外部水的深度变浅，压强变小，内外压强差会变大，所以气泡体积会变大。由于气泡内气体的质量是一定的，气泡内气体的密度会变小，压强也会变小。另外，根据阿基米德原理，气泡的浮力等于它排开的水重，因气泡体积变大，排开的水变多，浮力也会变大。

真题链接

4. 鱼在河底吐出一个气泡，气泡在水里上升的过程中( )。

A. 重力不变　　B. 体积不变
C. 浮力不变　　D. 密度不变

解析：气泡在水里上升的过程中：

A. 气泡内空气的质量不变，由 $G = mg$ 可知，重力不变，故 A 正确；

B. 根据 $p=\rho gh$ 可知，气泡在水中的深度 h 变小，水的压强变小，所以体积变大，故 B 错；

C. 水的压强变小后气泡体积变大，根据 $F_浮=\rho gV_排$，$V_排$ 变大，所以浮力变大，故 C 错；

D. 气泡的质量不变，体积变大，由密度公式 $\rho=m/V$ 可知，气泡密度变小，故 D 错。故选 A。

点评：分析此题利用重力、压强、浮力、密度的计算公式，通过气泡深度以及体积的变化可求解。

(五) 调漂

浮漂是反映鱼咬钩信号最重要的部件，浮漂调得好不好将直接影响渔获的多少。我把调漂分为调灵和调钝。调灵或是调钝，视当时钓鱼的鱼情而定，不断尝试，保证中鱼率高些为好。所谓调灵，即利用漂浮条件，通过增减铅坠的质量，使得浮漂(含铅坠、鱼钩、鱼饵、线组等)受到的总浮力与其总重力相等，并且始终保持浮漂露出水面的目数一定，同时还可以上下调节浮漂的位置来改变鱼钩在水中的深度，以应对不同水层的鱼。而所谓调钝，即让鱼钩或铅坠沉在水底，此时水底对鱼钩或铅坠产生支持力，浮漂的浮力会有所减小，表现为其露出的目数会增加几目。

真题链接

6. 为了响应"健康重庆"的号召，小林和爸爸周末到郊外去钓鱼，他在亲近大自然的同时还观察到爸爸在钓鱼前要"试漂"来确定铅坠(铅坠由合金制成)的大小，尽量使"浮标"更灵敏(如下图甲所示)，下图乙是浮标和铅坠的位置示意图。若球形浮标的体积为 15cm³，铅坠的密度为 11 g/cm³(取水的密度 $\rho_水=1.0×10^3 kg/m^3$，$g=10N/kg$)

(1) 若铅坠在水面下 1.2 m 处，它受到水的压强是多大？

(2) 有经验的钓鱼者会使浮标体积的 $\dfrac{2}{3}$ 浸入水中，此时浮标受到的浮力是多大？

(3) 小林看见爸爸有一种体积为 0.5cm³ 的铅坠，如果使用这种铅坠，浮标静止时浸入水中的体积有多大？(铅坠未接触池底，不计浮标的质量，不计钓线、鱼钩和鱼饵的体积及质量)

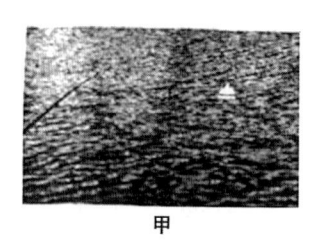

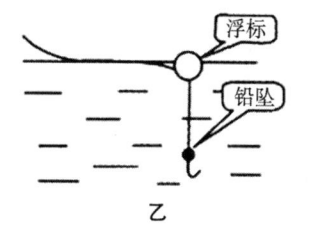

解析：

(1) $p = \rho g h = 1.0 \times 10^3 \text{kg/m}^3 \times 10\text{N/kg} \times 1.2\text{ m} = 1.2 \times 10^4 \text{Pa}$；

(2) 浮标有 2/3 的体积浸入水中时，浮标浸入水中的体积：

$V_{排} = \dfrac{2}{3} V_{浮标} = \dfrac{2}{3} \times 15\text{cm}^3 = 10\text{cm}^3 = 10^{-5}\text{m}^3$，

$F_{浮} = \rho_{水} g V_{排} = 1.0 \times 10^3 \text{kg/m}^3 \times 10\text{N/kg} \times 10^{-5}\text{m}^3 = 0.1\text{N}$；

(3) 铅坠的质量：$m = \rho V = 11\text{g/cm}^3 \times 0.5\text{cm}^3 = 5.5\text{g} = 0.005\ 5\text{kg}$

铅坠受到的重力：$G = mg = 0.005\ 5\text{kg} \times 10\text{N/kg} = 0.055\text{N}$

由于铅坠未接触池底，浮标和铅坠静止时受到的浮力 $F'_{浮} = G = 0.055\text{N}$，根据阿基米德原理，此时排开水的体积

$V'_{排} = \dfrac{F'_{浮}}{\rho_{水} g} = \dfrac{0.055\text{N}}{1.0 \times 10^3 \text{kg/m}^3 \times 10\text{N/kg}} = 5.5 \times 10^{-6}\text{m}^3 = 5.5\text{cm}^3$

浮标浸入水中的体积 $V_{浸} = V'_{排} - V_{铅坠} = 5.5\text{cm}^3 - 0.5\text{cm}^3 = 5\text{ cm}^3$。

点评：此题考查了质量密度的计算、重力的计算、液体压强的计算、根据阿基米德原理计算浮力、根据阿基米德原理计算 $V_{排}$、漂浮条件的运用、计算过程中单位换算等，属于综合性较强的题目。

(六)"遛鱼"

钓鱼人最兴奋的事莫过于中鱼了！当鱼将鱼钩吸入口中后，原有的整个钓组的平衡就被打破了，水面上的浮漂也会相应地做出反应，要么明显地下顿，要么向上"回漂"，这时就要迅速提竿。如果是小鱼，一般可直接利用竿与线的拉力将其提起；如果提竿感觉很沉，就很有可能中了一条大鱼！这时切忌大力提竿，要慢慢"遛鱼"，直到把鱼遛累，浮出水面，用抄网抄起。"遛鱼"是有技巧的，讲究刚柔并济，收放有度，切忌跟鱼"拔河"，要巧借鱼竿自身的弹性，鱼发力则放，鱼不发力则收，尽量延长鱼线拉力的作用时间，从而减小拉力大小。

真题链接

7. 如右图所示，一个人正在钓鱼，下面的有关说法不正确的是( )。

A. 钓鱼竿是一种费力杠杆

B. 钓鱼竿是一种省距离杠杆

C. 钓鱼线对钓鱼杆的拉力就是鱼的重力

D. 鱼离开水后，失去了水的浮力，使人感觉鱼变"重"了

解析：从钓鱼竿的使用过程中两手的用力情况分析，钓鱼竿是一个费力杠杆，费力杠杆费力但是可以省距离。所以选项A、B不符合题意。鱼在被钓起来的时候，不是匀速向上运动，而且鱼的重力和线对竿的拉力的受力物体也不一样，不是同一个力，也并非平衡力。所以C选项符合题意。鱼离开水后，失去了水的浮力，所以人对鱼的拉力会变大，使人感觉鱼变"重"了，所以D不符合题意。故选C。

点评：此题考查了费力杠杆费力省距离的特点，对施力物体、受力物体的理解，对浮力、平衡力的理解。

三、课堂结语

以上就是我根据我的钓鱼心得结合物理知识及钓鱼情景下的物理习题跟大家做的一个分享。物理来源于生活，生活中处处有物理，只要我们勤观察、善发现、多思考、重践行，就一定能学好物理，使物理走向生活，让物理"活"起来！

第五章

活物理课堂教学设计

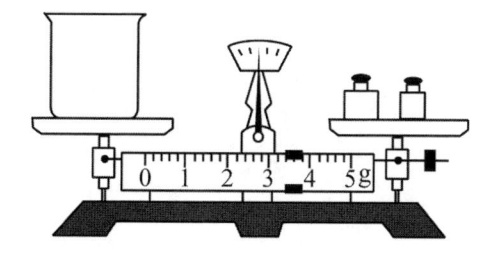

"声的利用"教学设计

湖北省荆州市沙市区岑河中学　文久江

一、教材来源

人民教育出版社 2012 版《物理》八年级上册第二章第三节。

二、设计来源

教育部"一师一优课　一课一名师"活动首轮首批部级优课，详细课堂实录可通过国家教育资源公共服务平台观看。

三、教学目标

（一）知识与技能

1. 知道声能传播信息；
2. 知道声能传递能量。

（二）过程与方法

1. 通过自主学习，小组合作，观看动画、实验等探究有关声传递信息和传递能量的利用；
2. 通过"声的利用"的探究了解一些科学的研究和创新方法。

（三）情感、态度与价值观

1. 通过探究声在现代技术和生产生活中的应用，进一步增加学生对科学的热爱；
2. 通过声的利用实例分析，消除学生心目中科技创新的神秘感，克服学生对科技创新的畏难情绪，激发学生对科技创新的兴趣和热情。

四、重点难点

1. 声与信息的突破：对于正常听觉范围内的声音采用"头脑风暴"法；对于超声波、次声波等听不见的声采取幻灯片和动画的方式予以显示。

2. 声与能量的突破：通过实验演示声波传递能量，再通过阅读和搜集资料了解利用超声波传递能量的实例。

五、教学过程

(一)温故知新

投影出示温故的问题，学生回答。

1. 声音是怎样产生的？又是怎样传播的呢？
2. 什么是超声波？什么是次声波？

(二)自主学习

1. 课前预习：课前布置学生阅读课文，找出教材中全部"声的利用"的实例。

2. 预习成果展示：让学生找出教材或写出教材中、生活中知道的声的利用实例，比一比哪一个小组的同学找得多、写得多。

(采取"击鼓传花"的形式每个组确定一位同学上台展示)

(三)合作探究

活动一：声与信息的探究

1. 声音传递信息的实例分析：

A. 实验感知：学生闭上眼睛，教师在教室内的不同方位发出各种声音，让学生仅凭听觉感知教室内发生的事情，然后上传刚才发声的视频，学生回答。

通过师生分析得出结论：从听到的声音直接获取信息。

B. 教师投影出示三张图片并显示文字：医生通过听诊器诊断疾病；汽车修理师傅通过听汽车发动机的声音判断故障；铁路工人用铁锤敲击钢轨，从异常的声音中发现松动的螺栓。

超链接一则凤凰网上4月18日的新闻：女乘客听出飞机异响，经检查发现机身严重故障。

师生一起分析得出结论：从异常的声音中获得信息。

2. 声与声音的辨析：

学生辨析回答。

3. 超声波传递信息的实例分析：

A. 出示海狮表演的图片，师生分析得出结论：直接利用超声波传递信息。

B. 播放声与信息的视频，在适当的地方暂停以提示。

视频完毕，重点强调声呐系统，介绍其发展的简单历程，告知学生其研究的基本方法。

再出示图片，讨论问题：如果要测量海洋的深度或鱼群的深度，应该知道哪个物理量？又需要测量哪个物理量呢？学生回答并板书。

教师提出：把声呐安装在轮船上，可以探测海底的深度、鱼群的位置，夜晚可以探测前方冰山的距离；能否把声呐系统安装在别的地方呢？比如把声呐系统安装在汽车上呢？随着介绍倒车雷达，由"倒车雷达"进而介绍"超声波导盲仪"。

（强调：同学们在人类"声的利用"过程中能否悟出一种发明创造的方法！）

4. 次声波传递信息的实例分析：

出示大象图片，分析得出：大象直接利用次声波交流传递信息。

播放视频：印尼海啸，强调其灾难性，然后文字介绍水母耳风暴预测仪。

（强调：人类从蝙蝠、水母等动物身上获得灵感，通过模仿生物而制造出了对人类有用的科学设备。希望同学们也能做生活中的有心人，为人类社会的进步做出自己的贡献。）

活动二：声与能量的探究

投影出示：

1. 来源生活：把一块石头扔进水里，可以看到_____向四周散去，水面上的树叶也随之起伏，这说明石头的_____通过水波传给了树叶。说明水波能够传递_____。

学生进行回答。

2. 视频感知：播放"最强大脑"中"狮吼功震破玻璃杯"的视频，提出说明了什么问题？学生讨论回答。

3. 实验探究：

教师先介绍做法，提出只要做生活中的有心人，身边的物品都可以成为我们的实验器材。然后让学生实验，并写下实验现象，分析结论。

看到的实验现象是_____；

得出的结论是_____。

4. 声波传递能量实例分析

A. 超声波实例

播放"声与能量"的视频，在播放视频时适当暂停介绍；再出示图片，提出：如果将眼镜换成瓜果，换成衣服、碗又会怎么样呢？

(强调：同学们在人类利用声的过程中能否悟出另一种科技发明创新的方法！)

再投影出示超声波牙刷、超声波碎石，教师做简单讲解。

B. 次声波实例

文字介绍一则旧闻次声波杀人的故事，再出示两张次声波武器的图片，强调次声波武器杀人于无形。

(四) 课堂反馈

投影出示四道练习题。

1. 前三道题采取"击鼓传花"的方式确定回答者。

2. 第四道题学生练习，教师进行部分面批，先批阅的同学承担本组其他同学的批阅任务。

(五) 新课小结

从两个方面进行新课小结：

1. 知识小结：表格出示按不同类别分类的"声的利用"的实例。

2. 方法小结：(1)科学的分类方法；(2)科学的创造方法；(3)科学对待问题的方法。

(出示图片并点评：这是一个创新的时代，希望大家要有科技创新的意识，还要掌握一些科技创新的方法，争做创新的人才。)

(六) 布置作业

1. 课本41页"动手动脑学物理"1~3题。

2. 最后插入两个超链接，课堂上有时间则当堂完成，没有时间则布置为课后作业：

(1) http://wenjj123.blog.163.com/

(2) http://tv.cntv.cn/video/C10595/cf49c7ca9994475db5c1fc123249f446

"噪声的危害和控制"教学设计

湖北省荆州市沙市第四中学 李春艳

一、教材来源

人民教育出版社 2012 版《物理》八年级上册第二章第四节。

二、设计来源

教育部"一师一优课 一课一名师"活动首轮首批部级优课,详细课堂实录可通过国家教育资源公共服务平台观看。

三、教学目标

(一)知识与技能

1. 了解噪声的来源和危害。
2. 知道控制噪声的方法,增强环境保护意识。

(二)过程与方法

通过体验与观察,了解控制噪声的方法。

(三)情感、态度与价值观

通过学习,激发学生用所学知识远离噪声污染的意识。

四、学情分析

学生已学习了声音的产生与传播条件,在此基础上学习噪声的危害和控制,从知识点的理解和掌握上来说,会很轻松。

五、教学过程

活动一：引入新课

进程1：播放轻音乐片断，潺潺流水、喳喳鸟语，通过多媒体把声音与大自然的景色融合。

进程2：播放嘈杂的搅拌机声、马路上汽车行驶声、切割机声、鞭炮声。

进程3：引入新课。

活动二：【一、噪声的定义】的学习：

进程1：提出问题：声音都是由于物体的振动产生的，为什么有的振动产生的是乐音，有的振动产生的是噪声？并做出猜想：振动不同。提出探究方案：声音的波形可以体现发声体的振动情况，将乐音和噪声的波形显示出来。

进程2：借助多媒体和CoolEditpro软件以及多媒体截图功能完成课本42页的演示实验。

进程3：通过乐音和噪声的波形对比得出噪声是怎么产生的，以及噪声的定义。

进程4：上课过程中播放音乐，得出噪声的另一个定义。

活动三：【二、噪声的来源】的学习：

进程1：学生交流知道哪些噪声？

进程2：讲述播放的一组噪声的来源。

进程3：接龙活动：学生进行噪声的归类。

活动四：【三、噪声的等级和危害】的学习：

进程1：学生带着问题阅读课本。

进程2：学生回答问题。

进程3：通过播放短片，学生总结噪声危害的两个主要方面。

活动五：【四、噪声的控制】的学习：

进程1：提出问题：人耳感知声音的三个过程启示我们可以在哪里控制噪声？并做出猜想。

进程2：实验探究：请同学们利用提供的器材(节拍器、纸盒)验证猜想。

进程3：学生归纳实验过程中所采取的措施应用到的是什么方法？

进程4：学生讨论交流：实际生活中应用这些方法控制噪声时的措施实例。

进程 5：教师在学生回答的基础上进行补充和说明。

活动六：【当堂训练】

进程 1：练习：用洗衣机洗衣服时，衣服没有放好就会引起洗衣机的异常振动而发出噪声，这时控制噪声应采取的切实可行的措施是(　　)。

  A. 防止噪声产生，将衣服放平

  B. 阻断噪声的传播，关上房门和窗户

  C. 防止噪声进入人耳，戴上耳塞

  D. 既防止噪声产生，又阻断噪声的传播，将洗衣机四周用厚棉被包起来

进程 2：学生回答选 A 的理由。

进程 3：讲述控制噪声的方法有多种，在选择方法时要根据实际情况进行。

活动七：知识链接

进程 1：播放复旦大学发明的噪声逼停神器的新闻报道，从而让学生了解到控制噪声的其他方法，并激发学生进一步通过媒体资源了解控制噪声方法的兴趣，并在今后的生活中远离噪声污染。

附录："噪声的危害与控制"课后习题

基础巩固

1. 下图中是甲、乙两种声音的波形，由图可知，图甲是_____的波形，理由是_____；图乙是_____的波形，理由是_____。

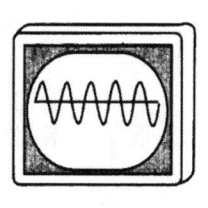

图甲　　　　　　图乙

2. 下列不属于噪声的是(　　)。

　　A. 马路上车辆的鸣笛声　　　　B. 自由市场喧闹的叫卖声

　　C. 音乐欣赏会上演奏的钢琴声　　D. 沉静的夜晚大声的谈笑声

3. 下面是小明同学观察到人们在生活中的一些行为和措施,其中属于防止噪声污染的是(　　)。

　　A. 小明的邻居在晚上听音乐时,将音响的音量开得很大

　　B. 某清洁工为了减少垃圾的运送量,将垃圾就地焚烧

　　C. 某货车司机为了超车,不断地按喇叭

　　D. 在高考、中考复习期间,居民楼附近的建筑工地晚间停止施工

4. 下列控制噪声的措施中,属于防止噪声产生的是(　　)。

　　A. 关闭房间的门窗

　　B. 会场内把手机调到无声状态

　　C. 高速公路旁的房屋装隔音窗

　　D. 机场跑道工作人员使用防噪声耳罩

5. 在下面几幅交通标志牌中,能明显表示用于环境保护的是(　　)。

6. 小华在家里修理厨房的桌子时,不停地有敲击物体的声音发出,为了使隔壁的小明学习时避免干扰,小华采取了三种方案:① 在被敲的地方垫一块抹布;② 把房间、厨房的门窗关严;③ 嘱咐小明暂时用耳机塞住耳朵。上述三种方案中,第一种是在_____处减弱噪声;第二种是在_____中减弱噪声;第三种是在_____处减弱噪声。

拓展训练

7. 市政府为全面推进文明城市建设,采取了一系列措施,对下列措施的解释不正确的是(　　)。

　　A. 加大城市绿化面积——可以改善环境

　　B. 城区禁鸣——是在人耳处减弱噪声

C. 开展"文明过马路"活动——可以减少交通事故的发生

D. 倡导"无车日"——可以减少机动车尾气排放，缓解"温室效应"

8. 一场大雪过后，人们会感到外面万籁俱寂，究其原因，你认为正确的是(　　)。

A. 可能是大雪后行驶的车辆减少，噪声减小

B. 可能是大雪后，大地银装素裹，噪声被反射

C. 可能是大雪蓬松且多孔，对噪声有吸收作用

D. 可能是大雪后气温较低，噪声传播速度变慢

9. 为了使教室内的学生上课免受周围环境噪声的干扰，下面的方法有效、合理的是(　　)。

A. 老师讲话时声音要小一些　　B. 每位学生都戴一个防噪声耳罩

C. 在教室周围植树　　　　　　D. 教室内安装噪声监测装置

能力提升

10. 在声源周围安装吸声材料是控制噪声的常用方法之一。在海绵和泡沫塑料这两种材料中，谁的吸声效果更好呢？请你设计一个实验回答这一问题。

要求：(1)写出实验中用到的主要器材。

(2)简述实验过程。

(3)为了得到准确、可靠的结论，应控制哪些因素相同，比较什么现象就能得出结论？

"电流与电压和电阻的关系"教学设计

湖北省荆州市实验中学　吴兆军

一、教材来源

人民教育出版社2012版《物理》九年级全一册第十七章第一节。

二、设计来源

教育部"一师一优课　一课一名师"活动首轮首批部级优课,详细课堂实录可通过国家教育资源公共服务平台观看。

三、教学目标

(一)知识与技能

1. 通过实验探究电流、电压和电阻的关系。
2. 会同时使用电压表和电流表测量一段导体两端的电压和其中的电流。
3. 会用滑动变阻器改变部分电路两端的电压或使电阻两端电压不变。

(二)过程与方法

1. 通过实验探究得出电流与电压的关系。
2. 学习用图象的方法来表示和研究物理规律。
3. 使学生感悟用"控制变量"来研究物理问题的科学方法。

(三)情感、态度与价值观

重视学生对物理规律客观性、普遍性和科学性的认识,注重学生科学世界观的形成。

四、学情分析

本节内容由"探究电流与电压的关系"和"探究电流与电阻的关系"两部分内容构成。从知识上讲，要用到电路、电流、电压和电阻的概念；从技能上讲，要用到电流表、电压表和滑动变阻器等。本节课"探究电流与电压和电阻的关系"是一个完整的科学探究过程，让学生经历科学的探究，学习科学猜想、设计实验、设计实验表格、分析论证、感悟科学方法。八年级学生在学习了电学中的电流、电压和电阻的概念后，第一次运用科学的方法去分析定量关系，特别是用控制变量法来分析电学问题，难度比较大，一节课的时间无法完成所有探究。要在探究电流与电阻关系中理解为什么使用滑动变阻器是本节课的难点，所以最后务必要体验这一过程。数据分析可以利用不同小数的结果加以分析得到。同时，利用图象进行线性数据分析也是一个难点，实验的评估和交流环节也较重要。

五、重点难点

教学重点：电路中电流与电压的关系、电流与电阻的关系。
教学难点：运用控制变量的方法进行实验，并分析得出结论。

六、教学方法

实验、归纳、对比。

七、教学器材

不同阻值的定值电阻或电阻箱、电流表、电压表、滑动变阻器、电源、开关、导线若干、教师演示器具一套、表格及坐标。

八、教学过程

(一)创设情境，引入课题

(1)实验一：利用实物图增加电路中的电流来增加灯泡的亮度。
结论：电压对电流有影响，电压是电流形成的原因。
(2)实验二：如何增加楼梯口白炽灯的亮度？展示不同亮度白炽灯的灯

丝区别。

结论:电阻对电流有影响,因为电阻对电流有阻碍作用。

过渡:通过我们刚才的研究发现电压和电阻能影响电流,生活中很多用电器需要不同的电压和电阻才能得到合适的电流。我们今天就来探究电流和电压、电阻的定量关系。

(二)探究一:电阻一定时,电流和电压的关系

(1)猜想:电流和电压成正比。

(2)设计实验:

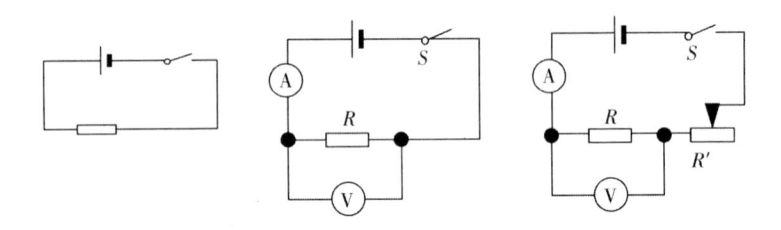

(3)进行实验:

① 学生连接实物图,老师连接需要修正的演示电路图。

② 学生通过演示图回忆电路图连接的注意事项。

③ 学生测量,5Ω,10Ω,20Ω分三个大组完成。

R \ I U			

(4)分析论证

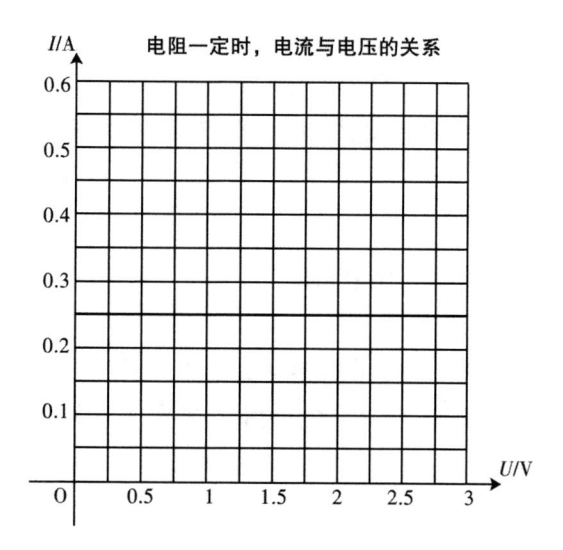

电阻一定时，电流与电压的关系（坐标图：横轴 U/V，范围 0—3；纵轴 I/A，范围 0—0.6）

(5)得出结论:电阻一定时,电流与电压成正比。

三、探究二:电压一定时,电流和电阻的关系。

(1)猜想:电流与电阻成反比。

(2)设计实验:引导学生借用探究一设计电路。

a. 电压表的作用。

b. 滑动变阻器的作用。

c. 具体操作步聚:更换电阻,控制电压不变。

(3)分析论证

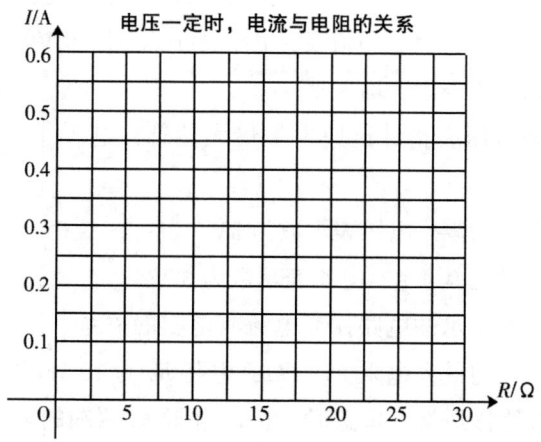

电压一定时，电流与电阻的关系（坐标图：横轴 R/Ω，范围 0—30；纵轴 I/A，范围 0—0.6）

(4)得出结论:电压一定时,电流与电阻成反比。

(四)归纳小结

(1)探究一、二中滑动变阻器的作用对比。

(2)电流与电阻的关系得出过程是分享实验数据的结果。

(3)实验操作方法总结。

(五) 当堂练习

1. 电流、电压、电阻三兄弟相聚,少不了一番热闹,关于电流跟电压和电阻的关系,下列说法正确的是(　　)。

A. 电阻越大,电流越小;电压越大,电流越大

B. 在电压不变的情况下,导体中的电流越大,导体的电阻越小

C. 在电阻一定的情况下,导体中的电流越大,导体两端的电压越大

D. 在电压一定的情况下,导体的电阻越小,电流就越大

2. 利用图甲所示的实验电路探究"通过导体的电流跟电压的关系"时:

(1)需要_____个定值电阻。

(2)滑动变阻器的作用是_____。

(3)利用实验数据作出的 $I-U$ 关系图线,与图乙中的_____最接近。

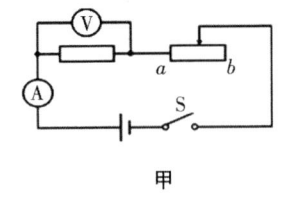

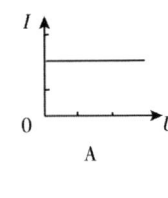

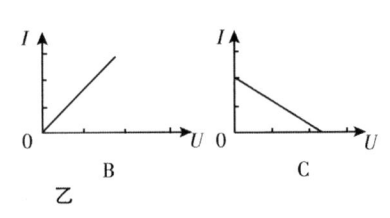

3. 右图所示是李华使用两节新干电池做电源连接的"电流跟电压、电阻关系"实验电路图,闭合开关S,电流表、电压表可能出现的现象是(　　)。

A. 电流表和电压表读数均为零

B. 电流表和电压表指针迅速发生最大偏转,电表损坏

C. 电流表示数为零,电压表示数为3V

D. 电流表示数为0.4 A,电压表示数为3 V

4. 小华用下图所示的电路探究电流与电阻的关系。已知电源电压为6 V,滑动变阻器 R_2 的最大电阻为20 Ω,电阻 R_1 为10 Ω。实验过程中,将滑动变阻器的滑片移到某一位置时,读出电阻 R_1 两端的电压为4 V,并读

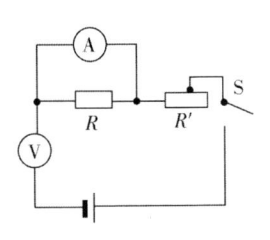

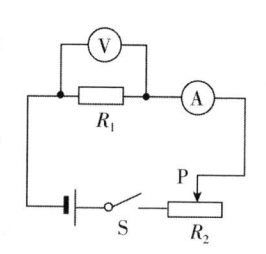

出了电流表此时的示数。紧接着小华想更换与电压表并联的电阻再做两次实验,可供选择的电阻有 15 Ω,30 Ω,45 Ω 和 60 Ω 各一个,为了保证实验成功,小华应选择的电阻是_____Ω 和_____Ω。

5.【科技前沿】教你如何检验矿泉水。

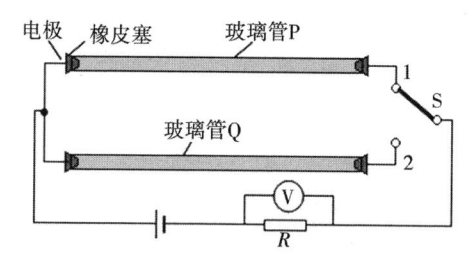

现在市场上一些不法商贩常用纯净水冒充价格较高的矿泉水对外出售,矿泉水中含有人体所需的多种矿物质,导电能力较强;纯净水是用自来水经过多层过滤后得到的饮用水,矿物质较少,导电能力较差。小明根据两种水导电能力不同这一特点,设计了上图所示的装置,验证他家购买的水是不是矿泉水。(P,Q 是相同的两根细长玻璃管,P 内装满已知矿泉水,Q 内装满待测的"矿泉水")

九、拓宽延伸

根据小明的这一装置,请你回答小明是怎样验证出他家购买的水是纯净水还是矿泉水的?

"磁现象　磁场"教学设计

湖北省荆州市东方红中学　王　涛

一、教材来源

人民教育出版社2013版《物理》九年级全一册第二十章第一节。

二、设计来源

教育部"一师一优课　一课一名师"活动首轮2017年部级优课，详细课堂实录可通过国家教育资源公共服务平台观看。

三、分析与处理

1. 教材的地位与作用

本节课是八年级《物理》下册第九章"电与磁"的第一节。作为本章的第一节，本节课有较多的物理概念，是后续知识学习的基础，因此做好学生实验及演示实验，通过实验概括出物理概念或物理规律，是本节课的主要特色。本节课的学习，为今后进一步探究电与磁之间的关系，打下了坚实的基础，可以说在教材中起到了承上启下的作用。

2. 教材处理

在"吃透"教材内容和编写意图的前提下，灵活使用教材。对教材上已有的演示实验进行了加工、创新，在课堂上一直突出"教师为主导，学生为主体，实验为主线"的"三为主"原则，各个环节由学生熟悉的物理事物进入物理知识的探究之中，亲身体验知识的形成过程。

四、教学目标

1. 知识与技能目标

（1）知道磁体周围存在磁场。知道磁在日常生活、工业生产和科研中有着重要应用。

（2）知道磁感线可以用来形象地描述磁场，知道磁感线的方向是怎样规定的。

（3）知道地球周围有磁场以及地磁场的南、北极。

2. 过程与方法目标

（1）观察磁体之间的相互作用、磁体对铁屑的作用，感知磁场的存在。

（2）经历实验观察、总结类比的过程。学习从物理现象和实验中归纳规律，初步认识科学研究方法的重要性。

3. 情感、态度与价值观目标

（1）学生经历分析、观察的过程，体会到学习探究的乐趣。

（2）通过了解我国古代在磁的研究方面取得的成就，增强学生的民族自豪感，进一步提高学习物理的兴趣。

五、重点难点

重点：磁场的存在，用磁感线描述磁场的分布。

难点：如何认识磁场的存在，明确引入磁感线的实际意义。

这是由于磁场贯穿全章，"磁场"看不见、摸不着，十分抽象，难于理解，而磁感线是形象描述磁场的很好方法。

六、教学器材

学生分成8组，每组用：细线1根，条形磁铁1块，马蹄形磁铁1块，三种磁吸各1块，自制磁悬浮仪器1个(含环形磁铁2块)，铁屑及盒子1盒，1元、5角、1角硬币各1枚，塑料块1个，铜丝1截，曲别针3~5个。

教师用：① 小魔术用的戒指、玻璃杯、开心果；② 条形和马蹄形磁铁1套(演示)；③ 立体磁感线仪；④ 铁屑1盒。

七、学情分析

在小学的科学课程和日常生活中学生已经接触到了磁铁，并且对磁铁间的相互作用规律有所了解，但对知识的掌握还没有深度，缺乏系统化。经过一年半的物理学习，九(10)班的学生已经基本具备了一个科学探究的素养，他们乐于独立提出问题、解决问题，在学习了一定的物理知识后也期望继续研究并且去解决一定的生活问题。这节课正好可以体现出他们的知识全面、反应敏捷。我在课前预设了很多学生可能会产生的疑问，不知道他们会不会想到更多的课外知识。

八、设计理念

物理新课程标准的基本理念中提到"突破学科本位的思想，注重学生的发展；从生活走向物理，从物理走向社会"。为了体现新课标的基本理念，切实增强课堂教学的开放性、民主性、生成性。释放学生心灵，张扬学生个性，最大限度地发展学生的创新思维和实践能力，在课堂中以学生为主体、教师为主导，通过合理有趣的学生活动，引导学生自主探究、合作交流。学生亲身经历知识的形成过程，培养学生观察问题、分析问题的意识和能力。具体分为下表中的四个板块。

板块名称	内　容	预设时间
1. 创设情境，引入新课	魔术：开心果穿杯	5分钟
2. 你我参与，共探新知	探究一：磁铁可以吸引哪些物体？ 探究二：磁铁指向南北就是指南针 活动一：磁铁运动会 探究三：如何使没有磁性的物体获得磁性 活动二：用铁屑来看磁感线的走向	28分钟
3. 当堂应用，我最优秀	完成导学案	5分钟或视具体情况而定
4. 盘点收获，构建体系	有趣又有用的磁现象	4分钟

九、教学流程

(一)创设情境,引入新课

通过小魔术"开心果穿杯",让学生猜一猜为什么开心果可以穿越过去,通过魔术给学生带来视觉效果上的冲击,引发学生思考。不需要学生当场回答,让学生带着问题去探索新知,为本节课营造一个好的开始气氛,更重要的是充分调动学生学习的积极性,激发学生的学习兴趣,让学生对本节课的知识有所期待,求知欲逐渐增强。

(二)你我参与,共探新知

环节一:磁现象

假设学生已经预习本节内容,给学生几分钟回想一下自己的生活,然后说出在生活中有哪些地方用到了磁现象。我的预设,学生可能会提到的问题的方向:(1)司南、指南针;(2)学校周围买到的椭圆形的磁铁;(3)巴克球;(4)门阻;(5)冰箱门;(6)动物罗盘。

探究一:磁铁可以吸引哪些物体?

1元、5角、1角硬币各1枚,塑料块1个。学生已经知道一些能被吸引的物质,但是具体到每一种到底是什么物质构成,即判断物质构成的时候可以用到磁石。

探究二:磁铁指向南北就是指南针。

用细线把磁铁吊起来它就会指向南北。条形和马蹄形磁铁都可以吊起来,但是由于磁性很弱,所以不太明显。我们再换磁性强的就可以明显指向南北。

活动一:磁铁运动会,让环形磁铁悬空或弹跳。

教师引导学生做下面的游戏来探究磁极间的相互作用规律。拿两块磁铁,将其中一块磁铁放在自制的底座上,用另外一块磁铁与底座上的同名磁极相互作用,观察磁铁两个磁极间靠近会发生什么现象,然后和同学交流一下磁极间的相互作用规律是什么?在这个过程中学生不但找到了乐趣,更重要的是通过这个简单有趣的小游戏把学生逐渐带入了磁的世界。知道磁铁的两个磁极可能相互吸引,可能相互排斥,从而掌握了磁铁两个磁极间相互作用的重要规律。进而突出了重点,

突破了难点。

探究三:如何使没有磁性的物体获得磁性?

磁化是本节课的重点。为了突出这一重点,教师演示后引导学生做磁化实验,让学生掌握磁化的方法和技巧。通过教师的演示实验学生对磁化有了直观的认识,学生亲自动手实验加深对磁化的理解和应用,培养了学生的动手动脑能力。

环节二:磁场

1. 存在。

2. 方向:规定 N。

3. 描述:用磁感线。

活动二:用铁屑来看磁感线的走向。

环节三:地磁场

怎么偏?角度跟经纬度有关。

(三)当堂应用,我最优秀

练一练。学生已学完本节课内容,完成导学案上的填空来梳理知识,导学案里面的有些难点已经写出了答案。

(四)盘点收获,构建体系

环节四:有趣又有用的磁现象

让学生自己总结在本节课中有哪些收获,使知识进一步升华,不仅加深了印象而且能够查缺补漏,充分体现了学生的主体地位。

还想知道哪些知识?给几分钟说说同学们还带来了哪些好玩的东西,并提问。(1)巴克球;(2)钕铁硼材料与普通磁铁比较,吸引力测试,把两块磁铁分开。

我的预设,学生可能会提到的问题方向:

(1)司南的具体做法;(2)磁场产生的原因,是立体的吗?(3)有没有只有一个磁极的磁铁;(4)磁化的方法和去磁的方法;(5)磁场存在的验证;(6)磁感线的相关问题;(7)地磁场偏角问题;(8)动物罗盘。

十、设计说明

本节课我在设计上遵循了"从生活走向物理,从物理走向社会"的"活物理"基本理念,在教学过程中坚持教师为主导,充分体现了学生的主体地位。开始的引入,我采用了魔术引入的方式。通过魔术"开心果穿杯"来给学生创设情景,给学生以视觉冲击,从视觉感官上引发学生多角度的思考,充分调动了学生的积极性,让学生带着问题去探索新知,使本节课有了一个良好的开始。在共探新知的板块,通过对实际问题的解决,真正使学生学有所得、学有所用,也让学生亲身体验了知识的形成过程,加深了对磁性概念的理解。教师引导学生做磁铁吸引曲别针的实验,学生在已有的知识积累上继续深化,建立了牢固的知识体系,培养了学生的探究精神,通过小组合作的方式也让所有同学都能参与到课堂中来,给了他们充分发挥的空间,培养了学生的动手能力。

磁铁运动会是本节课的一个亮点,介绍磁极间相互作用规律的时候我把教材中将两块磁铁用细线悬挂起来相互接触的实验变成让学生乐于参与的游戏,在玩中就能够体会到磁极间的相互作用有两种情况——相互吸引或相互排斥,自己总结出磁极间的相互作用规律。这也正是本节课的重点和难点所在。这个活动,起到了突出重点、突破难点的作用。

最后教师通过对"开心果穿杯"魔术的揭秘,让学生了解到科学知识的作用,懂得了以后用科学知识解决身边遇到的问题,使学生对物理知识的应用有了更深层次的认识。

附录:导学案上的练习部分(学生用导学案另外有个文件)

一、磁现象

1. 磁体:能够吸引_____、_____、_____等物质,我们把它叫作磁体。每个磁体有_____个磁极,一个叫作_____极,又叫_____极,一个叫_____极,又叫_____极。

2. 磁极间相互作用的规律:同名磁极相互_____,异名磁极相互_____磁体两端的磁性最_____,其他部位磁性比较弱,中间磁性最_____。

3. 磁化:使原来没有_____的物体获得_____的过程叫作磁化。磁化的方法:(1)将磁铁的一极_____钢、铁等物质;(2)将磁铁的一极在钢针上_____重复_____次。

4. 被磁化的物质如果是**软磁体**,远离磁体后,获得的磁性会很快____

_____。被磁化的物质如果是_____，远离磁体后，获得的磁性会保持较长_____。

二、磁场

1. 磁场：磁体周围有一种看不见的_____，叫作磁场。
2. 磁极间的相互作用和磁化现象都是通过_____发生的。
3. 磁场的方向：小磁针静止时_____极所指的方向规定为该点的_____方向。
4. 磁感线：画出一条条带_____的_____，表示_____，这样的曲线叫作磁感线。画出右图所示磁体的磁感线。
5. 在磁体外部，磁感线是从磁体的_____出来，回到_____。磁感线只是用来描述磁场的一些_____的曲线，实际并不_____。磁感线越密的地方，表示磁场越_____，越疏的地方，表示磁场越_____。

三、地磁场

1. 地球是一个巨大的_____，地球周围的磁场叫作_____。
2. 地磁的北极在地理的_____附近，地磁的南极则在地理的_____附近。
3. 地磁的两极跟地理的两极并不_____。

【专家点评】点评专家：魏本洲

王涛老师的这节课在设计上遵循了"从生活走向物理，从物理走向社会"的新课程基本理念，在教学过程中坚持教师为主导，充分体现了学生的主体地位。主要有如下几个优点：

一、教材分析与处理上用了功夫，教学重点突出，难点有突破、有创新

在"吃透"教材内容和编写意图的前提下，灵活使用教材。对教材上已有的演示实验进行了加工、创新，在课堂上一直突出"教师为主导，学生为主体，实验为主线"的"三为主"原则，各个环节由学生熟悉的物理事物进入物理知识的探究之中，亲身体验知识形成的过程。

二、学生实验安排恰当、精妙，自制教具给人震撼的感觉

1. 创设情境，引入新课的时候是通过小魔术"开心果穿杯"，调动了学生学习的积极性，激发了学生的学习兴趣，使本节课有了一个良好的开始。

2. 同名磁极相互排斥在实际应用中是比较多的，磁铁运动会是本节课的一个亮点，教师引导学生做游戏来探究磁极间的相互作用规律，让环形磁铁悬空或弹跳，然后交流得出磁极间的相互作用规律。

3. "磁场"看不见、摸不着，十分抽象，难于理解。而磁感线是形象描述磁场的很好方法。王老师让学生自己通过敲击盒子里面的铁粉来观察磁感线，直观显示出其形状，加深了学生的形象感知。

三、教学环节完整，课后反思从学生的发散性思考出发，提出了另一种别开生面的教学方式的可能性

例如，"其他金属为什么不能有磁性？""已知铁钴镍可被磁铁吸引，它们在元素周期表里面正好同族，这是巧合还是必然，还有同在第Ⅷ族的是否也能被吸引？或是其他同周期不同族的？""磁场能否计算？"

总之，这节课既体现了物理新课程标准的基本理念，又突出了"活物理"教学模式的特色，切实增强了课堂教学的开放性、民主性、生成性。释放学生心灵，张扬学生个性，最大限度地发展学生的创新思维和实践能力，在课堂中以学生为主体，教师为主导，通过合理有趣的学生活动，引导学生自主探究、合作交流。让学生亲身经历知识的形成过程，培养学生观察问题、分析问题的意识和能力。这是一节优秀的课例，值得大家学习借鉴。

"串联和并联"教学设计

湖北省荆州市沙市第一中学　张　宇

一、教材来源

人民教育出版社2013版《物理》九年级全一册第十五章第三节。

二、教材分析

(一)地位和作用

本节内容是在学生学习了最基本的电路构成(即一个用电器的情况)、电路图画法、电流概念等知识的基础上进行的进一步的探究活动。本节内容是整个电学的重要基础，对以后的电学学习起到重要的铺垫作用。

(二)教学目标

1. 知识与技能目标

会认、会画、会连接简单的串、并联电路，知道串、并联电路的特点。

2. 过程与方法目标

在动手实验、实际操作的过程中，分析归纳串、并联电路的结构、用电器之间关系、开关的作用等知识点，从而获取识别串、并联电路的方法。

3. 情感、态度与价值观目标

在学生的探究活动中，培养学生相互合作的精神，激发学生学习物理的兴趣，逐步养成学习物理的良好习惯；在学生探究串、并联电路的过程中，培养学生大胆实验、执着探究的精神；列举生活、生产中简单串、并联电路的实际应用，让学生认识科学技术对于人类生活、生产的影响。

(三)教学重点、难点

1. 重点:串、并联电路的连接和识别。

2. 难点:串、并联电路的特点以及区别。

(四)教具、学具

多媒体课件、自制简易教具,以及用于学生分组实验的连接串、并联电路的相关实验器材等。

三、教法与学法

(一)教法

针对本节课的特点,主要采用以学生分组实验、自主探究为主,各小组相互交流、多媒体课件为辅的教学方法。充分发挥学生的主体参与意识,调动他们科学探究的积极性,在科学探究活动中去体验成功的快乐和自然科学的魅力。

(二)学法

为了满足每个学生发展的基本要求,改变学科本位的观念,我始终贯彻把"学习的主动权还给学生"的指导思想,倡导"自主、合作、探究"的学习方式,让学生通过动手、动眼、动口、动脑来学习物理。

四、教学过程

(一)创设情境,激发兴趣(用时约3分钟)

1. 介绍自制"神秘盒子":一个纸盒,上表面只让学生看到两只小灯泡和一个开关,电源和导线隐藏在盒内。

2. 教师演示:闭合开关,两灯都亮;断开开关,两灯都灭。
3. 教师及时提问:激发学生探究"神秘盒子"内部秘密的兴趣和求知欲。

(二)设计电路,实验探索(用时约18分钟)

1. 设计电路(学生设计电路图并板书):

鼓励学生利用上一节课所学的电路元件符号及画电路图的方法对"神秘盒子"的整个电路进行设计,并画出电路图。对画得快而好的给予表扬,并且有目的地请两位同学上台在黑板上画出他们设计的电路图。

2. 实验探索(学生分组实验并展示):

学生小组分工,分别按照黑板上的两个电路图连接实物电路。对于电路连接成功、灯泡发光的小组给予表扬,并分别请两组同学上台展示两种不同电路的连接。

3. 给出定义:

肯定学生们的成果,师生共同讨论交流,适时给出串、并联的定义(教师板书定义)。

(三)巧设实验,探究特点(用时约12分钟)

1. 巧设实验(教师演示):

老师再次拿出"神秘盒子",在两灯都亮时,轻轻拧下一只小灯泡,发现另一只灯泡仍然亮着。再次激发学生探究"神秘盒子"内部连接究竟是串联还是并联的兴趣和欲望。

2. 实验探索(学生分组实验并交流):

学生用自己小组所连的电路尝试做此实验。学生通过探索实验、交流讨论可以很快且轻松地了解串、并联电路的基本特点及区别(教师板书电路特点)。

3. 分析归纳(教师引导归纳):

老师借机提问出现上述实验现象的原因,引导学生从电流流向上去分析电路,再借助多媒体动态演示串、并联电路的电流路径并适时讲出并联电路中的干路、支路概念,从而突破本节课的难点(教师板书电流路径)。

动画演示:

串联

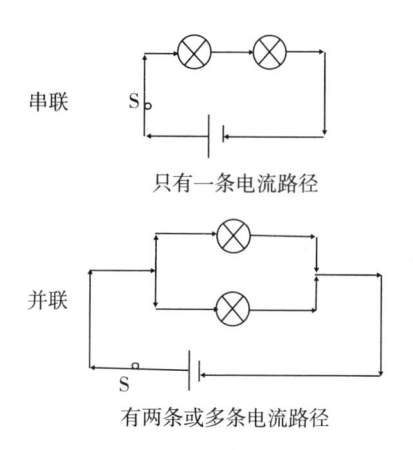

只有一条电流路径

并联

有两条或多条电流路径

4. 附加小实验(学生分组实验并交流)：

给每个实验小组再发两个开关，让他们接在自己所连电路的各个部分。让学生通过操作知道开关在串、并联电路各部分中所起的作用，也有助于学生进一步理解串、并联电路的特点(教师板书开关的作用)。

(四)回归生活，小试牛刀(用时约 5 分钟)

用多媒体播放一些关于生活中串、并联电路实际应用的图片，让学生运用刚学过的知识分析判断电路的连接方式。这样做既能巩固已学的知识，又体现了新课标"从生活走向物理，又从物理走向生活"的理念。

1. 对比两幅图，马路上的路灯是什么连接？并说明理由。

2. 教室里的电扇、日光灯、投影仪之间又是怎样连接的呢？

3. 客厅里的各种灯、电视、空调又是怎样连接的呢？

4. 家中的插座与插座、插座与用电器之间又是怎样连接的？

5. 你知道节日里各种各样的小彩灯是怎么连接的吗？

(五) 知识梳理，布置作业（用时约 2 分钟）

教师对本节课进行小结，并将刚学的新知识对照板书梳理一遍，布置一定量的作业，巩固提高。

(六) 板书设计

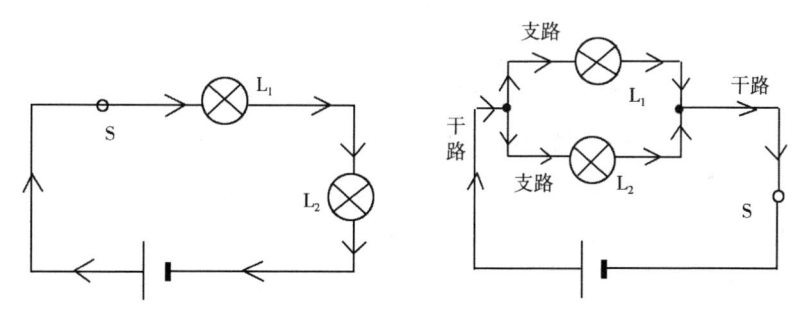

	串 联	并 联
定 义	元件逐个顺次连接	元件两端并列相连
特 点	元件之间相互影响	元件之间互不影响
电流路径	只有一条路径	两条或多条路径
开关作用	控制整个电路	干路开关控制整个电路 支路开关控制所在支路

"机械能及其转化"教学设计

湖北省荆州市沙市第六中学 吴亚岚

一、教材来源

人民教育出版社 2012 版《物理》八年级下册第十一章第四节

二、分析与处理

(一)教材分析

本节是人教版物理八年级下册第十一章第四节的内容。本节要求学生不仅要知道动能和势能之间可以相互转化,而且要了解转化过程中遵从的规律。在知识与技能方面更加注重应用知识的能力培养,强调能用实例说明物体的动能、势能间的相互转化。这是从初中生的认知水平出发,同时教材还要求教师在教学过程中注意利用身边的器材,培养学生的动手能力。

(二)学情分析

学生在前面已经学习了动能与势能的知识,而本节将前面学习的动能、势能与机械能联系在一起,培养学生联系前后知识进而分析的能力,学生的认知能力已经让他们能够轻松理解机械能的定义。同时,动能与势能的转化在学生生活中是有很多能接触到的事例,通过让学生讨论各种生活现象中的速度、高度、形状的变化,进而讨论动能与势能的变化情况,引出其转化规律。

八年级的学生已具有初步的探究能力、分析问题和解决问题的能力。课堂上通过开展自主、合作、探究性的活动,学生充分发挥其主动性和创造性。教师只是引导学生思考、参与学生活动、分享学生成果。当然,由于现实实验中的摩擦影响及学生的抽象思维还不成熟,教师应该应用多种信息技术，如动画、图片、实时录播等技术，创设不同情景，增强学习的直观性，让学生参与感更强，让学生在学习上实现由感性到理性的飞跃。

(三)教学目标

1. 知识与技能

(1)知道什么是机械能；

(2)认识动能和势能的转化，能解释有关生活现象；

(3)通过实例认识能量可以从一个物体转移到另一个物体，不同形式的能量可以互相转化。通过水能和风能的利用知道人类如何利用机械能的转化与守恒解决实际问题。提高运用机械能转化与守恒观点分析力学问题的意识。

2. 过程与方法

通过体验和观察，了解机械能的转化，及机械能与其他形式能的转化。

3. 情感·态度·价值观

渗透合理利用能源、保护环境意识的教育。

(四)教学重难点

1. 认识动能和势能的转化。

2. 知道机械能守恒

(五)教学方法

实验、讨论、归纳、对比

三、教学过程

(一)教学引入

教师活动：与学生配合完成教材中"绳挂锁"的实验，问锁会打到鼻子吗？

学生活动：自主复习上节内容，完成导学案中相应内容。并思考，回答问题。

设计意图：为新课做铺垫，用出乎意料的实验现象激发学生的学习兴趣。

(二)新知探究

1. 机械能的概念

学生活动：阅读教材相应内容，自主完成导学案相应内容。

设计意图：学生通过阅读课本，能知道机械能由动能和势能组成，且机械能总量等于动能和势能之和。

教师活动：简单列举实例，如飞机、爬楼的人、拍打的篮球等。

学生活动：思考教师列举实例中的能量关系。

设计意图：从生活中的现象切入新课，让学生明确有些物体会同时具有动能和势能，进一步理解机械能及其大小。

2. 机械能的转化及守恒

学生活动：分组自行组装器材，完成单摆实验。

教师活动：展示"滚摆"视频实验，让学生与单摆实验一起做分析、归纳。

设计意图：让学生通过实例与演示，理解重力势能没有消失，而是与动能发生转化，该实验简单且易比较结果，作为小比赛能再次提升课堂气氛。滚摆在实际操作中，因为有摩擦，部分机械能转化为内能，使实际的滚摆明显达不到原高度，所以用视频展示。实际操作会移至后面用作对比实验。

学生活动：分组用橡皮筋把小物块在水平方向上推行，比较推行距离。

教师活动：展示射箭分解图片。

设计意图：射箭是学生在日常游乐活动中能接触的实例，但他们可不会注意细节，用分解图片可以帮助学生更好的理解弹性势能与动能的转化。

学生活动：思考、归纳、总结其中的能量关系。

学生活动三：分组完成模拟蹦床、乒乓球跳高比赛。思考、讨论其能量转化情况。

设计意图：该活动中，每个小组提前做好自己设计的蹦床。实验进行时，由于要在小组内多人配合进行。其它小组不易看到，参与感大大降低。因此，采用实时录播投屏技术，提高全体学生的参与度。

教师活动：演示滚摆实验，同时再次展示滚摆视频实验。

学生活动四：观察、思考、找出两次实验的不同，并找出导致不同的根源。

设计意图：上述设计的几个实验都同时涉及重力势能、弹性势能及动能的转化，通过学生的实验、分析、比较，让学生自主总结出动能和势能可以相互转化。而要总结出"没有摩擦时，机械能守恒"，学生可能会出现一定难度，教师应该适时给与协助。

教师活动：回顾课前实验，播放卫星绕地球转动视频。

学生活动：从能量转化的角度进行思考、解释。

设计意图：卫星是学生不常能观察到的物体，用视频展示，可提高学生的兴趣及帮助其思考。

3. 水能和风能的利用

教师活动：播放自然灾害的视频，播放风车、水利大坝的图片。

学生活动五：观看视频并思考其中的能量变化。

设计意图：各种自然灾害，是学生平日不易看到的。用视频展示给学生，让学生能深刻地体会能量。用不同图片、视频，让学生知道，能量也可以帮助人类。两次能量造成的完全不同的结果，对学生有一定的冲击性。帮助学生做更全面的思考，建立全面的人生观。人们加以控制的水、风都可以为人们的生活提供便利。让学生认识到利用水能、风能可以节约燃料，为人类的后代生存考虑，合理利用能源、保护环境，达到可持续性发展的社会。

(三)课堂小结

教师询问：问今天学到了什么知识。

学生活动：以小组为单位，组长落实组员掌握本节重点内容。

(四)反馈练习

学生活动：完成导学案对应内容。

设计意图：让学生在实际问题中尝试运用知识，以达到理解、掌握知识的目的。

(五)课后练习

学生活动：积分多的组，有布置作业的权力。在导学案上选3—6道题作为课后作业。

教师活动：在学生选好后，帮助分析其所选题所对应知识点。

设计意图：通过这种让学生主导的形式，激发学生的学习兴趣，让学生更进一步加深对本节所学内容的掌握。

四、教学反思

学生在课前已经分组各自设计制作一个蹦床，课前都已经有小组私下做了比赛，就盼着在课堂上打败别的小组。当课程开始进行到活动二时，有小组成员已经发出了"哦"的声音。当进行活动三时，有小组成员已经按捺不住，不停地提出自己的建议，希望自己小组能获胜。小木块落到蹦床上，乒乓球从高处落下、接触地面发生形变、反弹回复、上升四个阶段。由于这些现象都是生活中的常见现象，学生讨论时会七嘴八舌踊跃发言。经过大家的争论，得出的结果不但正确而且周全。通过这种方式学到的知识，而且能够调动大多数学生的学习兴趣，学习后对知识理解深刻，不易忘记。在课堂练习中，学生也完成得不错，正确率很高。机械能守恒，可在以后的学习中再次对学生解释，加深其理解。

第六章

活物理课堂观察

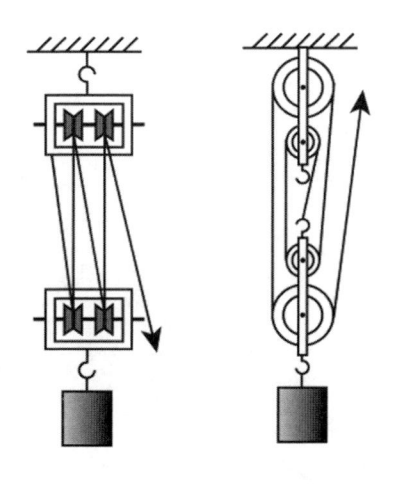

改进常规课　巧变优质课

湖北省荆州市公安县埠河初级中学　付克华

"活物理"是湖北省特级教师文久江的教学主张。它突出强调学生的学习过程，关注学生科学素养的培养和形成，主张在课堂教学中将学生的日常生活融入物理学科的学习之中。让课堂活起来，以"活"激趣、以"活"促学。

一、改进常规课的必要性

(一)公开课的推广难度大

公开课具有示范效应，要求较高。公开课上，实验探究充分，课件制作精美，师生配合默契，教学过程流畅，听这样的公开课真的是如沐春风，给人以美的享受，学生也是经常盼望着上公开课。

公开课可以欣赏，却无法在教学中复制。第一，备课周期长。有的公开课备课时间长达几个月，老师们平时的教学任务重，根本不可能每节课都耗用如此大的精力来备课。第二，备课要求高。高质量的公开课，一定是反复研课、磨课，反复试教、试讲，集中教研组全体教师的智慧，甚至是全校教师的智慧，乃至于县级、市级优秀教师的智慧。第三，器材要求高。公开课很注重实验探究，采取的基本上都是小组合作的教学形式，实验器材充足、新颖。而平时的教学中，器材的添置和改进几乎是不可能的事情。

(二)常规课的师生热情低

教师的绝大部分课型都是常规课。教师在钻研教材和了解学生后，自制简单的教学课件，根据课件的流程一步步完成教学任务。

没有激情的常规课有它的不足之处。对于实验教学，有的是以讲代做，没有训练必要的动手能力和探究能力；对于教学内容，有的是知识面狭窄，以题就题没有拓展；对于方法提炼，有的是没有梳理和训练，学生核心素养中的核心——创新素养得不到发展。

(三)优质常规课致力于将常规课打造成优质课

"活物理"关注的课型是优质常规课。"活物理"的教学模式就是要解决物理教学中的困惑，研究如何将常规课打造成优质课。让学生接触到的常规课都能成为优质课，让学生成为教学的最大受益者。

在常规课的基础上，教师设计了丰富多样的活动，"师生互动、生生互动"，充分调动学生的各种感官参与学习，使常规课蜕变为优质课。

二、改进常规课的策略

下面以特级教师文久江执教的优质课"声的利用"，来谈谈如何将一节常规课打造成一节优质课。

(一)活动多一点，感官活起来

在物理课堂上，如果巧妙运用学生的各种能力来理解学习内容，一定会让学生学得懂、学得活，也会让学生记得住、记得牢。

常规课的活动：

(1)观察图片，你得到了什么信息？声起到了什么作用？（归纳法）

(2)还有哪些利用声音传递信息的例子？（演绎法）

(3)敲打鼓面，烛焰为什么会抖动？超声波是怎样清洗眼镜的？（播放视频）

优质课的活动：

(1)小组抢答。学生在白板电子课本上找出声的利用的全部实例，让学生对课本例子有了初步了解。（动眼、动脑、动手）

(2)击鼓传花。教师击鼓、手机放歌、课本掉地、学生敲锣，让学生判断发生的事件。（学生闭眼，动耳倾听）

(3)发明创新。将声呐安装在其他物体上，又可以有哪些应用呢？学生讨论回答，将声呐装在车上制作"倒车雷达"，还可以制作"超声波导盲仪"。同学们悟出了哪些发明创造的方法呢？（开放思维，动脑思索）

(4)实验探究。小组实验，敲击饮料瓶底的橡皮膜，用饮料瓶口对准烛焰，观察烛焰的情况。（小组合作，动手实践）

(5)展示质疑。学生的探究成果必须展示，学生的回答必须结合所学知识，学以致用，锻炼同学们的表达能力。(动口表达，展示自信)

让学生嘴"活"——开口表达，让学生手"活"——动手操作，让学生眼"活"——善于观察，让学生耳"活"——能够倾听，让学生脑"活"——思考推理。通过一系列活动，调动学生的五官参与教学，学生课堂上有事可干，学习时聚精会神，就会逐渐提高学习物理的兴趣，逐步掌握学习物理的方法。

(二)应用多一点，思维活起来

物理知识来源于生活，也要回归社会，要善于运用物理知识解决实际问题。在解决问题的过程中，遇到困难不回避，要体会科学家的工作方式，运用科学家的工作程序，培养学生的改进和创新意识，具有工程意识，能将创意和方案转化为有形物品或对已有物品进行改进与优化。

常规课的应用：

(1)声音在医学上的应用(听诊器、超声波)。

(2)声音在军事上的应用(根据蝙蝠的回声定位发明了潜艇的声呐)。

(3)声音在生活中的应用(利用超声波清洗眼镜)。

优质课的应用：

(1)超声波与信息。介绍"泰坦尼克号"事件，引发学生的思考：在发生了灾难性的事故之后，我们应该怎么办？针对性地提出问题——研究问题——蝙蝠回声定位启发——解决问题。(程序性知识)

(2)次声波与信息。播放"印尼海啸"事件，引发学生思考：为什么大象可以在海啸中独善其身？水母耳风暴预测仪是怎么发明的？像声呐、风暴预测仪等一类仪器的发明，是否都是仿生学的内容？我们还可以受到哪些启发，为人类做出自己的贡献？(发散思维)

(3)超声波与能量。能否将清洗机中的眼镜换成水果、衣服、碗等其他物品？能否利用超声波清洗人体上的污垢？出示超声波牙刷，打开同学们的思路。(创新思维)

(4)次声波与能量。阅读"次声波杀人"的旧闻，并引发同学们的思考：鉴于次声波武器的威力，我们必须掌握本领，保家卫国，同时在使用此类武器时要谨慎行事，不能伤及无辜。(情感教育)

优质课上的信息量大、知识面宽，学生的视野开阔、思维灵活，能有效地培养学生的创新性思维。教师的创新素材也并不是高不可攀，将神秘的科技创新和发明创造变得触手可及，将科学创新的思想和方法春风化雨一般地根植于学生心中。这样的课堂不仅充满了诗意，还有未来和远方，这样的课堂立意由此而高远。

(三) 教法多一点，气氛活起来

教学方法是为了完成教学任务而采用的方法，它包括教师教的方法和学生学的方法，是教师引导学生掌握知识技能、获得身心发展而共同活动的方法。

常规课的教法：

(1) 讲授法。举出生活中的例子，让学生发现声在其中的共同作用。根据归纳得出的声的作用，联系生活实际，举出更多的实例。

(2) 观察法。播放准备好的小视频，思考物理知识的应用。

优质课的教法：

(1) 游戏法。为了鼓励同学们积极展示，教师设计了与声音有关的游戏——"击鼓传花"，随着鼓声敲响，每个学生都紧张起来。为了辨别声源的位置，教师设计了游戏——"盲人听音"，教师在教室里的不同位置，做出不同的声响，学生全部参与，并且都能回答正确，获得了极大的自信。这些游戏简单实用，极大地活跃了课堂气氛。

(2) 竞赛法。在白板展示答疑时，小组派出代表演排，不足之处本小组同学可以上台补充。这样既集中了学生的注意力，增强了小组荣誉感，也活跃了思维和氛围。

(3) 科学探究法。瓶吹烛焰是一个小实验，将它改成小组实验，要求同学们分工合作，各司其职。组内的合作是物理课堂实验探究的基本形式，要同学们从一开始学习物理就要养成既分工又合作的习惯。

(4) 讨论法。在知识的构建完成后，讨论物理知识的应用价值，与发明创造的思路，开启学生的智慧，培养未来的科学家。

在教学过程中，我们应该结合教学的实际情况(教学目的、教材内容、学生特征、教师素质、教学环境)，合理选择和综合运用教学方法，以获得最优化的教学效果。一堂课往往是多种教学方法的综合性运用，通过多种教法的综合运用，可以达到以下目的：对于内容简单的章节，我们要尽可能地让它丰富起来，让学生见多识广，增强学习物理的兴趣，让课堂气氛活跃起来；对于内容难度较大的章节，我们要尽可能通过多种形式突破难点、突出重点，让学生的思维活跃起来。

三、小结

在常规课的基础上，经过改进的优质课"声的利用"，被评为"2014年一师一优课"部优课。从本节课的设计与实施来看，是一节名副其实的低成本、高效率的优质课，具备复制推广的价值。探寻本节常规课的改进过程，打造优质课时可以从以下几个方面着手：

1. 创设多种活动，调动多种感官，培养多种技能。

"活物理"理念十分注重学生活动，让学生在活动中领悟知识。在合作学习的过程中，学生在组内自由交流、动手实践，不仅可以解决学习上的困惑和问题，还可以把情绪的变化、师生的隔阂与其他同学交流，情绪得到释放，道理得以明了，气氛融洽和谐，有利于学生掌握知识和提高技能。

2. 注重合作交流，全面展示质疑，培养开放思维。

"展示质疑"意在利用学生的"表现欲"，培养学生的"自信心"。知识的应用、科学的创新，意在培养学生"发展创新"的能力。

3. 准确了解学情，灵活实施教法。

学生的"活学"来自于教师的"活教"。在课前的学情反馈中，在教师巡视学生的自主学习环节过程中，教师要充分、准确地了解学情。在课前的备课预设中，教师要准备充分，多留几套方案。在教学实施时，教法是可以随时变化的，所谓"教学有法，教无定法"，根据实际情况选择合适的教学方法，就能掌控课堂，实施高效教学。

参考文献

【1】文久江. 实施"活物理"教学，实行"真科学"教育[J]. 中学物理，2017(11):39.

【2】王道俊，王汉澜. 教育学[M]. 北京:人民教育出版社，1989.

【3】商继宗. 教学方法现代化的研究[M]. 上海:华东师范大学出版社，2001.

【4】文久江. 创设"活"的物理教学环境，促进"人"的终身发展[J]. 课程教学研究，2017(8):71.

活学、活用、活教，激活物理课堂
——以"大气压强"例谈"活物理"教学理念在课堂中的实践

湖北省荆州市公安县埠河初级中学　付克华

一、问题的提出

物理核心素养是学生在接受物理教育的过程中逐步形成的适应个人终身发展和社会发展需要的必备品格和关键能力。从物理教学的现状分析中可以发现，不少地区和学校的物理教学大都从知识、技能、方法等方面设计教学，而从核心素养培育来设计教学的并不多。那么，怎样才能在物理教学中更好地贯彻核心素养，使核心素养能更好地落地呢？"改变教师教学理念，改革课堂教学模式"的课题就摆在了我们物理教师面前。

为了激发学生的学习兴趣，点燃教师的工作激情，使我们的物理课堂灵动起来，荆州市成立了"活物理"工作室，专门研讨适合本地学情的课堂教学模式。"活物理"模式的教学，力争使学生的物理观念更鲜明，科学思维更缜密，实验探究更浓厚，成为具备科学态度与社会责任感的新时代公民。

二、课堂大致流程

"大气压强"由湖北省特级教师文久江在他校借班上课，为"活物理"工作室全体成员进行常规课展示。

1. 自主学习。

阅读课文并结合生活实际，完成四个学习问题。

2. 合作探究。

先提出四点学习要求：

(1)各组根据教师分配的问题进行探究；

(2)各组先讨论方案，再寻找正确答案；

(3)各组选定一位同学展示，先在小组内试讲一遍，其他同学进行质疑；

(4)本组合作探究问题弄清楚后，可以探究其他组的问题，到时可以质疑。

然后分成六组进行探究：

(1)探究大气压强的存在；

(2)探究大气压强的测量；

(3)探究大气压产生的原因；

(4)探究大气压的特点；

(5)探究气压计的改进；

(6)探究大气压和生活的关系。

3. 展示质疑。

(1)领到任务的组派出一名同学像老师一样讲解本组问题；

(2)本组其他同学可以补充；

(3)其他组的同学如果认为他讲得不正确，等他讲述完后，可以站起来提出疑问。

4. 检查反馈。

5. (1)练一练；(2)自我评价。

三、"活物理"主张的教学实践

"活物理"教学的三大理念可以用三个词、六个字来描述，那就是"活学、活用、活教"。

(一)以"活"促"学"——学生"活学"

多元智能理论告诉我们，任何一个人的智能运作都不是孤立的，而是以组合方式运作的，在解决问题时，会综合起来运用。因此，我们强调学生的学习过程，关注学生核心素养的培养和形成，通过学生的动口、动耳、动手、动脑等活动，以"活"激"趣"，以"活"促"学"。

1. 敢于动口，学会聆听准确表达

"活物理"教学主张让学生的嘴巴"活"起来，让学生敢动嘴说话、会张嘴说话、能开口说话。

【案例】探究阶段，六个小组展开讨论，制定探究方案，成员之间你言我语，相互补充，课堂氛围十分轻松。实验结束后，展示的同学在小组内试讲，不断有组内同学进行纠正完善，结论趋于理性。展示阶段，陈述的同学严肃认真、有条有理，信心满满。质疑阶段，有的表明观点，有的提出疑问，共同解疑答惑。

【评析】学生的"相互讨论""自由表达""询疑质理"等环节，可以让学生在心理上处于兴奋的学习状态，学习过程充满求知的愉悦感，可以最大限度地激发学生的主体意识和主体精神，让物理课堂充满欢乐和微笑。在轻松与和谐的氛围中进行合作和互动，课堂上始终洋溢着动人的真情，学生真正成为课堂的主人。

2. 勤于动手，探究真理获得真知

实验是物理学的重要特性，也是物理学文化的显著特征。我们强调，对基础薄弱的学生提高学习兴趣要从实验探究开始，创造条件让学生在课堂上动手，让学生每节课都有期待感。

【案例】分组后，各个小组同时开始实验探究。由于任务难度不相同，有的组完成后迅速与其他组交换器材，继续其他课题的探究。教师根据学生的展示进度，不断地将实验探究进行深化与补充。在学生演示完覆杯实验后，教师拿出了两个较大的皮碗，模拟马德堡半球实验，同学们的参与热情很高，兴趣浓厚。此环节增强了学生的真切感受，同学们平日的羞涩与拘谨一扫而光。

【评析】我们常常听到同学抱怨"物理难学"，主要是物理实验与动手机会太少，抽象的逻辑和数学运演内容过多，直观、具体的感性材料以及学生与物理环境相互作用的机会太少，教学活动与学生的认知发展水平不适应所造成的。研究表明，物理实验在促进学生认知结构转化方面具有独到的作用。

3. 善于动脑，感悟知识递进深入

通过学生的"动嘴""动手""动眼""动耳"等获取感性认识并反馈感性认识的过程，也是学生的"动脑"过程，最后又通过这些形式反映出学生在"动脑"中形成的概念、规律正确与否。通过教师和学生的帮助，反复和他人磋商，不断加以调整和修正，从而获得真正的知识并使其思维能力得到发展。

【案例】在列举大气压在生活中的应用时，学生说："吸饮料时，是大气压使饮料上升到嘴里。"（有同学在下面嘀咕："这是课本上的例子。"）老师追问："那么在生活中有哪些器材是利用大气压来工作的呢？"学生想到了注射器，老师乘势给每个组发放了一个注射器，并让学生模拟过程并陈述吸取药液的要领。当学生讲到要将活塞推到顶端排除筒内空气时，老师顺势又给学生发放了一个橡皮帽，再让学生慢慢拉动活塞，感知大气压力的大小，并让同学们思考怎样粗略测量大气压的值。经过同学们的讨论，得出了测量大气压力和测量活塞横截面积的方法，从而得出了测量大气压强的简易方法。老师又拿出了一个皮碗和一块玻璃，让同学们思考如何排除皮碗里的空气、怎样粗略测出大气压，由于有了测量基础，这次的讨论顺畅很多，迅速得出了方案。

【评析】教师的教学准备充分，是灵活施教的基础和前提。这个教学片段既是大气压知识的应用，也是一个粗测大气压的小专题，步步深入，环环相扣，顺理成章，逻辑严密，能够很好地进行理性思维训练。

（二）学以致用——学生"活用"

在我们的学习和生活中，一定会出现层出不穷的问题，遇到问题怎么办？推诿、逃避不是办法，我们必须想办法来解决这些问题。如何利用所学物理学科的知识解决学习、生活中遇到的问题，也是物理学科的核心素养——创新精神、创新意识、创新能力的培养问题。

1. 解决问题，感知物理知识的实用性

物理与生活有着密切关系，很多知识来自于学生的自身实际，与学生日常生活结合紧密。教学中引导学生运用所学的物理知识解释生活中遇到的实际问题，可以培养学生运用物理知识解释物理现象的能力，激发学生学习物理的自我效能感。

【案例】用大气压的知识解释或解决生活中的问题时，同学们讨论后，思路相当宽广，有的举出例子，有的提出疑问，达到了相互启迪、相互学习的目的。在列举大气压的利用时，同学们陆续提出了：抽水机的原理、拔火罐、吸墨水、瓷砖上的塑料吸盘等。

在质疑阶段，有同学提出大气压为什么没有把屋顶压垮，没有把人压瘪？挑战组迅速利用所学知识进行了解答。这些知识的传授没有半点生硬与预设，完全是水到渠成，顺理成章。

【评析】 物理是一门"有用"的学科，在日常生活、工农业生产、高科技等诸多方面都包含有物理学的知识。学习物理，一定要联系生活实际，在生活生产中应用所学为我所用，这样的学习才有价值，才有意义。

2. "以物悟理"，培养学生思维的创新性

在教学中我们要不断引导学生完善自己的学习结构，结合新的实验器材或新的物件，不断训练和培养学生的发散思维和聚合思维，帮助学生冲破定向思维的束缚，加强学生创新意识和创新能力的培养。

【案例】 (1)在学生阅读教材后，学生理解了从托里拆利实验到水银气压计的演变过程，老师要求学生谈谈在科学创新方面得到了什么启示。学生讨论后，有同学提出："从托里拆利实验装置，到创新设计成无液气压计，我们知道了在科学设计中可以将大型器材小型化，将不便携带的器材进行改进，让它便捷化。"——"以大化小"的思想应运而生。(2)在"观察大气压随高度的变化"之后，老师追问："你认为气压计能否改装为其他装置？"学生讨论后，在老师的启发下，学生代表答出了："既然气压与高度有对应关系，我们知道了气压值也就知道了高度值，我们可以把气压计改装成高度计。"——"逆向联想"的概念水到渠成。

【评析】 科学创新的意识是通过逐渐渗透与不断领悟而增强的，不会一蹴而就。一个成功的学习过程，不仅仅是要掌握学科知识，还要养成正确的思维习惯，从而有所发现、有所创造，让人类的认识一代一代不断提高和进步。

(三)灵活多变——教师"活教"

课程标准的基本理念之一就是"提倡教学方式多样化，注重科学探究"，提倡"教学方式多样化"就是要求教师们"活教"。

1. "活"用教学资源

充分利用现有的课程资源，因地制宜，多渠道、多方式地开发新的课程资源，是切实提高教学效益的重要途径。

【案例】 在学习大气压的大小时，教师在学生观看了托里拆利实验视频后，提问："如果把量筒灌满水后倒提起来，量筒口离开水面前，量筒中的水会流出来吗？"教师的本意是想推导出，一个标准大气压可以支撑10.3米高的水柱，可谁曾想到，一个小组的同学马上提了自己的见解："老师，量筒中没有灌满水也可以把水柱提起来。"这可是出乎教师的预设，老师要求

该同学为大家展示一下。该同学在量筒中装了大半筒水,倒立水中后提起来,果真看到水被提起来了。老师请该生为大家讲解原因,该生回答:"量筒中的水流出一部分后,空气体积变大,压强变小至小于外界大气压。大气压的值就等于筒内空气的压强加上筒中水柱产生的压强,所以水没有流出来。"该生的讲解虽然耽误了一点时间,但同学们听得十分清楚,理解也很透彻,效果较好。该亮点也有助于老师后来对托里拆利实验的讲解。

【评析】学生在课堂活动中的状态,包括他们的学习兴趣,积极性,注意力,学习方法与思维方式,合作能力与质量,发表的意见、建议、观点,提出的问题与争论,乃至错误的回答等,无论是以言语,还是以行为、情绪方式的表达,都是教学过程中的生成性课程资源,应该允许它们合法地进入课程,特别是进入教学过程。

2. "活"用教学方法

不同的教学方法具有不同的功能和特点,教师要根据不同的教学目标,恰当而多变地选择教学方法。

【案例】为了快速感知本课内容,教师指导学生进行自学,运用了"自主学习法"。为了让学生经历科学家研究问题的过程,通过独立的探究活动获取知识,教师设计了研究情境,帮助学生去"发现"物理结论,运用了"科学探究法"。为了引起其他同学的注意,感知物理现象,从而获取知识信息,教师运用了学生"演示法"。为了探讨托里拆利管里液柱高度的变化,教师组织学生进行多种情况的讨论,并从理论上加以证明,运用了"问题讨论法"。

【评析】在教学过程中,我们应该结合教学的实际情况(教学目的、教学内容、学生特征、教师素质、教学环境),合理选择和综合运用教学方法,以获得最优化的教学效果。

四、观课体会

(1)课堂不是学生学习的唯一场所,课本不是学生学习的唯一教材。为了加深学生的理解,我们可以在操场上测量速度、在球场上学习力学概念,在田园里、厨房中观察物理现象,在春游、秋游中写下我们的物理小论文等。这些活动,既让学生亲近了自然,又让学生应用了知识。

(2)发挥学科特点,注重实验探究。我们强调,不论什么课型,都要牢记物理的学科特点——观察与实验。乡村学校的器材虽然老旧或欠缺，但大多数实验还是可以分组完成的，少数实验可以进行演示或观察，实在无法完成的，就尽量运用瓶瓶罐罐来做实验。我们看到，运用身边的器材做实验，同学们的兴趣依然不减，同样能够达到教学的目的。

(3)学生只有参与教学，才有充分的获得感。我们强调，教师的理解不能代替学生的感受，不要因为内容简单而忽略了学生的体验，不能用优秀学生的展示代表全体学生的参与。学生的展示率与学习参与面要达到最大化，最好是一个都不能少。

参考文献

[1] 罗松．基于核心素养的物理教学实践探索[J]．中学物理教学参考，2017(9):18.
[2] 何晋中．物理教学中增强生活体验的策略[J]．中学物理教学参考，2014(6):20.
[3] 廖伯琴．物理教育学[M]．北京：高等教育出版社，2012:253.
[4] 商继宗．教学方法现代化的研究[M]．上海：华东师范大学出版社，2001.

借鉴部优课　践行活物理

湖北省荆州市公安县埠河初级中学　付克华

在教育部"一师一优课　一课一名师"活动中，经过层层打磨、专家评点，脱颖而出了一批部优课。这些部优课，堂堂精彩，创意无限。打开网站，就可以学习先进理念；足不出户，就可以受益创新课堂。我们在教学实践中，也一直在探索"活物理"的教学模式，发现很多部优课与我们的"活物理"理念相当吻合，都是充分调动学生"学"的积极性，让学生充分参与知识建构，经历知识形成过程，这极大地提高了我们学习部优课的兴趣。

笔者曾经借鉴一节部优课，经过删减、补充、修改，在较短的时间内完成了一节"活物理"的研讨课，收到了较好的教学效果，得到了听课教师的一致好评。

一、赏析"部优课"

笔者借鉴的是2018年人教版部优课"透镜及其应用"的复习课，由辽宁省大连市第三十三中学的廖跃佳老师执教。整节课流程简洁、环环相扣，活动丰富、参与面广，课堂容量较大，学生知识掌握良好。

首先是学生展示自我构建的知识网络，然后教师利用动画展示了透镜成像的应用：照相机、投影仪、放大镜的成像原理，直观生动；接着展示了透镜对改变光路的作用：获得平行光源、矫正近视眼、矫正远视眼等。

明确了学习目标后，学生的第一个环节就是互批互改、互帮互教，自主学习与小组合作学习相结合。接着进入第二个板块的教学——小游戏：熟悉凸透镜成像规律，在凸透镜的主光轴上画出了同一个物体所处的八个位置，要求同学们画出它们所成的像，并一一总结成像的静态规律和动态规律，这一环节精彩直观，有观点碰撞和课堂生成。第三个环节是深化规律认识，当堂反馈练习，训练充分，巩固及时。

二、践行"活物理"

"活物理"提倡活学、活用、活教。"活物理"教学主张：在课堂教学中应将学生的日常生活融入学科学习之中，并将学生学习的活动空间和时间还给学生，以"活"激"趣"，以"活"促"学"，让学生能够全身心参与到课堂学习中来。笔者在复习"透镜及其应用"时，借鉴了部优课的很多方法，对课堂教学做了调整，通过一系列的教学活动调动了学生的五官参与学习，提高了学生学习物理的兴趣。

(一)让学生眼"活"——善于观察

笔者在保留了几个动画演示后，增加了两个环节：一是在黑板上贴了几个磁性教具——一个凸透镜、一个凹透镜、一个平行红色光源、一个绿色激光光源。把光源打开，让学生观察了通过透镜的三条特殊光线，看到了在折射现象中光路是可逆的，明白了什么叫会聚作用、发散作用。这些规律或特点，学生一看就能够回忆起来，也就有了回答问题的勇气和信心，上课一开始，课堂气氛就显得较为活跃。增加的第二个环节就是利用展台将学生的答案投影出来，让学生自我纠错和相互借鉴。学生在学案上的错误看不出来，一投到屏幕上好像很快就明白了。自己发现不了的再请其他同学一起纠错。

增加的这两个环节主要是锻炼学生的观察能力，要求学生根据呈现的物理现象表述物理规律，将部分的隐形错误观点加以放大明示，起到了相互提醒、加深印象的作用。我们的宗旨是：学生能看懂的，我们不讲；学生能讲的，老师不说。

(二)让学生脑"活"——思考推理

在熟悉凸透镜成像规律的环节，我将物体的八个特殊位置缩减为六个位置，去掉了一倍焦距和两倍焦距的两个特殊点。因为这两个特殊点的特征很明显，容易记忆且不混淆，再就是剩下的六个点，分别代表了照相机、投影仪、放大镜的成像特点和调节规律，减少两个点后能很好地强化重点，有利于学生口头表述和形成清晰的认识。

每个成像原理只安排了两个点，需要同学们有较强的推理能力和归纳能力，对不同物距下成像的调节进行多次推演，活跃了学生的思维。

(三)让学生嘴"活"——开口表达

在深化规律理解板块，我沿用了部优课的问题："为什么无论怎样移动光屏都找不到像，产生这种情况的原因有哪些？"我没有把机会留给一个或少数几个学生，不是采用追问或连问的方式教学，而是要求学生每人提出一种可能性，结果学生的想象超过了我的预估，学生的表达也比较流利简洁。

让学生嘴"活"，在课堂上给予学生表达的机会，就会发现学生的真实潜力。

(四)让学生耳"活"——能够倾听

让学生开口说，还要让学生认真听，及时纠正错误观点，及时补充观点，及时完善观点。整个教学过程，不是在动口表达，就是在动耳倾听，准备表达。

让学生耳"活"，就是要求学生不能做课堂教学的旁观者，要求每个学生都能融入教学中去。

(五)让学生手"活"——动手操作

在举一反三环节，我让学生分组测量了凸透镜的焦距。学生们有的蹲在地上测量，有的移到光源下方测量；有的动手，有的记录。

在紧张的中考复习中，通过小实验可以回顾知识，加深印象；也可以通过动手活跃气氛，丰富我们的教学手段。有动手的实验，往往是学生向往物理课堂的环节，也是物理的魅力所在。

三、修改教学方案的依据

借鉴别人的部优课，当然不能照搬不变，而是要根据本地的教学实际情况，加以取舍、修改，进行教学方案的再创造，达到自己满意的教学效果。如何修改和取舍，可以从以下三个方面加以考虑：

(一)主体学情的差异

学生是课堂的主人，学生的知识基础、能力基础不一样，导致我们的授课内容和授课方式不一样。我们的教学要立足于学生的学，他们的能力起点就是我们要考虑的教学起点。要让学生理解透彻、学得有味、记得牢固、用得准确。

(二)教学模式的差异

不同的教师信仰不同的教学理念，实践着不同的教学模式。在不同的教学理念指导下，我们的教学行为有所差别；实践不同的教学模式时，我们的教学过程也是各有千秋。

(三)教学资源的差异

在常态课或一般性的研讨课中，老师们是没有精力去设计制作比较精巧复杂的实验器具的。为了让学生闻到物理的味道，感受到物理学习的气息，我们就要充分利用实验室的常规器材，尽可能多做小实验，把实验室已有的设施、器材用足用好，根据实验室的具体情况，可以将部优课中无法完成的实验加以替换。在知识反馈环节，我们的老师在选材上也是尽量选用本地的中考试题，以提高学生的注意力和训练的针对性，考纲也是指导我们教学行为的重要依据。

四、结语

"部优课"浸透了授课教师的心血，其中也不乏教研组的集体智慧，其课程理念先进，教学方法多样，教学效果明显，是完全值得学习和效仿的。而灵活运用课程教学资源，也是我们"活物理"提倡的理念之一——"活教"：凡是有利于教学的资源都可以运用，凡是有利于教学的方法都可以借鉴。

参考文献

【1】徐雪荣. 将优质课的"优"带入常态课的"常"[J]. 中学物理，2019(06):41-43.

【2】文久江. 创设"活"的物理教学环境，促进"人"的终身发展[J]. 课程教学研究，2017(8):71.

活教、活学、活物理

——"活物理"实验研讨课活动启示

湖北省荆州市公安县埠河初级中学　付克华

在"活物理"工作室的研讨活动中,由成员李春艳、王涛老师分别为全体成员展示了"大气压强""磁现象"实验课。他们课堂上丰富多彩的活动让学生欣喜不已,创新实验令人耳目一新,学生思维异常活跃,给全体成员留下了深刻的印象。学生表情轻松愉悦,从不断爆发出的掌声、笑声和惊讶声中,可以看出这样的课堂已经受到了同学们的热烈欢迎。

这两节研讨课充分体现了"活物理"要将物理教"活"的核心理念:教学方法要活泛、教学设计重活动、学生思维要活跃。

一、活教:感受物理神奇,迈入物理殿堂

"磁现象"是学生比较熟悉的内容,在以往的教学中,学生学起来兴趣不浓厚,精力易分散,效率较低下。我们且看王涛老师是如何快速抓住学生的注意力,成功进入课堂教学的。

王老师说:"下面,我来为同学们表演一个魔术。"教师顿了一下,同学们瞬间安静下来,翘首以盼。

王老师不慌不忙地拿出了一个玻璃杯和一个"开心果",将"开心果"放在倒扣的玻璃杯底上面,拿腔拿调地说:"我现在要将这个开心果穿过杯底,进入杯中,你们说可能吗?"学生们一个个屏住呼吸,瞪大双眼,准备见证神奇。

只见王老师的手从下往上移动,移到杯底时,只听"咚"的一声,开心果掉进杯里了。同学们一时没有缓过神来,继而爆发出热烈的掌声,同学们被老师征服了。

王老师接着解密："我手上的戒指是磁铁，杯内手中遮住了一个开心果，杯底上一个开心果，这两个开心果都是钢制的。当我手往上移动到杯底时，戒指吸走了上面的开心果，杯内壁上的开心果磁力减弱就掉下来了。"同学们看到老师展示了一遍后，哈哈大笑，又是一阵热烈的掌声。老师乘势将话题引入了磁现象，同学们个个跃跃欲试、情绪高昂，整节课在同学们欢快的玩耍中环环相扣，高效完成。

在学生的印象中，无趣的老师只会枯燥地说教，如果老师时不时地展示一下才艺，往往会博得同学鼓掌喝彩，提升老师的人格魅力，增强课堂的凝聚力。学生对教师仰慕，师生关系极度和谐融洽，是我们教学成功的重要基础。

"活教"就是要教师不拘泥于机械的教学流程、教学模式，而是要根据学生的实际情况，灵活选取教学手段、教学方法，主要目的就是要让学生听得懂、学得会、兴趣浓。凡是有助于教学的师生才艺均可以展示，凡是有助于知识理解的教学方法均可以运用。"活物理"的教学要有一种"拿来主义"的思想，凡是一切有利于课堂教学的资源均可以"为我所用"。

二、活学：知识现学现用，感受物理魅力

大气压摸不着、看不见，只能通过物理现象表现出来。我们来看李春艳老师在学生哈哈大笑之后，是如何让学生灵活运用物理知识，深刻领悟物理知识的。

在学生感受了大气压的存在后，为了加深学生的印象，李老师设计了一个学生竞赛。

李老师拿出了两瓶饮料、两根吸管，送给了班上最高的男生和一位文静的女生，让他们在讲台上进行吸取饮料比赛，并且问了一句："你们猜猜，他们谁先把饮料喝完呢？"有的同学毫不犹豫地回答了是男生先喝完，有的却犹豫不决。

一声令下，在女生还在斯斯文文地抿的时候，男生就已经喝了一半了，引得同学们哈哈大笑。

老师迅速停止了比赛，要求同学们解释吸取饮料的原理，让同学们感受到了大气压的存在和利用。

接着，老师将饮料管不经意地转动了一下递给男生，让他们继续比赛。

这下画风突然变了，只见女生的饮料在迅速减少，而男生的饮料没有丝毫动静，男生急得抓耳挠腮，引得同学们又是一阵哈哈大笑。

在同学们百思不得其解的时候，老师拿着饮料管，对着大家说："这个管子上面有个孔。刚开始时，男生的手恰好堵住了这个孔，饮料在大气压的作用下，被迅速吸进嘴里。后来，我将这个孔捏住递给他，他没有堵住孔，只能吸进空气，不能吸取饮料了。"同学们恍然大悟。（图1）

男生刚开始的表现，是出乎老师预设的，老师及时发现了问题，做出了活动的调整，巧妙地化为我们宝贵的教学资源。

叶澜教授曾说："课堂教学是向未知方向挺进的旅程，随时都有可能发现意外的通道和美丽的风景。"由此可见，课堂教学是一个动态生成的过程。有活动就有生成，有生成的课堂才会精彩。设计各种活动，让学生睁眼看、张耳听、开口说、动手做、动脑想，让学生的五官活起来，这样的课堂就会生动、精彩，学生就会爱上物理课。"活学、活用"就是要我们善于利用学生，既让学生成为学习的主体，又让学生成为教学的重要资源。

图1

在这样的学习氛围中，可能会产生不成熟的思想和行为，我们都要给予充分的包容和尊重，并且巧妙加以改进利用。在物理知识的引入、诠释和运用中，会出现很多意想不到的错误理解，以及突发奇想的幻想设计，这些都会与学生的固有思维相碰撞、相冲突，会引起同学们的共鸣，往往让同学们忍俊不禁，甚至哈哈大笑。在笑声中，同学们的思路逐渐打开，思维更加灵活，活动更加积极。

三、活动：全程实践操作，领略物理神奇

面对陌生而拘谨的学生，我们两位老师在课堂上常说的话语就是："下面，我们来玩一下。"两位教师对教材上的实验进行了充分的加工、创新，丰富了实验内容，让学生亲身体验了知识形成的过程。

在探究"磁极间的相互作用规律时"时，王涛老师设计了一个磁铁运动会，让环形磁铁悬空或弹跳，不同小组的实验器材不同，看到的磁现象也

不相同，出现了阵阵欢呼声和惊讶声，使课堂进入了一个新的高潮。然后，王老师要求各小组间将自己的强磁铁组合起来，开展组间探究，模拟磁悬浮列车。当同学们感受到了磁场的强大磁力后，又发出了一阵阵的惊讶声。学生被真实体验震撼了，与之相关的知识必定理解深刻、记忆久远，这样的课堂一定会印在脑海中，同学们无不期盼着这样的课堂，学生哪里还有什么厌学情绪呢？

"大气压强"是在一所乡村学校上的，这里的孩子比较内敛，羞于表达，不愿动手，好奇心不强，课堂一时沉闷。为了让课堂活起来，李老师决定缩减教学内容，调整课堂结构，重点完成几个与学生生活经验相冲突的实验——广口瓶吞乒乓球、小试管在大试管中逆势而上、水浇烛焰、气压压瘪可乐瓶、皮碗模拟马德堡半球等，以此活跃课堂气氛，从而颠覆学生的认知经验，重塑学生的认知结构。在实验前，李老师为同学们一一进行了演示或讲解，然后学生动手分组实验。随着实验的进行，只见学生的手脚逐渐放开，脸上露出了灿烂的笑容，不时响起了惊讶之声。同学们再也没有了拘谨，相互之间开始了讨论，有的也敢于向老师讨教和质询了（图2）。和谐的关系、轻松的氛围、深邃的思索，就是我们"活物理"追求的课堂。李老师之所以能够从容应对，敢于调整教学计划，就是遵循了教师要"活教"的原则——随机应变、灵活处理。她在备课时就形成了几套方案，多准备了一些器材，以便于随时调用。

图2

"活物理"十分强调学生的活动，让学生在学科活动中领悟知识。在合作学习的过程中，学生自由交流、动手实践，情绪得到释放，道理得以明了，气氛融洽和谐，这些都有利于学生掌握知识和提高技能。

"活物理"是直面教学弊病提出的一种教学理念，是相对过去死气沉沉的、教师满堂灌、只注重解题训练的传统物理课堂提出来的，但它并没有别出心裁、标新立异，而是要求我们物理教师不忘教学的初心，要回归教学的起点。因为物理教学不应该是功利的和令人生畏的，"活物理"的目的就是要让学生真切感受物理学习是愉悦快乐的，物理世界是令人神往的！

"活"化常态课　培养学生物理核心素养

——以"噪声及其控制"教学为例

江苏省南京市东山外国语学校　张　凯

"活物理"是特级教师文久江的教学主张，它突出强调学生的学习过程，关注学生科学素养的培养和形成，主张在课堂教学中将学生的日常生活融入物理学科的学习之中，让课堂活起来，以"活"激趣，以"活"促学。

一、改进常态课的必要性

教师的绝大部分课型都是常态课。教师在钻研教材和了解学生后，设计教案或课件。由于多年思维定势，甚至墨守成规，没有了激情。对于实验教学，有的是以讲代做，有的只是演示而已，没能有效训练学生的动手能力和探究能力；对教学内容，由于缺乏及时的知识更新，知识面狭窄，没有关注时事，以题论题，不能拓展；对方法提炼，没能系统地优化和及时提升，学生的核心素养得不到有效发展。

二、改进常态课的策略

下面以"噪声及其控制"为例，谈谈如何将一节常态课优质化。

(一)活动多一点，让感官活起来

在物理课堂上，如果能巧妙调动学生的各种感官参与学习，则会让学生学得活、学得懂，让学生记得住、记得牢。

1. 常态课的活动

(1)感受生活中多种多样的声音，听了这些声音，请你选出你喜欢的和不喜欢的。(归纳法)

(2)讨论:音乐是噪声吗？生活中有哪些噪声？(演绎法)

(3)噪声如何分类？怎样减弱噪声？练一练课后习题。(播放图片、视频、PPT、导学案等)

2. 课堂活动的设计(教学片段)

(1)一起跳一跳、唱一唱，我们经常看到大爷、大妈在广场上跳广场舞，欢声笑语。今天我们也来开心一把，我们跟着视频一边唱一边跳《最炫民族风》。整个班级立刻掀起高潮，学生的积极性全部被调动起来，高潮跌宕，此起彼伏。(学生动眼、动口、动手、动耳、动脑，身体大部分器官参与进来)

(2)比一比。一起观看电影《功夫》，并模仿"大嗓门"，旁边放手机并打开手机分贝仪APP，看谁的狮吼神功厉害。(学生睁大眼睛，大声呼吼，对着白板看看自己的声强级，并在自己的亲身体会中感受不同的分贝需要用多大的力气去尝试，并给自己的听觉带来怎样的影响。)

(3)议一议。噪声对我们的生活危害很大，同学们能否结合以前学过的知识，变废为宝，对噪声进行利用？请根据"声音具有能量"这一知识，思考：噪声响度大，能否用来开矿、垃圾粉碎、除草呢？现在提倡低碳环保，能否用噪声发电、清洗衣物、治结石病呢？(发散思维，动脑思索)

(4)实验探究。小组实验，利用棉布、报纸、木地板探究不同材料的隔音性能，如何选择声源，用什么方法比较材料的隔音性能更合理？利用手机分贝仪，可以做哪些实验改进？实验中有哪些不足，并说出你的评价依据。(小组合作，交流物理思想、动手实践、交流成果、评价提升等)。

(5)科学态度。"复兴号"高铁列车刚刚投入运行，在抵达南京南站的过程中，经过我家门口，可用什么样的方式控制噪声？学生的探究成果必须展示，学以致用。学生的评价小结能锻炼他们的语言表达能力、是非意识、质疑精神、科学态度。让学生嘴"活"——开口表达，让学生手"活"——动手操作，让学生眼"活"——细心观察，让学生耳"活"——悉心倾听，让学生脑"活"——勤于思考。通过一系列的推理活动，调动学生的学习积极性，逐渐提高学生学习物理的兴趣。

(二)应用多一点，提升学生学习的成就感

物理知识来源于生活，也要回归社会，要善于运用物理知识解决实际问题。学生在解决问题的过程中，不要回避困难，要运用科学的方法提升学生分析、解决问题的能力。

(1)噪声的来源。广场舞引发大爷、大妈与周围居民打架、泼粪，最后出动大批警察处理。对这件事，同学们有何思考，应该怎么办？怎样让双方都满意？从环保的角度有针对性地提出问题、研究问题、解决问题：每天晚上八点前结束。(程序性知识)

(2)噪声的分类。对生活中各式各样的声音，我们如何知道声强是否超标？是否属于噪声？(学生结合刚才的狮吼神功，感同身受)我们如何能想出更多的办法解决噪声问题？(发散思维)

(3)噪声的利用。声音具有能量，可否利用噪声发电？出示噪声发电机，大家一起叫喊，灯就亮了，用惊奇的实验现象打开学生的思考之门。(创新思路)

(4)控制噪声的意义。美妙的音乐给我们带来了愉悦的心情，但我们不能打扰别人的生活，为了别人的宁静，注意自己的行为。这节课信息量大、知识面宽，学生的视野开阔、思维灵活，能有效培养学生的创新思维能力。

(三)教法多一点，气氛活一点，有效提升教学实效

教学方法是为了完成教学任务而采用的方法，它包括教师教的方法和学生学的方法，是教师引导学生掌握知识技能、获得身心发展的方法。

(1)游戏法。为了鼓励学生积极展示，教师设计了全班学生一起唱歌、跳舞感受快乐的游戏活动，使学生获得了信心。这些游戏简单实用，极大地活跃了课堂气氛。

(2)竞赛法。在想一想如何解决广场舞纠纷的过程中，小组派出代表演讲、辩论，不足之处，本小组同学可以上台补充。这样，既集中了学生的注意力，增强了小组荣誉感，也活跃了课堂气氛。

(3)科学探究法。做比较不同材料隔音性能的实验，让学生分组进行实验，要求学生分工合作，各司其职，通过实验探究有效提升学生的学习积极性和学习效果。

(4)讨论法。在知识建构完成后，讨论物理知识的应用价值与发明创造的思路，点燃学生智慧的火花。在教学过程中，应该结合教学实际(教学目的、教材内容、学生特征、教师素质、教学环境等)，有效开展课堂讨论，增强学生学习物理的兴趣，让课堂气氛活跃起来。对于内容难度较大的章节，要尽可能通过多种方式突破难点、突出重点。

总之，在初中物理教学中，教师要联系实际，在课前要认真研究本节

课的内容以及课标要求，然后设计既符合学生认知能力，又能让学生动起来的方案。切实让学生的主动权得到回归，在"活"中深度学习，最终使知识学习转换为学科素养，真正将核心素养的培养落到实处。

参考文献

【1】付克华．改进常规课　巧变优质课[J]．中学物理，2018(14):46-48.

【2】陈维军．初中物理教学中学生核心素养的培养[J]．课程教育研究(新教师教学)，2016(9):204.

用数字原住民喜欢的方式来教物理

湖北省荆州市实验中学　吴兆军　刘文婷

当今社会已迈入信息时代，人类的生产、生活方式乃至思维、学习方式都受到巨大影响。我们所面对的新时代的学生是信息时代的"原住民"，他们已经越来越了解如何使用信息技术生活和学习，传统的教学模式显然已经无法满足如今学生学习的需求。当前我国教育信息化基础建设已颇具规模，相关的教育资源在数量、质量方面已见成效，信息技术在教育、教学、科研、管理等方面的应用正逐步深入，教育信息化发展正从"起步""应用"阶段向"融合""创新"阶段迈进。信息技术对教育教学具有革命性影响，它改变着现在，也必将改变未来。学科教育教学与信息技术的融合是一个大的趋势，这样的趋势已经要求学科教师不能再按照原有的照本宣科的方式来传授知识，否则教师在新时代的学生面前必然无法立足。这就要求广大学科教师在教学过程中，将信息技术与教育基本规律相结合，依据学科特点和教学内容的需要，将信息技术与初中学科教学深度融合，真正达到提升初中物理教学水平和培养学生学科核心素养的目的。

下面结合笔者的初中物理教育教学实践，谈谈如何利用原住民喜欢的信息技术进行学科教学，从而探析信息技术与初中物理教学的深度融合方式。

一、利用信息技术创设趣味物理情境，激发学习兴趣

在备课阶段，教师可利用信息技术手段设计合适的导入，创设与本节知识有关的物理情境，营造轻松有趣的氛围，激发学生探索自然规律的兴趣，引导学生进入学习新知识需要的思维状态。如在学习"光的折射"时，利用信息技术将"坐井观天"的实验情景展现出来，具体做法是将手机与"希

沃授课助手"连接起来，利用该软件的直播功能对实验进行直播。用底面透明的圆柱形容器模拟井，将手机放在容器下方，打开手机摄像头模拟青蛙眼睛。先让"青蛙""观察"无水时"井口"的"天空"范围，再将"井"中注入水，观察"井"中有水时的"天空"，"天空"的大小可以用一张印有一定数量的星星来参考，学生可以根据星星的个数判断"天空"的范围。通过两次实验现象的对比观察进而引出光的折射现象，对学生的视觉感受形成了强烈的刺激。有的课题授课时，还可以播放一些视频，如以生活场景或者电影片段作为导入，使学生的注意力马上集中起来，快速进入有关的物理情境。比如学习"电生磁"这一节时，教师可以播放电影《终结者3》中的电影剪辑，康纳在被追杀时，启动加速器里的电流，机器人T-X被紧紧吸在加速器上动弹不得。

利用信息技术创设趣味物理情境，使学生感受到物理知识的魅力，为物理课堂注入了活力，高效地调动了学生学习的积极性，为课堂的有效实施起了至关重要的作用，更培养了学生将科学与生活紧密关联的素养。

二、播放微视频，促进物理观念的形成

在初中物理知识中，有部分知识较为复杂，学生往往难以理解透彻，此时教师可以利用微视频化繁为简。比如在"热机"一课中，汽油机的工作过程这一难点，教师在教授过程中，虽然可利用汽油机教具演示，但是汽油机的一个工作循环有四个冲程，过程实在是乏味而艰深，对于初中学生来说，理解的难度不言而喻。教师可以在互联网上搜索筛选出精致的动态效果图，配合自己的讲解录制成微视频。在这样在课堂上，学生在观察到气门的开闭、活塞的往复运动、曲轴的转动等动作的同时，还能结合图中标识出的气流方向、火花塞点火时出现的耀眼的火花、汽缸内物质燃烧时颜色变红、物质猛烈燃烧时产生声音等现象，在头脑中描绘出各个冲程的运转情况。

还有一类难以理解的现象，便是教具无法展示直观出来的微观现象。教师在教学中可利用网络资源将微观现象模拟出来并放大后形象直观地展示到电脑屏幕上。如电流的形成，在传统教学中，课本上没有插图，凭借教师的语言描述很难帮助学生构建自由电荷的定向移动形成电流这一观念。面对这一问题，教师可以在课前自行制作动画来进行模拟或者利用网络资

源中的微课视频，先展示出金属导体两端没有电压时自由电子杂乱无章的运动，再展示出金属导体两端有电压时自动电子的定向移动。又如，磁体周围磁场的分布，教师若能采用信息技术将磁场的分布绘制出来，便可以帮助学生建立磁感线这一物理模型来帮助学生感知磁场的分布及强弱等。

教师合理充分地应用信息技术，可以改变教学过程中教师讲解、学生静听的旧态，利用带有动态演示功能的微视频变抽象为形象、化繁为简。这样，动静结合，声色俱全，在充分调动学生视听感官的基础上，帮助学生理解概念，建立物理模型，形成物理观念。微视频还可以共享给学生，在课后多次、反复播放，帮助学生自主复习、查漏补缺。

三、将智能手机 APP、传感器、电脑软件应用于实验，提升学生的科学探究能力

在物理教学中，除了理论教学以外，实验教学也是必不可少的部分。实验教学能帮助学生提升科学探究能力，理解物理原理。由于受到了实验仪器的限制，部分物理量往往难以测量。比如在学习"声音的特性"时，学生对音调的高低，仅能靠听觉来感知。而在初中阶段，学生的认知水平和学习能力还存在一定的限制，实际上不少学生对于音调高低的分辨感到困难，也就更加难以探究音调与频率的关系。利用智能手机 APP 中的"声音分析仪"就能很好地解决这一问题。"声音分析仪"能粗略测出声音的频率并显示出频率和波形，学生就能亲身体验不同声音的音调不同，结合频率和波形的变化，探究出音调与频率的关系。

在有些实验中，学生在观察实验现象的同时，还需要采集多组数据，并进行计算或者绘制图象。比如在"探究物质熔化时温度的变化规律"时，教师采用低熔点合金作为研究对象进行实验，发现实验现象非常明显，也缩短了实验时间。但在实验过程中，学生既要观察物质状态的变化，又需要读取温度计示数，还需要做好相应的记录，学生精力有限，很容易顾此失彼，难以得出实验结论，从而影响实验效果和教学质量。这时，可以利用温度传感器来进行温度数据的采集，利用电脑办公软件来绘制温度随时间变化的图象。

充分利用信息技术采集和处理数据，对实验过程进行简化处理，降低了实验难度，减少了不必要的耗时，也避免了由于学生计算能力、绘图能

力不足带来的困难，使学生有更多的精力来观察现象、分析数据和总结规律，从而提升了科学探究能力。

四、利用仿真实验室、电脑软件培养学生的科学思维

还有很多物理实验，容易受到实验环境的影响，难以观察到实验现象，不能完成，弱化了知识的呈现，也影响了学生对规律本质的分析。而借助仿真实验，比如 NOBOOK 仿真实验室，可以使一些在实际环境中难以完成的重要物理实验成为现实，而且效果非常明显。比如，"探究凸透镜成像规律"时，在传统实验中，凸透镜成像的情况随物距变化的现象难以观察清楚。利用 NOBOOK 仿真实验模拟凸透镜的成像，固定凸透镜的位置，移动蜡烛改变物距，仿真实验室通过绘制光线确定成像位置，教师或学生可移动光屏到成像位置，即可在光屏上得到清晰的像。这时记录相应的物距和成像情况。接下来再改变物距，学生可根据仿真实验室光线的绘制推断出成像的位置及大小，再移动光屏寻找清晰的像进行验证。仿真实验的恰当应用直观展示了实验现象，助力学生完成探究过程，更引导了学生对物理现象本质的推理和验证，促进了学生科学思维的发展。

在初中物理教学过程中，只有使教师花费最少的时间让学生学到最多的知识才是教学过程的最优化，因此教师可以利用一切可以利用的教学工具及方法使初中物理教学过程达到最优化。比如在复习课中，教师可以用电脑绘制思维导图，将本章节的相关知识点和结构展现出来。思维导图既能清晰表达知识点之间的逻辑关系，又能简化学生的笔记内容，节约课堂时间，使学生将更多的注意力放在课堂听讲上，对当天的教学内容进行完善和整理，拓展学生的思维，为其今后的学习奠定良好的基础。

五、将平板电脑植入物理教学，丰富评价方式

在物理教学中，为改变初中物理在学生心中枯燥、无趣的课堂印象，教师可将平板电脑植入课堂。据调查研究，在四十分钟的课堂时间中，学生的注意力比较集中的时间只能维持在二十分钟左右。平板电脑的使用，可丰富评价方式，激发学生的学习兴趣，培养学生自主学习的能力。比如在"光的直线传播"教学中，学生分组探究光在空气、水、果冻中的传播路径。学生在实验过程中用平板电脑将本组实验现象拍照上传到一体机，教

师再使用一体机展示学生的实验成果并进行评价，最后师生共同总结，得出结论。

教师授课结束后，可以利用"学创"等智慧课堂平台，将练习题推送到学生的平板电脑，在课堂上对学生的掌握情况进行评测。学生在完成随堂练习后，可以及时将结果提交到教师的平板电脑。教师利用平台可当堂统计出学生的正确率，以及查看每位同学的答题情况。教师可以及时对收集到的数据进行整理分析，对学生知识点的掌握了然于心。教师针对所获得的反馈，可以当堂或者在下节课进行评讲。学生则可利用平板的错题本功能，将易错题归档存储以便复习。

学生利用平板电脑，主动参与物理课堂，创造了交互式的学习氛围。在此过程中，平板电脑增强了学习的趣味性，让学生体会到了成为物理课堂主人翁的自豪和快乐。教师则利用平板电脑和智慧教育平台进行形成性评价，得到过程性数据，并将其服务于教学过程，教学效果好于传统课堂，教学效率也得到了显著提高。

投其所好，继而引导，循循善诱，必达所愿。在信息技术背景下，初中物理教师一定要树立与时俱进的理念，紧跟时代步伐，坚持用课程标准的思想来武装自己的头脑，运用多种有效的教学方式实现信息技术和初中物理教学的有机结合，不断推动物理教育教学的质量提升和改革创新。

第七章

活物理教学感言

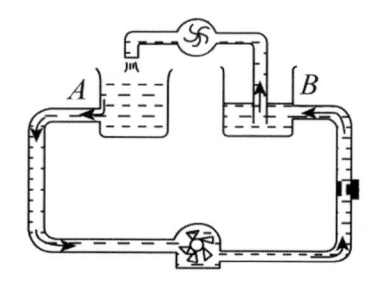

学生动起来　物理活起来
——示范研讨课教学反思

湖北省荆州市公安县埠河初级中学　付克华

在全市举行了九年级质量检测考试之后，我县的物理"质检分析会"将在我校举行，教研员希望我在会上上一节专题复习示范课。

一、授课理念

接到任务后，我就开始思考怎样上好这节课。反复叮嘱自己，设计教学时要考虑到以下几个问题：

1. 上一堂实在的课。听课的教师都是各个学校的备课组长或教研组长，这堂研讨课不是教学比武课，而是研讨怎样提高课堂复习效率，怎样提高复习的精准性、高效性、科学性。

2. 上一堂实效的课。通过这节课，一定要让学生学有所获，扫除知识盲点，完善知识体系，活跃思维能力，掌握解题方法，提高解题速度。

3. 上一堂真实的课。不预演，才会出现课堂生成，才会有意外惊喜；不预演，才会发现教学缺憾，才会有改进的方向。

二、教学设计

根据全县的教学进度，我们刚好复习到了电功率，可以上一节与电功率有关的专题课。

分析我班质检考试试卷，我发现电路安全问题是我班学生考试的难点题型，这类题综合性强，涉及的概念、规律多，同学们得分率低。这类问题教学时也遇到过，我发现同学们总是抓不住解题的要领，用不等式解题时，有很多学生不适应，也很容易遗漏限制条件。因此，我决定从电流的限制条件入手,抓住最大电流、最小电流的确定,继而利用电学规律、物理公式解答其他物理量的取值范围。

为了使这一问题解决透彻、练习充分、印象深刻,我决定将这一类问题分为两个类型:串联电路中的安全问题,并联电路中的安全问题。

在教学形式上,要充分发挥学习的自主性——学习是学生自己的事;发挥独立性——学习需要个体的经历;发挥合作性——学习需要交流互鉴;发挥探究性——学习需要发现问题、分析问题、解决问题。

三、课堂再现与设计意图

为了让复习课活起来,我需要学生动起来:独立思考——思维动起来;开口表达——五官动起来;生生互动——思想动起来。

(一)分析课题,明确目的

课堂再现:介绍教学课题,阐述考试的类型,梳理同学们常犯的几种错误,并告知本节课的重点学习目标就是怎样确定电流的范围。

设计意图:明确教学任务,教学有目标;明白学习重点,学习有方向。信息加工心理学派的加涅教授提出了教师在课堂上应该做的事:引起学生注意;告诉学习者学习目标;刺激对先前学习的回忆等。

(二)探究规律,层层递进

课堂再现:关于串联电路中的两个动态电路分析——一个电路的电压表并联在定值电阻两端,一个电路的电压表并联在滑动变阻器两端。先要求同学们独立思考,大多数同学都能准确得到答案。接着,我要求同学们根据电路图和得出的动态结论,探寻动态电路的变化规律。最后,根据规律找到确定最大电流和最小电流的方法。这个过程是一个逐步加深的过程。也是一个发现问题、提出问题、解决问题的过程。在同学们的表达中,我得到了想要的结论,也掌握了同学们的思维水平。

设计意图:从基础知识入手,提高同学们学习的兴趣和参与激情。教学内容的难度循序渐进、由浅入深,保护了同学们的学习热情,使其能体验到成功的愉悦。同时,还预留有进一步提升拓展的空间,让同学们产生一种"跳一跳,摘到桃"的感觉,让学生产生学习的兴趣。

(三)讲解示范,思想交换

课堂再现:在学习第一个例题时,老师请做得最快的同学讲解他的解题思路。老师要求他首先告诉大家怎样确定最大、最小电流，再依据什么公式、原理确定其他物理量的取值范围，最后要他谈谈解答此类题目的体会。该同学思维敏捷，思考片刻后，就上台侃侃而谈，有条不紊。其间，他还模仿老师对两个同学进行了提问、点评，一问一答之间，解决了难点，突破了重点，掌握了要点。这一举措获得了听课教师的掌声、笑声，同学们也听得十分认真，兴趣盎然。

设计意图：在上课前，我试做了几遍例题，做完这个例题要接近十分钟，我估计基础较差的同学需要的时间还要长，还不一定准确，可能耽误较多时间，完不成教学任务。如果老师讲解，学生印象又不深刻，我决定换学生来完成这一任务。学生讲解时，同学们听得聚精会神，讲解快速高效，节省了教学时间。听完该同学的知识讲解后，我觉得无可挑剔，就没有再重复，只对他的做法给予表扬与肯定，以启示后面的同学。

(四)反馈展示，丰富思维

课堂再现：同学们对知识的理解程度需要通过习题来反馈，需要一个完整的解题过程来呈现。在反馈阶段，我请一名同学上台展示解题过程。当同学们差不多都完成的时候，我请了两名同学对黑板上的解题过程进行点评、补充，最后共同完善了解题过程。这时，展示的同学自信满满、从容镇定，将解题过程娓娓道来、一一讲解，同学们收益颇丰。

设计意图：学生中对知识的领悟差距较大，有的同学已经得到了解题要领，有的还处于懵懵懂懂的状态之中，这就要求"先学带后学，达到共同进步"。充分展示学生的思维，充分暴露知识缺陷，充分发挥骨干作用，教师教学轻松而高效。你给学生机会，学生还你惊喜！

(五)点明主旨，首尾呼应

课堂再现：本课的重点教学目标是确定最大电流、最小电流，这是由考试的题型和我班学生的实际决定的。在例题讲解之后，我及时进行了方法提示；在习题反馈后，我也用文字对具体的解法进行了强调；在课堂小结阶段，我也是围绕这一教学目标进行了小结，使这一方法得到了及时巩固、强化。

设计意图：专题复习要做到一课一练、一课一得，切忌面面俱到。本节课有问题提出、有问题分析、有问题探究、有规律获得、有结论运用，整节课做到了教学目标具体明确、首尾呼应。

四、体会与收获

听课的老师被学生的精彩表现所折服,对学生的精彩讲解不由自主地以掌声鼓励。课后,教研员将教学课件和教学案发到微信群里,要求所有教师模拟教学完成这一专题。很少上研讨课的我,也感觉收获较大,主要体会有以下几点:

1. 将学生的学习兴趣放首位。在第二轮复习的过程中,学生已经精神疲惫。为了减轻学生的学习负担,我们要提高复习效率;为了提振学生的学习精神,我们就要改变教学方式,解放学生、信任学生,让课堂气氛轻松起来,让师生交流、生生交流活跃起来。依靠学生,可以收获意想不到的效果。

2. 学生的能力提升是重点。学生永远是课堂的主人,学生的精彩就是课堂的精彩,学生的收获就是教学的收获,学生能力的提升是我们教学的出发点和归宿。

3. 教学的目标任务要明确。专题教学时,我们发现学生处处是问题,恨不得在课堂上将所要考试的内容重新再讲一遍。教学目标越多,学生越是学习不得要领,掌握不够牢固。与其目标分散,不如集中精力解决薄弱部分,补齐学习短板。

4. 教师的听课感受要兼顾。教学思路要清晰,教学语言要简洁,教学活动要充分。教学过程不要冷落听课教师,不要让听课教师无所事事。不能让学生长时间自主学习、解题练习,非得要自主学习或巩固练习时,也可以安排学生排演展示,让听课教师看到学生的解题思路。

参考文献

【1】沈毅,崔允漷. 课堂观察,走向专业的听评课[M]. 上海:华东师范大学出版社,2019.
【2】陈运保. 义务教育课程标准(2011年版)案例式解读(初中物理)[M]. 北京:教育科学出版社,2012.

"透镜"课堂教后小思

湖北省荆州市沙市区第二中学　张　霞

小组合作学习是"活物理"积极倡导的一种教学模式。学生由于认知水平的局限，往往考虑问题不是很全面，一旦他们协同作战，相互补充、相互讨论，犹如"三个臭皮匠，顶个诸葛亮"，能达到事半功倍的效果。尤其是出现一些教学难点的时候，创设条件采用小组合作学习，往往比教师反复说教效果更好。

"透镜"一节我采用让学生自己讨论学习，自己总结规律，小组讨论、合作交流、自己解决的形式，目的是让学生成为学习的主体，在老师的指导下，对所要学习的内容进行归纳和巩固提高。在小组合作中，讨论交流是高效的学习方法。鼓励学生主动思考、大胆发言、积极讨论、勇于表现。讨论甚至争议是学生最投入、精力最集中、思维最活跃、效率最高的学习方式，也是培养发散思维与创新精神的有效途径；交流益于学生合作学习，实现优生帮差生、"兵教兵"。因而这节课我给学生尽可能提供讨论交流的机会，引导他们探究研讨，自我获取知识，按照新课程的要求培养学生各方面的能力。

本节课在短暂的温故互查后，提出相关问题引入新课。在学生了解凹、凸透镜后，让学生体验实物元件并进一步指出近视眼镜是属于哪种透镜。通过演示实验验证凸透镜对光的会聚作用、凹透镜对光的发散作用，然后学生自己画图解决相关问题，让学生在学习中感到获取知识的乐趣，从而激发学生的兴趣。学生查阅课本积极性高了，分组讨论就更热烈了，这样不仅培养了学生的自学能力和合作能力，而且开发了学生的发散思维。最后我利用多媒体课件引导学生自己归纳总结出规律，并利用规律解决实际问题，体现从生活走向物理、从物理走向社会的教学理念。自学检测中的题目当堂完成并当堂互批互改，对激励学生自主学习、集中精力、争先恐后、活跃思维的作用明显，当即发现问题当即解决，有"短、平、快"之效果。

我感觉到除了课前备好教材外，还要注重课堂上建立平等、民主、和谐的师生关系，使学生敢于发表自己的思想观点，参与师生讨论；充分信任学生的探究能力；放手让学生大胆思考、讨论、质疑，激发学生的潜能，不可越俎代庖；形成以激励为主的评价体系，要对学生的答案给予热情的鼓励和积极引导，不求全责备。

改进物理实验　激活物理课堂

湖北省荆州市沙市区第二中学　张　霞

我们长期徘徊在"做实验不如讲实验，讲实验不如背实验"的老路中，把演示实验甚至学生实验课作为讲读课来上，根本谈不上什么探索性、开放性的实验课，从根本上有悖于新课标的要求，导致在物理的学习中很多同学产生了"四难"情绪，即难听、难学、难考、难用。

让学生经历从自然到物理、从生活到物理的认识过程，经历基本的科学探究实践，使学生得到全面发展，成为新课程标准的新要求。物理本身是一门以实验为基础的学科，开展好实验教学是落实物理课程标准目标、全面提高学生物理学科核心素养的重要途径，应该说在物理教学中怎么重视实验都不为过。特别是对于初中学生、对于初中教材和教学内容来说，教师除了利用学校已有的实验器材开展实验教学之外，更应该大力利用身边的物品开展"学生实验"教学，让学生的手"活"起来、身"动"起来，让学生在"做中学"。

这样既拉近了物理与生活的距离，让学生感受到科学的真实性，又有效地补充了初中物理实验课资源，有利于促进学生"实践创新"素养的形成。

一、妙设教学奖品，巧做物理实验

在"质量"一课中，教师将学生常见的一些生活物品引入课堂，体现了初中物理学科"从生活走向物理，从物理走向生活"的理念。在课堂中出现的生活物品有：苹果、瓶装矿泉水、书签、橡皮泥、木制课桌、木凳、铁钉、铁锤、袋装食盐、袋装板蓝根颗粒、袋装洗衣粉等。尤其是苹果、瓶装矿泉水、橡皮泥、书签这四种物品是作为奖品发给学生的，教师根据学生自主学习小展示、合作探究时问题的回答情况给予学生适当的奖品，最后这四样奖品和橡皮泥一起又成为学生"测量物体质量""必需"的实验器材。通过学生自己挣取奖品作为实验器材，一方面奖品能够有效刺激学生的参与意识、激发学生的学习兴趣，另一方面奖品又可成为实验器材，使得课堂结构更加紧凑，让课堂教学有始有终、流畅自然、浑然天成。

二、变演示实验为学生实验，提升兴趣

在探究音调的影响因素时，除课本上设计的实验外，教师还可以请同学们利用手边的物品进行探究。学生们四人一小组简单讨论交流后上台展示。有怕热的学生拿出手摇电风扇，利用手摇电风扇转动时扇叶击打纸片发出声音，快摇音调高，慢摇音调低；有调皮的学生用绷紧的橡皮筋发出音调高的声音，不紧时发出音调低的声音；还有"臭美"的学生取出自己的小木梳，用硬纸片快速、慢速划过木梳齿听音调的高低；也有准备充分的学生用相同的力吹吸管，边吹气边用剪刀剪短吸管，当吸管越短时，发声音调越高……增加学生的动手机会，激发学生的兴趣，让学生真正融入课堂。

三、改进演示实验，提高直观性和参与性

在"探究不同物质的吸热能力"时所用的器材有天平、水、食用油、相同的烧杯2个、温度计、电加热器、秒表、铁架台、细绳。实验器材多，装置复杂，一般只进行演示实验。在演示实验过程中，温度计液柱上升慢，读数可见度差，会使学生对实验的可信度大打折扣。用U形管改装成气体温度计，因为气体膨胀比液体快，瓶内的水和油有较小的温度变化就能使气体体积膨胀较大。实验中先用天平称取质量相同的水和油，用两个功率相同的电热板让其吸收相同的热量，再根据U形管内两边液面的高度差判断水和油温度升高多少。U形管液面高度差小的，表明相同条件下该物质升温少，吸热能力强。

为了提高实验的直观性和学生参与的广泛性，教师还可以安排学生实验。考虑到电热板数量有限，以及酒精灯火焰的不稳定性和不可控性，教师可以用试管装取等质量的水和油放入同一烧杯中采用"水浴加热法"来保证它们吸收的热量相同，这样学生可以近景观察温度计示数变化的快慢，从而实现让学生多参与、多动手的民主式教学主张。

实验教学在物理教学过程中有着重要的作用和地位，符合学生的心理特征和认识规律，有利于调动同学们的积极性，有利于概念和规律的形成，有利于各种能力的培养。而加强物理实验教学，符合物理学科的特点，放手让学生参与实验，更是遵循了学生认识问题的规律，让学生在实验教学中提高素质、掌握本领、增长才智、获得乐趣！

与时俱进促终身发展
方式变革显学习成效

湖北省荆州市沙市第六中学 吴亚岚

现在，教师的角色已发生变化。我们老师由原来的管理者变为组织者，由传授者变为参与者，由主导者变为引导者。作为教师，我们更要从培养学生的核心素养出发，不仅要关注学生的当前，更要关注学生的未来；不仅要关注物理观念的传授，更要注重科学思维的发展，以及科学探究能力的培养，为学生科学态度与责任感的终身发展奠定基础。下面我以习题讲评课为例，阐述一下自己的拙见。

一、充分重视，素养课堂挖潜力

习题讲评课是其他课型的重要补充和延伸，能起到其他课型不能取代的特殊作用，是教学中不可或缺的重要组成部分。对于讲评课，以前我们老师多是强调学生学会查缺补漏、巩固双基、规范解题；而素养课堂则更注重提高学生分析问题、解决问题的能力，增强学生的创新意识、创新能力。

在物理教学中，物理习题讲评课是物理教学的重要环节，是提高教学效率的重要保证，是教育教学组成的重要因素。现在我们老师更希望能从学生内心深处激活学生、调动学生，让他们克服自卑、树立自信，甩掉包袱、战胜自我、走出困境，积极主动地参与到教学活动中来，主观能动地实现身心素质的健康发展、持续发展。我们老师要让习题讲评课成为一种智力因素的调动，让它把个人的意志、理想、信念、情感、需要等调到积极有利的一面，在教学活动中发挥更大的、不可低估的作用，从而挖掘学生更大的潜力。

二、联系实际，认真分析细选择

在习题讲评课之前，教师应对学生和所讲内容做认真细致的了解：学生现状、对知识的掌握程度、易错题的原因、各知识点的不同要求等。力求摸清底子、弄清现状，做到心中有数，为确定"讲什么"和"怎么讲"打好基础、做好准备。然后根据掌握和了解的情况精心备课，备课就是确定"讲什么"和"怎么讲"的问题，即哪些该讲、哪些可不讲、哪些多讲、哪些少讲、讲到什么程度等，做到详略得当、重点突出，精讲精练、言简意赅。

选取习题时，应多选用有实际科技背景或以真实的物理现象为依据的问题，习题中所创设的情景最好充满浓郁的现实生活气息，将生产、生活、科技中的现实问题转化为物理问题，注重社会实践。让学生很自然地接受身边就有物理，物理实实在在地存在于平凡的现实生活中，要能激发学生的兴趣，调动其学习的积极性和主动性。要能让学生在通过解决问题的过程中梳理知识，在解决问题的过程中对基本概念进行辨析，在解决问题的过程中掌握物理规律，从而培养学生分析综合问题的能力。即能够正确理解和应用科学的思维方法，进行科学推理、找出规律、形成结论，并能解决实际问题。

所设计的习题背景材料中列举的事例、探讨的问题最好密切联系环境、材料、能源、生命科学等社会实际和科技新成就。让学生感到高新技术虽然"高""新"，但它总是依赖于我们所熟悉的传统的基础知识，并非高不可攀，这样可以提高学生学好物理的自信心。

三、尊重主体，科学探究助互动

课堂上依然要体现学生的主体地位，老师只是帮助学生提高分析问题、解决问题、发现问题的能力，而养成良好的科学思维是培养学生能力的落脚点。要让学生明确，具体问题必须具体分析，为解决物理问题，必须弄清具体物理问题中的状态、过程、情景，将复杂的问题分解成若干个简单问题。每分析、解决一个物理问题都要知道它是一个什么样的模型，涉及什么概念，应用了什么规律，采用了什么方法，只有当学生能准确全面地理解物理概念和物理规律后，才能辨析似是而非的问题，从而提高学生的分析综合能力。

教学过程中要师生互动，在课堂上应给予学生充分的时间和空间让他们参与教学的各个环节，教师要引导学生在质疑、调查、探究中进行学习。学生对于解题方法的掌握、解题方法的优选，单靠老师是教不会的，需要学生自己通过实践去总结、去体会才能感悟到。在评讲习题时，让学生自己评价互学，更能让整个氛围融洽，而且学生们会更主动参与和思考。这样的习题教学才能使学生准确全面地理解物理概念和掌握物理规律，才能够避免学生对物理"一听就懂，一做就错"的通病。

四、融会贯通，科学思维促成长

要知道习题讲评教学效果的好坏绝不在于所做习题的数量多少，而在于对该习题相关知识、方法、思维等方面的挖掘。我们教师可以用以下方法来培养学生：一题多解，培养学生的发散思维；一题多变，将所学的知识融会贯通；一法多解，渗透科学的思想方法。把题目进行延伸，追求多解多变，来训练学生的发散思维，以利于学生提炼解题技巧，把思维引向深入。

习题课上提问时，教师要能把大的题目分解为一个个的小问题，每个小问题又环环相扣，然后按思维的过程依次提出。这时要鼓励学生发表自己的见解，也可以是小组讨论的结果，小组成员互助结合基本概念和规律，讨论一些典型问题或易犯的错误，在科学的探究过程中，让学生真正想清楚自己哪方面做得好，哪方面还需要加强。以便对概念和规律的内容、物理含义、成立条件及适用范围有确切的理解，也包括弄明白解题时是不是有更便捷的方法。教师的指导是让不同层次的学生都能按自己的水平纵向延伸，达到同一题，也可以让不同层次的学生都能有收获的目的。

在习题课教学过程中，要培养学生不仅会深入分析问题，还要能看到一个小问题就想到相关联的问题，只有这样，才能对所研究的问题有更加深刻的认识。教师引导学生利用思维导图的模式把一个问题逐步横向发展形成一个习题群，拓宽学生思维的深度和广度。而且在这样的过程中，学生自然会形成学习小组，有一名领导者带着大家思考，通过分析比较各类情况，训练思维，总结解题规律。在小组长的带领下，让更多的学生达到触类旁通。这样会使学生对一个习题群有一个全面的了解，对其中的问题会有更加深刻的认识。

在我们接触的习题中有些是有助于开拓学生思维的。比如：在让学生了解现代科学技术成就的同时，也让他们了解人类面临的困境，唤起他们的忧患意识和社会责任感，共同关怀世界和人类的命运。认识事物的多面性，能启发学生在思考问题时从不同的角度去考虑，从而迸发出新的思想。再比如：答案是不确定模糊解的题型；有多余已知条件的题型；可以求出许多物理量的题型；对实验数据进行归纳总结的题型；设计实验方案的题型；根据平时生活积累进行估算的题型；跨学科结合型题目；解决实际问题的应用题型。教师应该从思维空间的开放性出发，让学生在学习过程中充分发挥创新思维，从多角度、全方位、宽领域考察问题，而不再局限于逻辑的、单一的、线性的思维，使其形成科学思维。这不仅对学生在学校里的学习有帮助，更是对他们以后的成长有所帮助。

五、评价激励，科学态度增信心

在习题讲评教学中，我们也要注意对学生的情感激励教育。情感激励应从欣赏性和鼓励性两方面进行。教师应学会欣赏学生、赞赏学生。讲评课上应对能提出好的解题方法的学生表扬，加以肯定，鼓励他们再接再厉、持续进步。对于暂时不能提出好方法的学生，教师要善于挖掘学生答案中的闪光点，肯定其进步性，让他们在赞扬声中获得自我肯定与认可，对其错误解法要指出其合理的成分，并和他们一起研究怎样就可以修正为正确答案，并以此增强其信心、激发其兴趣、消除其压抑感、增添其成功感。

活物理课堂的教学方式需要我们老师从讲台上走下来，与学生合作，在合作中探究、在探究中体验，让学生在科学探究中增长知识、能力；在增长知识和能力的同时，学会分析问题和解决问题的方法；在分析问题和解决问题过程中升华个体情感、态度与价值观。物理教学不再只是片面强调知识与技能，更关注过程与方法，情感、态度与价值观，因为单纯的知识学习已不能满足社会进步和人终身发展的需要。因此，我们要与时俱进，为学生的终身发展而奋斗。让学生在学习中，不仅会做题，还要形成良好的科学思维，养成良好的解题习惯，更要让学生在科学探究的过程中真正树立自己的信心，建立良好的科学态度与责任，以便能在未来的各种环境与挑战中不断以新的学习适应新的需要，勇立潮头！

初中物理教学中的核心素养初探

荆州市实验中学　汤祖军

荆州市东方红中学　张小青

2005年欧盟发布《终身学习核心素养》，把核心素养问题指向终身学习，这是一次巨大的突破以及进步。它提出教育培养的核心素养是为了青年们进入社会后有能力工作和生活，并且不断发展和完善自己。学习不单单指向具体的知识，更重要的是培养终身学习的能力。

2001年起，我国开始义务教育课程改革，开始重视培养学生的价值观和态度。2014年新的一轮课改中，提出把社会主义核心价值观融入教育的各个层面，明确提出要发展学生的核心素养。明确教育的目的是要培养学生终身学习和发展的品质以及具备适应社会发展所需要的素养能力。具体为九大素养：社会责任、国家认同、国际理解；人文底蕴、科学精神、审美情趣；身心健康、学会学习、实践创新。

在物理教学中我们如何培养学生的核心素养呢？下面浅谈几点自己的看法。

一、尊重教育

美国心理学家马洛斯在他的著作《人类激励理论》中提出了需求层次理论，包括：生理需求、安全需求、归属与爱的需求、自尊需求、求知需求、审美需求、归属于爱的需求。

在其中，自尊需求是前四种需求的最高层次。尊重教育的内涵不仅仅是对学生人格的尊重，不再单单是"不体罚和变相体罚学生"，更多的是需要我们教师尊重学生的成长规律和教育规律。最终归结到对人本身的价值实现的尊重上，尊重学习者的主体需求。

我们更多地是要站在学生的角度去理解知识，才能更好地作为知识的引导者帮助学生去构建知识。尊重学生的认知规律、成长规律以及个体差异性，促进学生的全面发展。在初中阶段学生已经有了一定的抽象思维和逻辑思维能力，但发展还不够成熟。我们要尊重这一认知规律，帮助学生们搭建起知识间的桥梁，不要讲解过于拔高的知识来使学生感到挫败。

在探究阿基米德原理的实验中，应引导学生建立起浮力与排开液体重力的大小比较。在尊重学生认知规律的基础上，我们不能直接拿出这两个概念让学生进行实验和比较，而是要善于引导。首先回顾上一节所学的"影响浮力大小的因素"，学生能够迅速回忆起"浮力的大小与物体浸在液体中的体积和液体的密度有关"。而用实例帮助学生理解物体浸在液体中的体积也就是物体排开液体的体积。看到液体体积和液体密度这两个物理量，学生能够迅速建立联系想到排开液体的质量。同时告知学生在这个实验中没有准备天平，无法测量排开液体的质量（测量浮力用到弹簧测力计），引导学生想到测量排开液体的重力。这样阿基米德原理的实验会更符合学生的认知规律，让学生感受到自我的提高和发展。

作为教师我们更应该回归质朴的课堂，而不是过分在意课堂的精彩热烈程度以及讲课技巧，应去关注学生的需求，关注学生原有的知识水平，关注学生的最近发展。只有尊重学生的主体需求和认知规律，课程改革才能够实现从"教会学生知识"到"教会学生学习"的转变。

二、人本主义教育

人本主义教育强调教育最终要为学生服务，教育要以学生为本，以学生的全面发展为本。教育的一切都是为了学生，为了学生的一切。

以学生为本，学生是学习的主体，在学习的过程中充分发挥学生学习的主观能动性。让学生主动地学习，而不是被动地接受知识。根据学生的认知规律和智力的发展水平，在整个教学过程中要随时根据学生学习的生成性来调节上课的节奏和进度。

以学生的发展为本，课堂就要从教师的"单边活动"转化为师生的"双边活动"，要让学生参与整个课堂的构建中来，充分激发学生的学习兴趣。充分了解学生的需要，在师生双边活动中，教师应该作为学生主动学习的组织者和帮助者，在学生的主动学习过程中给予一定的帮助和指导，使整个课堂更具有高效性。

在学完压强这一节后，我在课堂上进行了压强计算的检测。六个计算题，三个类型。一个40人的班级，20人全过关，10人有个别小问题，还有10人动笔都有困难。这样的班级两极分化很严重。如果仍在课堂上按部就班地讲一遍，大部分学生是没有听下去的兴趣。根据学生们的具体情况，我换了一种方式来上这节习题讲解课。我将学生们分为二十个小组，一对一进行辅导，根据不同的学生设置不同的目标，让基础较差的同学只更正前面较基础的四题，而中间10名同学全部更正……在学生们一对一的讲解中，后进生们也增强了学习的信心同时也有一定的获得感，中间层学生在同伴的帮助下对知识的理解更加透彻。学生真正参与教学活动中来，营造了民主、愉悦的教育氛围，加强了对后进生的转化。

三、思维能力培养

物理学科作为一个理科科目，强调思维的逻辑性和缜密性。这要求我们教师在平时的教学学过程中加强对学生思维能力的培养，注重学生对问题的分析能力。前提是有良好的的知识结构框架，否则地基不稳，再宏伟的高楼大厦也会坍塌。那么我们应从哪几个方面来加强物理思维能力的培养呢？

利用思维导图来增强学生的学习兴趣，同时提高课堂的时效性。利用思维导图把学生头脑中的抽象思维具体化，帮助学生更好地分析问题，从而辅助教学。用简单的箭头、线条帮助学生们构建知识结构和框架，同时是一个对知识的分析和归纳的过程。增强学生的思维能力和自主学习的能力。

引入实验环节，学习直接经验以增加感受性。学生学习的大部分是间接经验，这些间接经验不仅抽象而且感受性低。在实验环节中，以直接经验做基础，加强学生对实验现象的分析和总结能力。在学习压强的定义时，要尽可能提供实验来让学生们感受压力的作用效果。

创设生活情境，引发思维冲突。在学习惯性时，多联系生活实际中的例子来帮助学生理解，同时学生在解决实际问题的过程中也增加了对物理学科的兴趣。例如：汽车的启动和刹车；踩西瓜皮滑倒和被石头绊倒的不同；我们如何拍掉衣服上的灰尘；在行驶的船上跳起会掉到水里吗？在具体的生活情境中学以致用，加强对相关知识和概念的理解，同时培养学生的创新精神和实践能力。

四、创设情境，把握知识的本质

物理作为一门实验学科，很多知识来源于生活又服务于生活，这为物理学科教学过程中的情境创设提供了便利。通过一定的情境创设，营造学生熟悉的生活氛围，更加形象和生动地帮助学生们完成了知识的构建。同时影响学生的思维和推理能力，有益于感悟知识的本质，实现物理的生活化。根据学生的生活经验，结合所学内容，满足学生的认知规律，从而引起学生的共鸣，调动学生探索问题的热情。

在物理课堂上我们可以利用情境创设来进行吸引学生注意力的导入。在学习声现象时，我们可以让学生发声时摸着自己的声带，感受声带的振动来明确物体发声的条件。利用发声的音叉在水中溅起的水花这一现象来加深理解。在学习升华和凝华前，让学生观察久用的白炽灯泡和衣柜中久放的樟脑丸，尝试用学过的物态变化来解释。经过讨论后发现之前学过的四种物态变化均无法解释，这样不仅联系学生的生活实际，又引起了学生的认知冲突，调动学生学习探究的积极性。

学生核心素养的培养要求我们教师在平时的教学过程中，不能仅仅关注知识本身，要更多地帮助学生养成独立思考、创新思维等能力。以帮助他们更好地适应后阶段的学习和生活，具备学会学习和终身学习的能力。逐渐形成新的学生观：以"教师为中心"转向"以学习者为中心"；"教会学生知识"转向"教会学生学习"；"注重结果"转向"注重结果更注重过程"；"关注科学"转向"关注人"。

参考文献

[1]《中国学生发展核心素养》项目组. 中国学生发展核心素养(征求意见稿)[R]. 2016-1-29.

让每一堂课都见证自我专业成长

湖北省荆州市沙市区岑河中学　文久江

在学校里，学生是一定会成长的，只是有的成长得快一些，有的成长得慢一些。教师要促进学生的成长，除了通过"言传"之外，最好的方式就是通过自身专业成长的事实"身教"学生，师生相互促进，实现教学相长。教师的专业成长，既是为自己谋福利，也是为学生谋长远。

当然，教师专业成长的途径和方式多种多样，但一定离不开课堂。课堂无疑是教师最主要的教育生活源泉，教师的专业成长离不开课堂教学实践，教师专业知识的增长、教学能力的提高，乃至教育智慧的生成，都是课堂教学实践的结晶。教师只有立足课堂、研究课堂、实践课堂、反思课堂，专业成长才有动力，才能在自己的一亩三分地里充实而幸福地生活着。

新世纪初，我所在的沙市区教育委员会组织了一次"千人百节优质课竞赛"活动，在我的印象中，这是我所在的行政区自1994年建区以来首次由教育行政部门组织的大规模教学业务竞赛活动。那时，我们农村教师还属于以镇管理为主的体制，要到区里上竞赛课，先得经过学校和乡镇教育组的选拔，乡镇教育组组织了一班人听课后，教育组领导对我说："几天不见，你的课突飞猛进了。"

上课时，我所在的乡镇设有两个比赛场地，中学、小学各一个。那天，我独自一人带领自己一个班的学生，扛着家中的电风扇、电热器等家用电器，浩浩荡荡地穿大街走小巷到集镇东北角的另一所初级中学去上课。

"蒸发"一课的重点是帮助学生理解影响蒸发快慢的因素。教材、教参都认为学生在生活中有一些实际经验，故没有设计任何实验。如果不做实验，单凭学生的印象，通过问答的方式，也可以完成教学任务，但学生的理解是否会准确到位呢？而且学生参与不够，可能只会引起部分"尖子学生"的注意。为此，我在课堂上借用"电暖器"和"电风扇"等家用电器设计了三个实验：将两块完全相同的手帕一起用水湿润后，分别晾晒在教室的阴凉处和通了电的电暖器旁，比较在其他条件相同的条件下，液体温度对蒸发的影响；将两块完全相同的手帕一起用水湿润后，分别晾晒在无风处和通了电的电风扇旁，比较在其他条件相同时，空气的流动对蒸发的影响；将两块相同的手帕一起用水湿润后，将其中一块手帕折叠，另一块手帕完全晾开，都放置在电暖器旁，比较在其他条件相同时，液体表面积大小对蒸发的影响。

整个实验过程在学生的动手参与中进行，让学生有目的地观察、触摸、对比、分析、讨论，最后得到影响蒸发快慢因素的结论；随后抛出"要加快（或减慢）蒸发，应该如何？""在生活中有哪些具体应用？"等问题让学生讨论解决。

这节课引入精巧、实验别出心裁、首尾照应、课堂气氛活跃，后来在"千人百节"活动的总结大会上得到了专家点评，这节课的部分片段后来也被我变成文字，发表在 2004 年 2 月 24 日的《中国教师报》上，题目是《应该因地制宜地开展教学活动》。

通过这次教学活动，我进一步认识了实验教学对学生学习物理的重要性。作为物理教师，任何时候都不能放弃这个"法宝"，有条件最好，没有条件，要因地制宜地想出办法创造实验条件，让学生在"实验和观察"中探索、研究，以获得物理科学的真知。为此，在之后的教学中我不断引入身边的物品开展简易的实验活动，这些身边的物品易引起学生高度的共鸣和注意，学生在高度的兴趣中直观地感受物理过程和物理现象，通过观察、讨论、归纳上升到理论高度，就容易获取物理知识。

2013 年 12 月，我第一次在他校给他班学生上区级优质展示课，所上内容为八年级《物理》上册第六章的"质量"，这是我迫切希望上的一节课，也是我上课前自认为课前准备最为充分的一节课。

为了上好这节课，我反复备课，在无人的条件下多次试讲。这节课我在家里讲过不少于 30 遍，每天早晨起床讲一遍，中午回家讲一遍，晚上睡觉前再讲一遍，每讲一遍，就修改一次。住在学校同一栋教工宿舍楼的一位老师几次问我在家干什么，是不是两口子在吵架？就是因为那段时间在家反复大声试讲，惊扰了四邻。这节课也得到了学校一些老师的帮助，他们将自己私人的话筒、扩音器借给我，给我的课件润色等。

那天上午，我是第一个上课的教师，这节课我的自我评价是"龙头蛇尾"，前30分钟虎虎有生气，学生自主学习、师生和生生合作交流、学生展示等环节均给予了学生充分发挥的空间和时间，在过程与方法、情感态度与价值观的目标达成上自认为也十分成功，而后10分钟火急火燎，学生反馈练习未能够当堂完成，不免有些遗憾。

如何让遗憾也成为一种财富呢？我只得静下心来找一找主、客观方面的原因。客观上，当时我按45分钟准备的课，承办学校的一堂课是40分钟，这一情况在我上课前并不知道，上课前我和教研员沟通，他说可以适当拖一下堂；另外，根据我的印象，比赛课时一般由评委打铃后上课教师开讲，当承办学校的上课音乐响起后，我还在讲台上等评委老师的手势或发令，这样又花了四五分钟时间，其中一位评委老师见我仍没有上课，才走过来通知我上课。

当然更多的是主观因素，那就是备课还是不够充分，对于知识点之外的因素考虑不够周全；课堂预设不够完美，有些环节未能进行细致考虑，而且缺乏课堂机智，课堂生成能力不足。

问题一：对于小组中各个成员的职责、每个学习环节学生该做什么，未能对未开展过该模式学习的学生及小组进行有效的、短暂的现场指导和培训。

问题二：未能进行有效的实验指导。在学生实验前，未能强调托盘天平的使用步骤，以致部分学生开始实验时不知所措。

回家之后，我将上课用的课件在三天内进行了多次修正，每改一遍就按照新的思路进行一次无学生试讲，不知道下次还有没有机会对外再次展示这节"质量"课。

这次的课堂教学经历让我进一步意识到课堂生成的重要性，说是生成，其实也是预设，教师上课前必须做好各种各样的预案，把可能面对的问题都要想一想，这样才能应对各种意想不到的新情况。

2014年5月，我所在的荆州市教育局为了考查我们这批省特级教师申报者的教育教学能力，举行了一次课堂教学选拔活动。前一天，市教育局召集参评者开会，确定分组上课的顺序，我抽的是第二天下午第一节课的签。上课的内容完全不知道，因为上课的地点在市实验中学，我找市实验中学的一位老师摸了摸他们的进度，晚上我按这个进度准备了两节课：一节是八年级的新授课；一节是九年级的复习课。第二天，按照要求，提前45分钟去抽上课的内容，然后30分钟的备课时间，教师个人不许带任何资料，现场为我们准备了学生用课本。我抽到的是"噪声的危害和控制"，看来昨天的准备都白费了，究竟怎么上这节课呢？按我的设想应该上新课，用七年级的学生，因为八年级已经学完了，进到备课点我心中不慌，准备了四张小纸条，分别写下这节内容中的四个重、难点作为问题，我预设的方案是学生先自主学习阅读课本，然后合作交流四个问题，再展示质疑这四个问题，最后出几道试题进行检查反馈。

进到上课教室，发现是八年级学生，而学生带来的课本是八年级下册的课本而不是八年级上册的课本，送学生过来的带班老师跟我说忘记让学生带课本了，没有课本！怎么办呢？一点小小紧张之后，我决定以不变应万变。先进行了简单的学生分组，指定组长，简要的培训之后，接着让学生就本节课的基本内容进行你问我答的温故互查，然后让学生抽签决定展示内容，让学生就展示内容进行合作探究；几分钟后让小组代表展示，其他组质疑；最后一个环节是课堂检查反馈，没有试题，我就临时编制了几道试题，因为规定的课堂时间只有30分钟，不受学校铃声控制的，当学校下课铃声响起时，我就此设计了一道题："我们现在正在上课，教室外的铃声对我们来说是不是噪声？如果是，我们该如何控制教室外的这个噪声呢？"

这节我教育生涯中最重要的一节课，却是我至今为止备课用时最短的一次，从走进备课室到我走出备课室只用了不到十分钟，而这节课是他校学生和我配合最默契的一节课，整堂课的气氛十分活跃。这次课堂经历让我真正意识到"课堂功夫在课外"的道理，使得我更加注重平时教育教学的积累，努力让自己做到"手中有粮，心中不慌"。

在我的印象中，2014年开始的"一师一优课　一课一名师"活动是中华人民共和国成立以来，首次由国家教育行政部门组织的课堂教学竞赛活动。最初我是排斥上课的，三番五次地推辞区教研员的要求。一方面，我已经评上了省特级教师，而且是区"一师一优课　一课一名师"活动物理学科的专家评委和指导老师，按某种说法就是："你上好了是应该的，上不好别人就会说三道四的。"另一方面，我所在的学校属于农村寄宿制学校，虽安装有电子白板，但只能作为投影使用，而我也没有接受更高层级的信息技术培训。

  区教研员几次给我打电话希望我来上这次课，他说听了几节课，没有发现蛮好的课，还是希望我来上课，推了几次后，转念一想，一个农村教师，基本没有到全国上课的机会，"这正是一个诠释和推广自己教学主张的最佳机会"。于是，我恶补信息技术方面的知识。首先在网络上搜寻信息技术运用比较成功的课例，不分白天黑夜地反复观看，找来电子白板使用教程反复学习，结合教材不断地备课、修正，但当我到学校实际应用时，试遍校内十五块电子白板，竟然没有一块电子白板可以正常使用，即使到上课前的一秒钟，区电教馆的工作人员还在为我调试电子白板。在后来的课堂上，无论是在电子白板上写字还是划线，显示出来的笔画都偏离落笔位置许多。没有办法，我只能在心中、在脑海中一遍一遍默默地"实践"，牢记操作要领，并设计了多套授课方案。在录播前，录像师傅又说我的衣服不行，要我更换衣服，就临时换上另一位老师的衣服。还好，这节课一气呵成，高远的课堂立意、巧妙的教学构思、创造性地使用教材、循循善诱地引导、学生深度地探究、恰当地应用多种信息技术，做到了以"活"激"趣"、以"活"促"学"，促进了学生科学素养的提升和创新能力的培养，较完美地诠释了"活物理"教学主张。这节课一路过关斩将，从区、市到省，最终斩获首批教育部"一师一优课 一课一名师"活动部级优课大奖。

  这次上课课题的选择也费了一些波折，我前期在网络上晒的一节课是"噪声的危害和控制"，当我答应区教研员上课时，区教研员委婉地跟我说，他在听课过程中发现二中的一位老师把这节课上得非常好，问我能否换一节课，而当区教研员来听我上课时，我上的是第四章的光学内容，教研员又跟我说，我们区分配的任务是声学内容，我这时才最终确定上课内容为"声的利用"。

  "声的利用"这节课的上课经历让我意识到学习对一名教师的重要性。在这样一个信息技术迅猛发展的新时代，一名教师只有不断学习，才能不断成长，才能做一名符合时代要求的、受学生喜爱的"四有"好老师。

  正是通过每一节成功或失败的课堂教学锤炼，才能不断地积累成功的经验，不断地吸取失败的教训，在每一节课堂教学实践活动中收获一点一滴的教育智慧，让每一节课堂教学都能够见证自己的专业成长，促使自己在教育教学工作中不忘初心，不断努力学习、努力实践、努力成长。

第八章

活物理教育人生感悟

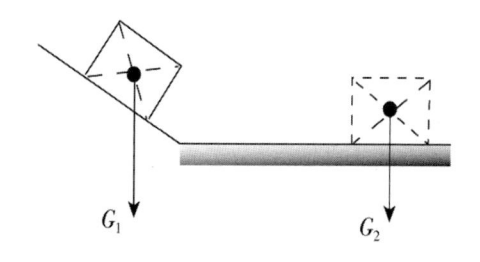

也许你是对的

湖北省荆州市沙市区岑河中学　文久江

前几年，学校的办公条件比较差，一个年级的十多位甚至二十位教师坐在一个大教室中办公，难免由于各种因素产生争执，从旁观者的角度看，有时真的难以判断谁对谁错，真可谓是"公说公有理，婆说婆有理"。

我教授的是初中物理学知识。在"机械运动"的学习过程中，要判断一个物体是运动还是静止的，先做出判断是没有价值的，首先必须选择参照的标准，即参照物，如果物体的位置相对于参照物的位置发生变化，则物体在运动；如果物体的位置相对于参照物的位置没有发生变化，则该物体是静止的。参照物选择的不同，物体的运动和静止情况就不一样。

我国的空间技术已经得到巨大的飞跃，成为国人的骄傲，某市的中考试题中就此出了这样一道试题：2017 年 4 月 22 日，我国发射的"天舟一号"货运飞船与"天宫二号"空间实验室首次完成自动交会对接，如右图所示。"天舟一号"与"天宫二号"对接完成后，下列说法正确的是(　　)。

　A."天舟一号"相对于"天宫二号"是运动的
　B."天舟一号"和"天宫二号"相对于地球是运动的
　C."天舟一号"相对于地球是静止的，"天宫二号"相对于地球是运动的
　D."天舟一号"相对于地球是运动的，"天宫二号"相对于地球是静止的

在"天舟一号"与"天宫二号"成功对接后，两者开始同向同速运动，两者之间没有位置变化，互以对方为参照物它们都是相对静止的，所以 A 的说法是错误；"天舟一号"与"天宫二号"成功对接后，两者作为一个整体相

对于地球的位置在变化，所以两者中选任何一个物体相对于地球这个参照物来说都是运动的。可见，参照物选择的不同，物体的运动、静止情况就不同，不存在绝对的正确或者错误。

最近看到一个故事，说的是：两个工作不如意的人心情特别低沉，感觉没有生活下去的勇气了，于是，两人一起去拜见寺庙的住持："师父，我们在办公室被欺负，太痛苦了，求你明示，我们是不是该辞掉工作？"

住持闭着眼睛，半天才吐出七个字："不过一碗饭而已。"然后挥挥手，示意两个年轻人退下。回到公司，一个年轻人递上辞呈，回家种田去了；另一个年轻人什么也没做，依旧在公司上班。

十年过去了，回家种田的年轻人以现代方式经营，加上改良品种，成了农业专家。另一个留在公司的年轻人，他忍着气，努力学，认真干，渐渐地受到器重，当上了经理。一天，两人偶然相遇了。"当时师父给了我们'不过一碗饭而已'七字点拨，我一听就懂了。不过一碗饭而已，日子有什么难过的？何必硬靠在公司？所以辞职。"农业专家问另一个人，"你当时为何没听师父的话呢？""我听了啊！"经理笑道："师父说'不过一碗饭而已'，我想不过为了混碗饭吃，老板说什么是什么，少赌气，少计较，师父说的不是这个意思吗？"同一句话七个字，两个人的理解截然不同，处理问题的方式也就不一样。

是不是发生事情、出现问题就一定要争个输赢，理论一个是非曲直呢？我看未必，有时只是大家选择的参照物不同，看问题的角度也不同罢了。

出现矛盾时，从另一个角度考虑，"也许你是对的"。这样想，生活中不必要的争执是不是会少许多呢！

由水的沸腾实验想到的

湖北省荆州市沙市区岑河中学 文久江

"探究水沸腾时温度变化的特点"是初中阶段的一个重要物理实验,由于存在着一定的安全隐患,这个实验基本上都是教师演示、同学们观察。

通过实验,一方面可以让同学们明白水沸腾时的温度变化特点:虽然不断吸热,但是温度始终保持在沸点不变;另一方面也可以更好地让同学们理解液体沸腾的两个条件:既要达到一定的温度(沸点),还必须不断地吸热,这两个条件缺一不可。因此在实验过程中必须不断地用酒精灯火焰的外焰给烧杯中的水加热,而水则不断地从高温的火焰处吸收热量。水吸热的过程,就是一个不断地从外界接受能量的过程。

在我们人生的成长过程中,其实也是一个从量变到质变的过程,犹如液态的水变成气态的水的过程。气态的水虽然还是水,但已无形,分子间距离增大后,其能量要比液态的水大得多。水要实现从液态到气态的这种变化,需要不断地从外界吸收热量,作为社会生活中的人要想实现人生价值的量变到质变,也必须不断地学习,不断地在社会上、在学校里、在书本中、在网络上等方面学习,不断地通过各种途径来接受正能量,没有这个正能量,人生永远不会向上走,永远不会发生量变,更谈不上质变,也就无法达到一定的人生高度。

记得初当教师,演示这个实验时,往往在烧杯中装上大半杯水,结果加热时间占去了大半节课,直到下课也没能够把水烧开。后来有了经验,再做这个实验,一般先在办公室将水烧一会儿,而且只装上小半杯水,减少水的质量,水就容易烧开了。不由得想到一个词——"壶小易热",同时联想到另一个词"量小易怒",生活中那些容易发怒或容易被激怒的人,往往是自身内涵不够的人,如果自身的内涵足够丰富,能够轻易地被外界左右吗？一个人，要想增加自己的内涵，那就是不断学习，不断地从外界"吸收热量"。又想到一个字——"智"，我常常和一些耍小聪明的学生沟通："我们每一个人都是聪明人，但不要耍小聪明，我们要把聪明的人生变成智慧的人生。如何变成智慧的人生呢？说文解字中讲道，'智'的上面一个'知识'的'知'，下面一个'日'，'日'就是'每一天'的意思，'智'就是要我们'每天收获一点知识'。怎么样每天都能够收获一点知识呢？那就是要坚持每天的学习，每天吸收一点外界的正能量，自己的人生内涵自然而然地就增加了，这样就可以把一时的小聪明变成一生的大智慧了。"

要想让烧杯中的水更快地沸腾，还有一种方法就是在烧杯上加上一个纸板作为盖子，这样水在烧杯内蒸发的过程中产生的大量水蒸气难以跑掉，使得烧杯内水面上方的气压增大，根据液体沸点与气压的关系，随着气压的增大，水的沸点也会提高，这样水就会较快地沸腾。

实验过程中观察到水沸腾的情景：水中产生大量的气泡，上升、变大到水面破裂开来，里面的水蒸气散发到空气中。一般在水沸腾后让酒精灯继续燃烧两三分钟，即可撤下酒精灯，用灯帽熄灭火焰，由于石棉网和铁架台上铁圈的温度低于火焰的温度而高于水的沸点，因此烧杯中的水还可以短暂地从石棉网吸收一点残存的能量，仍然会保留一段极短暂时间的沸腾，随着时间的推移，刚才因为吸收热量而升温的各种物质开始向周围散热慢慢降温，最后降至常温。

水要继续保持原有的沸腾状态，必须不断地从外界吸收热量；要想快速沸腾，还需要施加一定的压力。人的成长也是这样，不管是在成长过程中，还是你已经在一个很高的平台上，都必须自加压力。即使你以前很努力，你的人生会上到某一高度，到达某一高度后，就固步自封，不再学习、不再努力、不再从外界接受有用的能量，你的状态会慢慢地冷却下来，你就难以再保持之前达到的高度，会逐渐降低原来达到的高度，变得和"周围的环境一样"了，由曾经的优秀逐渐变得平庸。

寻找两倍焦距处

湖北省荆州市沙市区岑河中学 文久江

"探究凸透镜成像规律"是八年级上学期一个很重要的物理实验，在实验过程中，将光屏、凸透镜、蜡烛放在光具座上，调整光屏、凸透镜、蜡烛火焰三者的中心让其在同一高度处，然后由远到近一次次调整蜡烛的位置，同时调节另一侧光屏的位置，使光屏上呈现出清晰、明亮的像。实验时，大家大都注意两倍焦距以外、一倍焦距到两倍焦距之间、焦点处、焦点以内这四种情况，然后对实验的记录进行分析、比较得出实验结论。

在上这节课的时候，老师们往往会让学生多探究一个点，也就是两倍焦距处，让学生把蜡烛放在距离凸透镜两倍焦距处的地方，再移动光屏，让学生观察到此时蜡烛火焰的像，这样不仅可以让学生更全面地了解凸透镜的成像规律，还可以让学生了解另一种测量焦距的方法，因为在两倍焦距处才能成等大的实像，此时的像距与物距相等，等于两倍焦距。

在我们的生活中，我们看人物、看事情，往往难以正确地认识和判断，有时离得太远，看到的是"缩小的像"，因为太远太小，看起来比较吃亏，而且相对模糊，无法看清很多细节；有时离得太近，看到的是"放大的像"，对于离我们很近的人物和事情，我们看到的可能却是放大的虚像，把一个人的缺点或者优点无限放大。

怎样才能真实地看待一个人或者一件事情呢？这就要我们保持和该人物或事情的距离，不要离问题太近，也不要离问题太远。离问题太近，看问题的视角太小，容易被眼前的假象迷惑，看到的是虚像；离问题太远，对问题和人物根本就不了解，看到的可能只是一个点，不及其余，这个点可能仅仅只是优点，也可能仅仅是缺点，让我们不能完整地看待问题。

只有不远不近，保持适度的距离，才能正确、完整地看出问题的所以然，为正确解决问题提供必要的依据。

寻找最清晰的视点

湖北省荆州市沙市区岑河中学　文久江

俗话说:"站得高,看得远。"最近网络上有人将唐朝诗人王之涣的《登鹳雀楼》中的"更上一层楼"改成了"有雾",成了另一种中国民间传统曲艺表演形式"三句半",曰:"白日依山尽,黄河入海流。欲穷千里目,有雾!"呵呵,你想登高望远,不想却有雾,你还能够"千里目"吗?

从理论上看,正常人眼睛的远点在无限远,"穷千里"是没有问题的;而事实上,无论有没有雾,人眼都无法看得很远,更何况有雾呢!雾是由于空气中的水蒸气在夜晚遇到寒流液化凝结形成的极细微的小水滴,这些细微的小水滴沾染在大气中的灰尘、汽车尾气的细微颗粒等杂质上,致使水滴不透明,太阳光从大气层外传播过来时,无法透过水滴或者通过水滴发生折射和散射,致使物体无法接收太阳光或者接收的太阳光变少,也就没有光可以反射,因为没有光(或者说很少有光)进入人眼,因此有雾的天气能见度不高。

人不但不能看得远,而且也看不到太近的物体,正常人的近点大约在10cm处,也就是说正常人最近只能看到离自己眼睛10cm处的物体,再近,人眼也看不清楚了。犹如生活中的近处无风景一般,"近处的只有生活,远处的才是风景","墙内开花墙外香"或许就是这样的道理吧!

我常常在授课时跟同学们讲:作为我们个体的每个人,总是有优点和缺点的,只是显现的不一样。比如我们都喜欢考试分数高的那个同学,这个成绩好的同学有没有缺点和不足呢?答案是肯定的。"人非圣贤,孰能无过?"只是我们看到了他取得的成绩,"一俊遮百丑",我们没有看到或者暂时没有发现他背后的缺点和不足。同样,一个考试得分不高的同学,有没有优点呢?答案也是肯定的,因此我们要善于发现和寻找自己的优点和优势。

作为普通人的我们，眼睛大都盯着别人：对喜爱的人，往往只看到他的长处；对憎恶的人，往往只看到他的缺点，因此说他这也不是，那也不对。因为有一种"雾"挡住了我们的视线，这层雾就是我们自身的喜好，让我们无法完全看清一个人。

万通集团董事局主席冯仑说，他只做三件事情，其中第一件事就是看别人看不见的地方。看同样一件事物，有的人看到了风险；有的人看到了机会；眼光独到的人能够看见别人看不见的事物发展规律；有的人听信"道听途说"，有的人相信"眼见为实"，看见什么就说什么，看不到事物背后的玄机。

如前所述，正常的人不但不能看得到无穷远，也无法看得非常近，而能够看见物体最清晰的距离，称为明视距离，明视距离取决于每个人不同的眼光。正常人的明视距离大约在25cm，这个距离看物体最清晰而且眼睛不容易疲劳。近视眼的近点还要近一些，远视眼的近点还要远一些，因此远视眼的明视距离要稍微远一点，近视眼的明视距离要略近一点。

对一个你喜爱的人又能知道他的缺点，对一个你不喜欢的人又能知晓他的长处；对一件你喜欢做的事情知道其弊端，对一件你不愿意做的事情了解其益处，这种识人之术和待事态度对每个人的成长、工作和生活都是有帮助的。

如何全方位地看清一个人、了解一件事物，洞悉事物发生发展的规律，而不被眼前的"雾"蒙蔽双眼，就让我们有近、有远、由近及远、由远及近进行全方位地观察，在尽可能的远点观察，在尽可能的近点观察，在不断变化的观察中寻找自己的明视距离，寻找看待事物的最清晰视点。

把握"整体"与"局部"的关系

湖北省荆州市沙市区岑河中学　文久江

话题的由来是这样的：

人民教育出版社 2012 年出版的义务教育教科书《物理》八年级下册第八章第二节的"动手动脑学物理"中第 5 题是这样的：如右图所示，一个木块从斜面上滑下，并在水平面上继续滑动。请分别画出木块在斜面和水平面时所受重力的示意图。

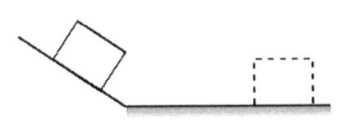

学生解答此题时，答题步骤基本上都是正确的，重心的方向画错误的不在本讨论之列。第一步：因为这个木块是规则的长方体，其重心在几何中心，因此首先作两条对角线确定重心 O；第二步，从两条对角线的交点（即重心）出发，沿竖直向下的方向画一条线段；第三步，在线段的末端标上箭头，表示重力的方向；第四步，在箭头的旁边标上重力的符号 G。

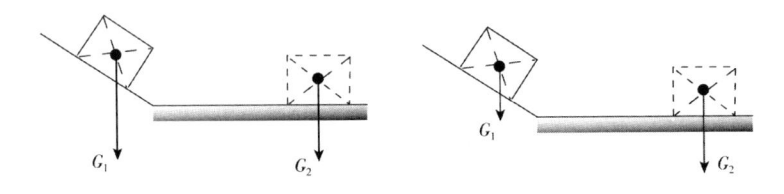

上述两幅图片是学生上交作业的两种情况。我们单独看每一个长方体木块的重力示意图的画法都是正确的。但是把两幅图放在一起，整个作图就是错误的。

同一物体，在同一个地方，其重力大小应该是相等的。在同一个作图中，力的大小相等，所画线段的长度也应该相等。第一幅图中，$G_1 > G_2$；第二幅图中，$G_1 < G_2$。同一个木块，应该只受到一个重力，没有必要区分 G_1，G_2，只需要用 G 表示即可。因此正确的作图应该见下图：

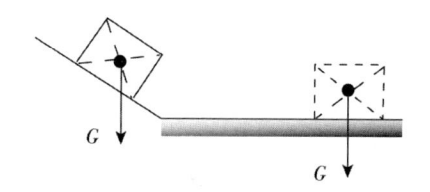

通过这个题目解答中出现的问题,我得出这样一个启示:即使单独看起来非常正确的东西,放在一起,如果没有处理好其中的细节,也会出现错误。这个在工作、生活中常常出现,两个好人在一起,就是过不好日子;两个人明明都对工作认真负责,都做了自己认为正确的事情,偏偏出现了这样或者那样的错误。

不由得想起了丰子恺先生的《艺术三昧》。丰先生在文中提到这样一件事情:有一次我看到吴昌硕写的一方字。觉得单看各笔画,并不好;单看各个字,各行字,也并不好。然而看这方字的全体,就觉得有一种说不出的好处。单看时觉得不好的地方,全体看时都变好,非此反不美了。

吴昌硕先生的字告诉我们:即使看上去不美不好的东西,放在一起,如果细节处理得好,也会成为美好的东西。在生活和工作中,我们常常看到,几个有明显缺陷的人在一起工作,却配合得天衣无缝,使得工作有条不紊、锦上添花。

神话小说《西游记》就描述了这样一群人:唐僧看似没有本事,但是有坚韧不拔的意志;孙悟空本领太大却毛病多多;猪八戒好吃懒做有点小本事;沙和尚中规中矩没啥主见。就是这样一群满身毛病的人走到一起,组合成了一个完美的工作团队,最后完成了西天取经的大业。

这世界上"人无完人",再优秀的人也会有这样或者那样的毛病和缺点;这世界上也没有一无是处的人,有些人表面上看确实没有什么长处,那也只是你没有发现和发掘而已。把形形色色的人组织在一起,关键在于"取之所长,避之所短",你如果利用他的长处为共同的事业所用,规避他的缺点,让其缺点无处生长则不影响工作大局。

学"物"悟"理"、"万物理相通",作为生活在社会组织中的一员,一定要正确处理好局部和整体的关系,局部的正确放在整体里不一定正确,局部有缺陷的放在整体里并不一定是错误,我们每个人都应该有大局观,站在大局的立场看问题、办事情,这样才有利于事业的发展和进步。

"学霸"、"学渣"和"学牛"

湖北省荆州市沙市区岑河中学　文久江

"学霸"是一个网络词汇，多指专注于学习、很少参加社会活动、考试时分数很高的学生，与"学渣"相对。"学渣"则指那些平时不努力学习，考试时临时抱佛脚的、成绩不理想的学生。

现实的学习当中，绝大部分学生都是希望自己成为"学霸"，谁不想学习成绩出类拔萃呢？但事与愿违，因为名额有限，能够成为"学霸"的毕竟是极少数人，绝大多数学生成不了"学霸"。其实，即使成为"学霸"也不值得沾沾自喜，试看古往今来，有几个"学霸"为社会做出了突出的成就呢！

先看看古代的"学霸"们：据考证，中国科举史上的文状元有700人左右。这些"学霸"以文得名，诗词歌赋，无所不通，大多也有诗书传世，有的还著作等身，但是在文学或其他方面有较高成就者寥寥无几，除明代杨慎、宋代文天祥、清代张謇等几位有较高的成就外，大多数表现平平。

再看看现代的"学霸"们：2007年中国校友会公布中国首份《高考状元职业状况调查报告》，调查的全国近400名高考状元鲜有领军人物。另一个课题组研究了1977—2009年全国124名高考状元后发表调研结果："他们一个都没有成为所从事职业领域的领军人物。"有好事的记者依据这份数据核实了湖南省这段时间的24名高考状元，有9人职业状况去向不明，有3人从事科研工作，1人从政，无一人在所从事工作领域做出较大的成就。

"学霸"们鲜有杰出人才，说明其可持续发展能力严重欠缺。

而历史上那个"斗酒诗百篇"的诗仙李白，学生时代是一个典型的"学渣"，那些经书、史书对他来说十分深奥，上课听不懂也读不懂，经常翘课，后来被"铁棒磨成针"的老妪感动，虽然他被禁止参加科举考试，但他从此发奋苦读，写下了诸多脍炙人口的传世诗作。明代写下《本草纲目》的李时珍也是"学渣",年轻时三次考试都挂了,受乡人百般嘲笑。

再来看看外国的"学渣"们。2012年诺贝尔生理学或医学奖的获得者是"克隆教父"约翰·格登。初中时期的约翰·格登在全校同年级的250名学生中,生物科成绩垫底,其他学科成绩排名也非常靠后,同学们讥笑他为"蠢材",老师在成绩报告单上这样评价他:"我相信格登想成为科学家,但以他目前的学业表现,这个想法非常荒谬,他连简单的生物知识都学不会,根本不可能成为专家,对于他个人以及想教导他的人来说,这根本是浪费时间。"如今这份成绩报告就放在约翰·格登的办公桌上。无独有偶,在1973年诺贝尔物理学奖颁奖仪式上,获奖的中年男子说:"在一份奥斯陆报纸上,看到一个最新的大字标题,大致是说,物理学考不及格的人居然得了诺贝尔奖。报纸说的是我的学生时代,我必须承认这篇报道是相当精确的,我不想隐瞒,还要承认在数学方面我也几乎考不及格。"这位中年男子就是发现超导体中"隧道"现象的科学家贾埃沃。

> 2.在操场上上体育课,体育老师发出的口令,近处的学生听到了,而远处的学生没有听清楚,其原因是（A）
> A. 远处学生听到的声音响度小
> B. 老师发出的声音音色不好
> C. 老师发出的声音频率低
> D. 远处学生听到的声音振动幅度大

"学牛"则是我新近创造出来的一个词,"学牛"源于一个低级的错误,可能由于校对的错误,一本学生使用的物理教辅书中的一道试题中将"远处的学生"的"生"字的最下面一横弄丢了,变成了"远处的学牛",学生读题读到这里十分好笑,其实大家明白这里的"学牛"其实就是"学生",我将话题延伸:我希望"近处的学生"都变成"学牛",大家知道,"学霸"我们班只能有一个、两个,但是"学牛"是没有限制的,人人都可以做"学牛",我个人觉得做"学牛"比做"学霸"好。

其实历史上想做"牛"的人多得很,鲁迅先生"俯首甘为孺子牛",在平时的工作中我们提倡争当、甘当"老黄牛"。有人以为牛很傻、很呆,其实牛很智慧,朴实无华的外表,谦逊而低调,总是那样不紧不慢地进取和开拓着,在默默地耕耘着、奋进着,因此牛的精神一直是中华民族精神的内涵之一,所以国人们都争当"牛"。

其实学习也是一样,我想每个学生都应该争做"学牛",所谓"活到老学到老",我想一个人如果能够"像牛一样"勤劳、肯吃苦、肯奉献,孜孜不倦地工作着,最后所做的学习和工作不"牛气冲天"都难。

"学霸"们鲜有成就,原因在于急功近利,他们过早地获得了人生的荣耀,在沾沾自喜中享受着自己的既得利益。岁月是把杀猪刀,消磨着"学霸"们进取的激情,因此在学习和工作的道路上难以耐力持久;"学渣"们之所以能够做出影响人类社会的惊人成就,唯一的办法就是"像牛一样"地忍辱负重,在自己的"一亩三分地"里脚踏实地地埋头耕耘、深耕细作,不问收获,终于结出了丰硕的成果。

其实,"学霸"也好,"学渣"也罢,只有当你成为"学牛"时,才会不知疲倦地在自己既定的前进道路上用心耕耘,从而收获属于自己的辉煌,也为人类做出自己的贡献。